新经济
会计问题研究

黄世忠◎著

中国财经出版传媒集团
中国财政经济出版社

图书在版编目（CIP）数据

新经济会计问题研究 / 黄世忠著. -- 北京 : 中国财政经济出版社，2021. 10（2021.11重印）

ISBN 978 - 7 - 5223 - 0733 - 6

Ⅰ. ①新… Ⅱ. ①黄… Ⅲ. ①会计学 - 文集 Ⅳ. ①F230 - 53

中国版本图书馆 CIP 数据核字（2021）第 167873 号

责任编辑：樊清玉　　责任校对：张　凡

封面设计：陈宇琰　　责任印制：党　辉

新经济会计问题研究

XINJINGJI KUAIJI WENTI YANJIU

中国财政经济出版社 出版

URL：http：//www. cfeph. cn

E - mail：cfeph@ cfeph. cn

社址：北京市海淀区阜成路甲 28 号　邮政编码：100142

营销中心电话：010 - 88191522

天猫网店：中国财政经济出版社旗舰店

网址：https：//zgczjjcbs. tmall. com

北京时捷印刷有限公司印刷　各地新华书店经销

成品尺寸：170mm × 240mm　16 开　16. 5 印张　275 000 字

2021 年 10 月第 1 版　2021 年 11 月北京第 2 次印刷

定价：78. 00 元

ISBN 978 - 7 - 5223 - 0733 - 6

（图书出现印装问题，本社负责调换，电话：010 - 88190548）

本社质量投诉电话：010 - 88190744

打击盗版举报热线：010 - 88191661　QQ：2242791300

序 言

人类社会的经济发展，经历了从农业经济进化到工业经济，又从工业经济进化到数字经济的历史转变。2020 年，由数字产业化、产业数字化、数字治理化和数字价值化构成的数字经济经受了新冠肺炎疫情的考验，继续保持良好的发展态势，创造的 GDP 高达 39.2 万亿元，占全国 GDP 总值的 38.6%。预计“十四五”规划完成时，数字经济占我国 GDP 的比重将达到一半以上。

伴随着经济形态的转变，创造价值的关键生产要素也随之发生改变。在农业经济时代，驱动价值创造的关键生产要素是土地和劳动力；在工业经济时代，驱动价值创造的关键生产要素是资本和劳动力；而在数字经济时代，数据资产和智慧资本取代了土地、劳动力和资本，成为驱动价值创造的关键生产要素。中共中央、国务院 2020 年发布的《关于构建更加完善的要素市场化配置体制机制的意见》，将数据与土地、劳动力、资本、技术并称为五种生产要素，进一步彰显了数字资产的重要性。对于新经济企业而言，数据替代石油，算力比肩电力，算法就是办法。资产无形化、数据价值化，日益成为新经济企业区别于旧经济企业的显著特征。

生产要素的嬗变呼唤会计重心的转变。进入以数字经济、知识经济为代表的新经济时代，虽然驱动价值创造的关键生产要素发生了重大变化，但财务会计和财务管理的重心依然停留在有形资产和财务资本，无形资产和智慧资本还没有得到应有的重视。这种重视有形资产轻视无形资产、重视财务资本无视智慧资本的重心失焦，导致按照现行会计准则编制的财务报告难以如实反映新经济企业的财务状况、经营业绩和现金流量。这种会计游戏规则滞后于经济转型发展的局面如果不迅速扭转，财务信息在投资信贷决策和受托责任评价方面的相关性将持续恶化，会计的地位将不断下降。

新经济本质上是一种知识经济，以智力、研发、创意、创新、数据、流量、品牌等无形资源为主要驱动因素，依靠信息技术进步和商业模式创新推动经济社会可持续发展的智慧型经济形态。其内涵包括创新经济、知识经济、共享经济和数字经济等。新经济与旧经济不论在内部经营环境方面，还是在外部经营环境方面，均存在着重大差异。

新经济与旧经济外部经营环境的重大差异主要表现为：(1) 在市场环境方面，信息通信技术的迅猛发展极大促进了信息流、资金流和商品流的高效流动，在降低交易成本的同时，也加剧了市场的波动性，旧经济时代相对稳定、可预期的市场环境逐渐被新经济时代动态多变、难以预测的市场环境所取代，熊彼特所说的破坏性创新成为新常态，企业随时都可能因为跟不上信息通信技术进步和商业模式创新的步伐而陷入困境；(2) 在市场边界方面，信息通信技术进步和商业模式创新使企业——特别是中小企业——不再固守本土市场，为它们参与国际市场提供了高效的平台和难得的机会，中小企业在国际贸易中的地位日益突出；(3) 在产业结构方面，在旧经济时代占据主导地位的制造业不断式微，服务业成为新经济时代的新宠和创造就业机会的主力；(4) 在产品生命周期方面，信息通信技术加速迭代和商业模式创新日新月异，导致产品生命周期日益缩短，新经济时代企业面临的技术和市场风险日益凸显，固定资产和无形资产因技术进步和模式创新发生减值的风险骤增，持续经营不再成为理所当然的假设；(5) 在融资渠道方面，融资偏好发生改变，越来越多的企业与银行贷款等间接融资渐行渐远，风险资本和资本市场日益成为高科技、高成长和高附加值企业的融资主渠道。

新经济与旧经济内部经营环境的重大差异主要表现为：(1) 在制造模式方面，旧经济时代大批量、大众化的标准化生产模式，正逐步过渡到新经济时代的小批量、差异化的个性化定制模式。(2) 在增长驱动因素方面，人工智能、区块链、云计算、大数据和物联网等技术创新，日益成为企业转型升级的动力。伴随着制造模式的改变，数字化、智能化取代了机械化、自动化，成为企业技术进步的驱动因素，智慧资本和其他无形资产取代了有形资产和财务资本，成为企业增长的关键驱动因素。创新驱动、市场反应取代了规模经济和成本节约，成为企业获取竞争优势的主要方式，规模优势在颠覆式变革和创新面前不堪一击。(3) 在市场营销渠道方面，“渠道为王”有沦为“渠道为亡”之虞，线下营销遭受线上营销的残酷碾压，实体零售不断被网络零售蚕食，“流量为王，平台是金”成为新经济时代的座右铭。(4) 在企业边界方面，旧经济时代企业“单打独斗闯天下”的思维模式逐渐让位于新经济时代“资源整合定成败”的崭新理念，联盟、外包、众包等资源整合方式的创新以及“无边界组织”的勃兴，导致企业边界不再泾渭分明，交叉重叠的企业边界成为新常态。海量数据的流动加上功能强大的数字化平台的出现，使数据成为商业活动的发动机，促使企业之间开展灵活多样的组合和协作，新的组织边界日益呈现错综复杂的网状交融格局。(5) 在组织结构和员工素质要求方面，为了应对环境的动态变化，旧经济时代等级化、决策冗长的集权式组织结构，到了新经济时代已经被扁平化、快速决策的分权式组织结构所取代，企业对员工学习能力的重视甚于对工作技能的要求，终身学习备受推崇，学习型组织日益盛行。阿里研究院在《解构与重组：开启智能经济》的研究报告中指出，技术手段决定组织方式。蒸汽机的出现，第一次要求人类与机器共事。随着机器数量和复杂程度的提高，组织规模不断扩大，逐渐形成了刚性化的组织结构。而到了智能经济时代，企业内部与外部的边界模糊化，“自由组织、自由流动”的液态化组织结构将逐步取代刚性化组织结构。在液态化的组织结构内，部门将依然存在，但部门边界不复清晰，组织成员长期处于“共同创业”状态。

会计是环境的产物，环境的变迁需要变革会计规则，而不能墨守成规，一成不变。诚如《没有资本的资本主义：无形经济的崛起》一书指出的，资本主义正向“智本主义”过渡。资本主义重视财务资本在价值创造和价值分配中的核心作用，“智本主义”则认为智慧资本才是价值创造的最重要决定因素。在新经济时代，价值创造可视为在特定结构资本（包括组织结构、规章制度和业务流程等制度安排）框架下，企业将人力资本（管理层和员工的专业知识、创新能力、工作经验、团队合作、管理水平等）作用于关系资本（客户关系、供应商关系、政商关系、劳资关系等）而产生的经济价值增值行为。“出知者”的重要性甚于“出资者”，“按资分配”理应让位于“按知分配”。在经济环境发生重大变化的情况下，当下的财务会计和财务管理仍然奉财务资本为圭臬，而无视智慧资本作为最重要生产要素的角色，不仅导致会计信息的相关性持续恶化，而且可能误导投资和管理决策，产生“重物轻人”的资源错配。可见，新经济客观上要求财务会计和财务管理调整研究对象，呼唤会计学界把更多注意力放在智慧资本的确认、计量、报告和评价上。环境变迁将重塑财务会计和财务管理，与新经济相适应的新型财务会计和新型财务管理，必将以智慧资本为中心。在新经济时代，我们将见证智慧资本的强势崛起和财务资本的不断式微。因此，将财务会计和财务管理的主要研究对象由财务资本转向智慧资本，或者两者并重，才能和与时俱进的精神相契合。

兼收并蓄、跨界思维是破解新经济时代会计难题的法宝。只有以海纳百川的包容态度和跨界思维的创新精神，虚心学习借鉴其他学科和信息通信技术的最新研究成果，为我所用，借助外力为会计界赋能，才能破解经济社会发展给会计带来的瓶颈问题，如数字资产、智慧资本、网络效应、无形投资的确认、计量和报告问题。

基于以上考虑，笔者近年来围绕新经济的会计问题进行了深入思考，陆续在学术刊物上发表了一些观点。本书收集了 2018 年以来的 18 篇论文，涵盖了新经济时代会计信息的相关性恶化，会计悖论与改进，新经济企业估值逻辑，信息资源和智慧资本的确认、计量与披露，技术进步和商业模式创新对财务会计和财务管理以及管理会计的影响，财务分析的困惑与解惑，研究开发和股票期权对业绩反映的影响，共享经济的业绩计量和业绩评价等领域。希望本书的出版能够起到抛砖引玉的作用，激发更多的会计同行关注新经济企业的会计问题，共同推动会计的转型升级，以弥合新经济时代使用者对高质量会计信息的旺盛需求与会计界对高质量会计信息供给不足的期望差距。

新经济需要新思维、新视角。本书在附录中列示了 4 篇笔者在研究生毕业典礼上的致辞，诠释资产负债表、利润表、现金流量表和税收的人生启示。姑且当作对新思维、新视角进行探索的一种尝试，敬请读者批评指正。

黄世忠

2021 年 8 月

目 录

旧标尺衡量不了新经济

——论会计信息相关性的恶化与救赎

黄世忠

【摘要】 本文分三部分探讨新经济时代会计相关性日益恶化的现象、原因和对策。第一部分为“江河日下的相关关系”，从决策有用观和受托责任观的视角，分析会计信息相关性在新经济时代不断下降的事实。第二部分为“视而不见的鸵鸟政策”，指出旧经济时代制定的会计准则到了新经济时代开始出现水土不服症，僵化过时的会计规则无视无形投资的资本支出属性、平台资产的网络效应现象、行业地位的经济价值差异、用户聚集的边际成本递减、数据资产的价值创造功能、智慧资本的内在经济价值，导致会计信息相关性日益降低。第三部分为“与时俱进的救赎之道”，探索对新经济企业创造价值和保持竞争力至关重要的驱动因素进行确认、计量和披露的路径与方法，以缓解会计相关信息供给不足的问题。

【关键词】 新经济　会计信息相关性　无形投资　网络效应　赢家通吃　边际成本　数据资产　智慧资本

维基英文百科显示，新经济（New Economy）一词最早出现在 1983 年 5 月 30 日《时代》杂志刊登的封面文章，用于解释以重工业为基础的经济向以新技术为基础的经济的转变，但由于互联网当时尚未出现，新经济一词并非十分流行。1996 年 12 月 30 日，《商业周刊》刊登了 Michael Mandel 的文章“新经济的胜利：全球化和信息革命的强大回报”，此后，新经济这个术语频繁出现。Mandel 在该文中将肇始于经济全球化和信息革命、由科技创新驱动的经济发展模式称为新经济（Mandel，1996）。虽然经济学界对此定义并不完全认同，迄今还未能就新经济的权威定义达成共识，但美国信息技术与创新基金会（Information Technology & Innovation Foundation，ITIF）提出的衡量新经济的指标体系，显然有助于我们了解新经济的大致内涵。在《2017 美国各州新经济指数》中，ITIF 将新经济评价体系分为五大类 25 个指标（ITIF，2017）。第一类为“知识性岗位”，包括 IT 专业人士岗位数、管理专业及技术岗位数、员工教育水平、知识性雇员移民数、美国知识性雇员内部迁移数、制造增加值和高薪交易服务数；第二类为“全球化”，包括国外直接投资、制造和服务出口占比、高科技出口量；第三类为“经济动能”，包括业务重构、快速增长企业数、新股发行数、发明专利数；第四类为“数字经济”，包括线上农业、电子政务、宽带通信、健康信息技术；第五类为“创新能力”，包括高新技术岗位、科学家和工程师、专利、工业研发投资、非工业研发投资、清洁能源经济和风险资本。从这些评价指标可以看出，新经济本质上是一种知识经济，是以智力、研发和创意等无形资源为主要驱动因素，依靠信息技术进步和商业模式创新推动经济社会可持续发展的智慧型经济形态。

进入 21 世纪，新经济发展迅猛，势不可挡。尽管起步较晚，但得益于庞大的人口基数和市场容量，我国的新经济弯道超车，发展迅猛，异军突起。作为新经济的一部分，我国 2017 年的数字经济总量为 26.7 万亿元，占 GDP 的比重高达 32.38%①。新经济在为国民经济发展提供新动能的同时，也改变了我们的生活和工作方式，且对旧经济产生巨大冲击。与此形成鲜明反差的是，诞生于旧经济时代的会计规则却因循守旧，依然故我，与新经济格格不入，导致会计信息的相关性日益恶化，学界和业界要求改革的呼声日盛。

---

① 数据来源于腾讯研究院 2018 年 4 月发布的《2018 中国“互联网 +”指数报告》。同月，工信部下属的中国信息通信研究院发布的《中国数字经济白皮书》显示，2017 年我国数字经济规模达 27.2 万亿元，占 GDP 比重达到 32.9%。根据最新的《中国数字经济白皮书》，2018 年至 2020 年，我国数字经济规模分别为 31.3 万亿元、35.8 万亿元和 39.2 万亿元，占 GDP 的比重分别为 34.8%、36.3% 和 38.6%。

一、江河日下的相关关系

如果从达·芬奇的数学老师卢卡·帕乔利（Luca Pacioli）1494年系统总结复式簿记算起，会计堪称是一个古老的职业了。这个有着500多年历史的古老职业，历经了工业革命和股份公司的洗礼，得益于信息技术进步的赋能，总体上还焕发着青春活力，依据其不断演进的会计规则提供的会计信息，在产品经济时代为优化资源配置（决策有用）和降低代理成本（受托责任）发挥着重要作用，做出巨大贡献。然而，这个古老职业，其会计规则具有重视物质资源、轻视人力资源，关注有形资产、忽略无形资产的鲜明印记，到了无形资产占主导地位①的新经济时代开始感到水土不服，在实现决策有用性和评价受托责任这两个财务报告目标时显得力不从心。最明显的症状莫过于会计信息的相关性日益降低。

（一）决策有用性视角下会计信息相关性的下降

从决策有用性的角度看，会计信息相关性的下降表现为股票价格与关键财务变量（如报告盈余、权益净值和现金流量）之间的统计关联性持续恶化（Lev，2000）。Lev和Zarowin的研究表明，反映股票回报与报告盈余相关关系的R^2从1978年的0.115降至1996年的0.037，反映股价变动与报告盈余变动相互关系的盈余反应系数（Earnings Response Coefficent，ERC）也从1978年的0.907降至1996年的0.61；反映股票回报与经营性现金流量相关关系的R^2由1979年的0.074降至1996年的0.036，反映股价变动与现金流量变动相互关系的现金流量反应系数（Cash Flow Response Coefficent，CFRC）也从1976年的0.75降至1996年的0.416；按照奥尔森（Ohlson）模型计量的反映股票回报与“报告盈余+权益净值”相关关系的R^2由1977年的0.923降至1996年的0.618（Lev and Zarowin，1999）。值得注意的是，20世纪90年代是新经济的发端阶段，会计信息的相关性在这一时期快速下

① 以我国新经济代表企业BAT为例，百度（2018年第三季度末）、阿里巴巴（2018年末）和腾讯（2018年第三季度末）的存货和固定资产等实物资产分别为162亿元、908亿元和387亿元，而商誉和无形资产则分别高达258亿元、3122亿元和487亿元。后者还不包括品牌价值，2018年BrandZ全球品牌价值100强显示，百度、阿里巴巴和腾讯的品牌价值分别为269亿美元、1134亿美元和1790亿美元。

降，绝非机缘巧合，而是会计不适症导致新经济的估值理念和评价体系发生重大变化，基于非会计信息的决策模式日益盛行。2016 年，Lev 和 Gu 在其备受瞩目的新书《会计的没落与复兴》① 中，将研究期间拓展至 1950 ~ 2013 年，会计信息相关性的恶化趋势仍然没有改观，会计收益和权益净值对上市公司股票市值的解释能力从 1950 年的 90% 降至 2013 年的 50% 左右，多重财务指标（包括销售收入、销售成本、销管费用、净利润、总资产和总负债 6 个指标）对股票市值的解释能力从 1950 年的 90% 降至 2013 年的 50% ~ 60% 之间（Lev and Gu，2016）。

如果这些实证研究结果显得过于抽象，我们不妨看看可以佐证上述结论的两个典型案例。表 1 列示了旧经济时代的线下零售巨头沃尔玛与新经济时代的线上零售巨头亚马逊和阿里巴巴 2014 ~ 2017 年的相关财务指标，表 2 列示了谷歌、苹果、脸书、亚马逊、腾讯、阿里巴巴和微软等 7 家新经济代表性企业账面净资产与股票总市值的差距鸿沟。

表 1　新旧零售巨头的财务指标对比　　单位：亿美元

指标名称	公司名称	2017 年	2016 年	2015 年	2014 年
资产总额	沃尔玛*	2045	1998	1996	2035
	亚马逊	1313	834	647	545
	阿里巴巴*	1143	736	566	412
净资产	沃尔玛*	808	805	836	859
	亚马逊	277	193	134	107
	阿里巴巴*	696	467	387	254
营业收入	沃尔玛*	4958	4813	4786	4822
	亚马逊	1313	834	647	545
	阿里巴巴*	399	230	157	123
净利润	沃尔玛*	105	143	151	171
	亚马逊	30	24	6	-2
	阿里巴巴*	98	60	111	39
经营活动的现金净流量	沃尔玛*	283	317	274	286
	亚马逊	184	173	119	68
	阿里巴巴*	200	117	88	66

① 英文书名为“The End of Accounting and the Path Forward for Investors and Managers”，方军雄教授翻译的中译本书名为《会计的没落与复兴》，2018 年 7 月北京大学出版社出版。

续表

指标名称	公司名称	2017 年	2016 年	2015 年	2014 年
净资产收益率	沃尔玛 *	14%	18%	19%	21%
	亚马逊	11%	12%	4%	-2%
	阿里巴巴 *	17%	15%	33%	17%
股票市值	沃尔玛 **	2914	2040	1809	2534
	亚马逊 **	5707	3659	3299	1515
	阿里巴巴 **	4456	2269	2100	2686

注：* 沃尔玛和阿里巴巴的会计年度分别结束于 1 月 31 日和 3 月 31 日，为了与亚马逊保持可比，本表将沃尔玛和阿里巴巴的 2018 会计年度填列为 2017 年，其他年份以此类推。

** 股票市值均为年度最后一个交易日的市值。2018 年 12 月 31 日，沃尔玛、亚马逊和阿里巴巴的股票市值分别为 2749 亿美元、7330 亿美元和 3543 亿美元，差距进一步扩大。

从表 1 可以看出，2014～2017 年，不论从资产规模（资产总额和净资产），还是从经营规模（营业收入和经营活动的现金净流量），或是从经营效益（净利润和净资产收益率）这些传统财务指标看，沃尔玛在大多数年份都超过亚马逊和阿里巴巴，但其股票市值却远低于亚马逊和阿里巴巴。所有这些，既说明股票投资决策与传统会计信息的关联度不大，也意味着投资者对上市公司的估值大量利用了非会计信息，而且后者的作用并不逊色于——甚至超过了——会计信息。如果三大报表提供的会计信息，只能在很低程度上解释不同上市公司股票市值的差异，则会计信息的决策相关性堪忧，会计信息的提供是否符合成本效益原则令人生疑。

表 2　　账面净资产与股票总市值的对比　　单位：亿美元

	账面净资产 *	股票总市值 *	净资产占市值比例	市净率
谷歌（Google）	1698	8212	20.7%	4.84
苹果（Apple）	1071	10783	9.9%	10.07
脸书（Facebook）	803	4686	17.1%	5.84
亚马逊（Amazon）	391	9781	4.0%	25.02
腾讯（Tencent）	499	3930	12.7%	7.88
阿里巴巴（Alibaba）	730	4186	17.4%	5.73
微软（Microsoft）	860	8882	9.7%	10.33
合计	6052	50460	12.0%	8.34

注：* 均截止于 2018 年 9 月 30 日[①]。

① 2020 年 12 月 31 日，这 7 家新经济代表性企业的股票市值为 88752 亿美元，净资产为 8819 亿美元，平均市净率高达 10.06 倍。

表2显示，这7家全世界新经济最具代表性的企业，其账面净资产只占股票总市值的12%，平均市净率高达8.34倍，表明每8.34美元的市值，就有7.34美元在资产负债表上得不到反映和解释，这从另一个侧面说明会计信息对新经济企业相关性不高的现象。虽然会计信息不是用来计量企业价值的，但至少应成为投资者对企业进行估值的一个基础，否则，奥尔森模型的依据何在？新经济代表性企业的净资产与股票市值之间存在如此之大的差距鸿沟，难免让我们对会计信息在新经济时代的决策有用性产生怀疑。

（二）受托责任评价视角下会计信息相关性的下降

如果新经济时代会计信息的决策有用性持续衰减，那么，会计信息剩下的唯一功效就是受托责任的评价了。遗憾的是，在新经济时代，会计信息在这方面的作用也不容乐观。从受托责任的角度看，会计信息相关性的恶化主要表现为受托责任的评价对会计信息的依赖度不断降低。在旧经济时代，净资产收益率（ROE）是评价管理层是否有效履行受托责任的最常用指标，因为该指标的分母代表股东将财产托付给管理层的资源投入，分子代表管理层通过经营运作股东托付的财产给股东带来的产出。用投入产出比的高低评价管理层是否有效履行对股东的受托责任，是一种比较科学合理的方法。然而，在新经济时代，企业能否生存发展并为股东创造价值，很大程度上取决于它们能否在人才、研发、用户、品牌、创意等方面的投入。在这种情况下，继续沿用净资产收益率来评价新经济企业管理层的受托责任，只会加剧管理层短视化的机会主义行为，让管理层不愿意从事虽可提升企业核心竞争力和价值创造能力但短期内可能造成严重亏损的资本性支出，新经济企业只好越来越多地诉诸市值管理、风险管理、市场份额、用户数量、行业地位、网络效应、平台价值、模式创新等非会计信息来评价管理层对受托责任的履行情况。

新经济时代，会计信息在评价管理层受托责任方面，其相关性日益恶化的另一个重要标志是激励机制的设计对会计利润的依赖越来越小，而对股票期权的倚重越来越大。为了更加有效地缓解代理问题，大幅降低代理成本，引导管理层更加积极主动地进行有利于提升企业股票价值的无形投资，股票期权顺理成章地取代了会计利润，成为新经济企业最通行、最有效的激励机制。股票期权的价值高低与企业的股票市值成正比关系，而股票市值能否增长，在很大程度上取决于企业在研发、技术、人才、用户、品牌、创意等方面的成效，而非企业短期的盈利。这或许是很多“亏损”（虚亏实盈）或“微利”（长远暴利）的新经济企业其股票市值大大高于高额盈利的旧经济企业的重要原因①，这也说明了新经济企业为何舍得耗费巨资去收购兼并“亏损累累”的其他新经济企业②，因为投资者和资本市场十分清楚，这些新经济企业的“亏损”或“微利”是由会计规则的不合理、不科学所造成的，与企业的基本面无关。

以上分析表明，进入新经济时代，不论在决策有用性方面，还是在受托责任评价方面，会计信息的相关性均呈现快速下降的态势。在这种情况下，新经济企业的会计人员耗费大量资源编制财务报告目的何在？Govindarajan等（2018a）的调查访谈表明，新经济企业的很多首席财务官（CFO）认为，按照公认会计准则编制财务报告特别是资产负债表和利润表，只是法规遵从（regulatory compliance）要求的一种摆设，耗费在财务报告编制和审计的资源纯属浪费，会计已不再被认为具有价值创造功能，原因在于这种财务报告不能反映新经济企业创造价值和保持核心竞争力的驱动因素。

二、视而不见的鸵鸟政策

从制度框架上看，新经济时代下会计信息对投资决策和受托责任评价的相关性之所以日益恶化，根本的原因是现行的会计准则大多是在旧经济时代制定的，到了新经济时代不适症开始显现。根据这些会计准则编制的财务报告具有“吃硬不吃软”的特性，对于反映以实物资产等硬资产（Hard As-

---

① 这方面的例子不胜枚举。比如，尽管优步（Uber）2014～2017年分别亏损了7亿美元、22亿美元、28亿美元和45亿美元，累计亏损102亿美元，但其估值约700亿美元，超过通用电气（GE）的市值（2018年末的市值为658亿美元）。再如，推特（Twitter）在2014～2017年分别亏损了5.78亿美元、5.33亿美元、4.41亿美元和0.95亿美元，京东2014～2017年分别亏损49.96亿元、93.88亿元、20.48亿元和0.19亿元，虽然推特和京东2018年均扭亏为盈，1～3季度净利润分别为2.17亿美元和20.77亿元，还不足以弥补以前年度亏损，但2018年年末的股票市值仍高达201亿美元和303亿美元。同样地，2018年1～3季度，BATJ合计的净利润只有1211亿元，而工农中建同期的净利润高达7786亿元，虽然BATJ的净利润只有工农中建的15.56%，但2018年年末的总市值（5.66万亿元）却比工农中建的总市值（5.48万亿元）高出1800亿元。

② 在收购兼并方面，脸书2014年2月耗费160亿美元收购了既没有收入也没有利润的WhatsApp，微软2016年6月耗费了262亿美元收购了仍处于亏损的LinkedIn。以传统的思维，天价收购亏损企业是匪夷所思的，但从新经济的角度看，这两项收购对脸书和微软获取客户资源、拓展商业模式、提升技术水平、实现转型升级是至关重要的，因此投资者还是给予正面的评价，这从并购消息公布后股价均有所上升而不是大幅下跌就可看出来。

sets）为主体、采用“单打独斗”商业模式的旧经济企业的财务状况、经营业绩和现金流量游刃有余，颇受认可，但用于反映以智慧资产（Intelligent Assets）等软资产（Soft Assets）为核心、采用“资源整合”商业模式的新经济企业则显得力不从心，疲态毕露。具体地说，新经济时代会计信息相关性急剧下降，主要是准则制定机构缺乏与时俱进精神，对新生事物采取鸵鸟政策，坚守因循守旧的确认、计量和报告标准，导致财务报告选择性失明，对新经济企业价值创造的关键驱动因素视而不见，主要表现在以下六个方面。

（一）无视无形投资的资本支出属性

新经济企业的价值创造和竞争力的提升，主要不是依靠股东投入的财务资源，而主要是依靠知识资源、信息技术和商业模式创新。为此，新经济企业将大量资源投放在研究开发、创意设计、人才培养、专利申请、网络更新、客户获取、市场开拓、品牌维护、数据库建设、业务流程再造等无形投资（Intangible Investments）方面。美国的无形投资占非农增加值的比重日益上升，且已经超过机器设备等有形投资（Corrado and Hulton，2010），如图 1 所示。

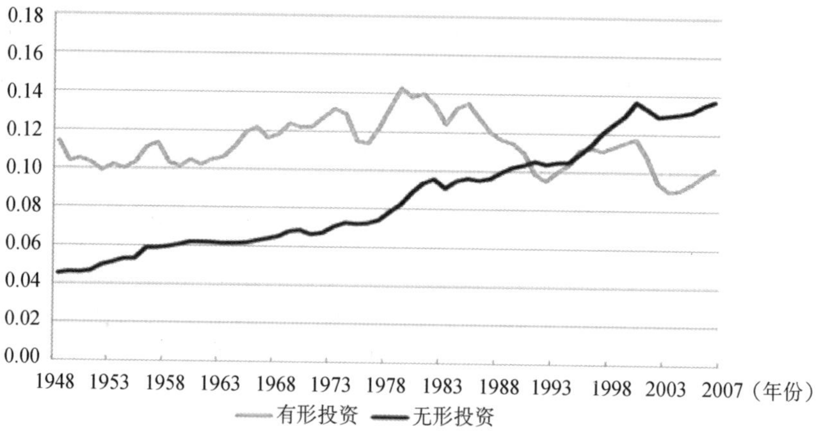

图 1　美国 1948～2007 年无形投资与有形投资占非农增加值比重

Haskel 和 Westlake 在《没有资本的资本主义：无形经济的崛起》一书中也指出，欧美的无形投资占 GDP 比重已经超过有形投资的现象，如图 2 所示。

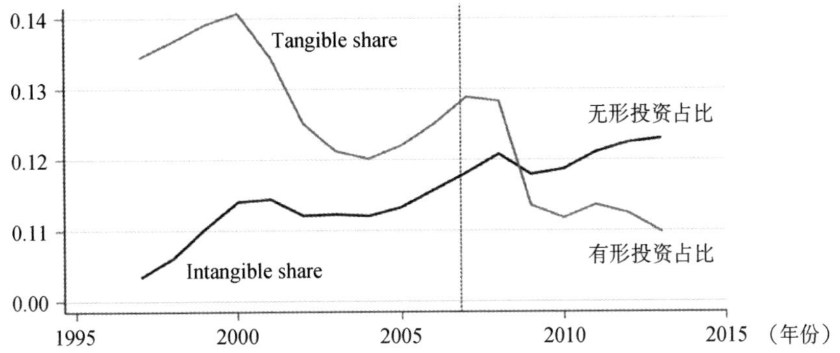

图 2 欧美无形投资占 GDP 的比重

注：国家包括奥地利、捷克、丹麦、芬兰、法国、德国、意大利、荷兰、西班牙、瑞典、英国和美国。

Haskel 和 Westlake 还指出，无形投资具有扩展性（Scalability）、沉落性（Sunkenness）、外溢性（Spillovers）和协同性（Synergies）等特点（Haskel and Westlake，2018）。扩展性指无形投资形成的资产可以同时在众多地点反复使用而不会降低其效用；沉落性指无形投资决策一旦作出便不可更改，因为其形成的资产通常难以出售；外溢性指无形投资形成的效益往往惠及投资企业之外的其他攸关方；协同性指无形投资得益于企业之间创意和研发的共享。正因为具有 4S 特点，无形投资显著区别于有形投资。

无形投资是新经济企业提升价值创造能力和核心竞争力的最重要方式，为资本市场所认可并对股票市值产生积极影响。无形投资本质上具有明显的资本性支出属性，本应予以资本化，但现行会计准则的规定过于迂腐，认为这些无形投资能否带来未来经济利益存在诸多不确定性，因而要求企业费用化。其结果，无形投资越大的新经济企业，报表上体现的利润越少，甚至亏损。将无形投资费用化，造成的不良后果是资产负债表和利润表双双失实，导致新经济企业的财务图像与经营实绩严重脱节，甚至相互矛盾。

在资产负债表方面，无形投资按费用化而不是资本化的方式进行会计处理，导致对企业未来发展和价值创造至关重要的大量智慧型无形资产游离于资产负债表之外，严重低估了新经济企业的财务实力。华为 2008～2017 年研究开发支出高达 3940 亿元，形成了 74307 件技术专利，为其成为世界上最具竞争力的电信设备制造商奠定了坚实的技术基础，但其 2017 年末资产负债表上反映的无形资产余额只有 49.89 亿元（均为外购的技术专利），足见华为资产负债表的虚化问题有多严重。资产负债表虚化，或许是新经济企业市净率居高不下的重要原因，也在一定程度上说明了为何高额商誉总是与新经济企业的收购兼并相伴而生。资产负债表虚化带来的另一个意想不到的经济后果是加剧了中小型高科技企业的融资难、融资贵问题，因为我国商业银行对中小企业的贷款决策在很大程度上依赖于资产抵押和信用担保，其结果，银行错失了与这些企业共成长的机会，造成资源错配，将大量贷款投放给虽然传统没落但却握有大量实物资产的旧经济企业，而不是将有限的信贷资源用于扶持表内实物资产匮乏但表外无形资产富足的新经济企业。

在利润表方面，将无形投资费用化，导致收入与费用配比失当，严重扭曲了新经济企业的经营绩效。众所周知，无形投资的成本效益在时间分布上是不对称的，成本呈现前高后低而效益则呈现前低后高的态势。无形投资费用化的会计处理方式，进一步加剧了这种不对称，使收入与费用的配比变得毫无意义。在投入期，伴随着费用的大量发生，是没有收入或只有少量收入，此时，新经济企业利润表体现的是累累亏损；而在收益期，伴随着收入的急剧增长，是少量费用或没有费用，此时，新经济企业利润表体现的是高额暴利。其结果，不论是投入期，还是收益期，利润表从来没有正确过，发出的都是扭曲事实的错误信息。面对这种令人啼笑皆非的局面，投资者只好选择忽略会计盈利信息，这在一定程度上解释了为何新经济企业普遍存在着股票市值与会计盈利严重背离的现象。此外，新经济企业越来越热衷于披露非公认会计原则业绩指标（Non - GAAP Measures），显然与基于公认会计原则的利润表不能如实反映其经营绩效不无关系。

（二）无视平台资产的网络效应现象

网络效应（Network Effects）又称网络外部性（Network Externalities），是以色列经济学家 Oz Shy 在《网络产业经济学》一书中提出的，指每个消费者的效用随着购买相同或兼容产品的消费者数量的增加而增加（Shy，2004）。尽管网络效应早在旧经济时代就已存在，但在新经济时代更加明显，信息技术产业尤甚。得益于风险资本和创业资本的加持、引导和激励，新经济企业更加注重技术发明和模式创新，更加愿意进行大手笔的无形投资，最终促使信息技术加速迭代，商业模式不断创新，从而形成了独特的网络效应，即平台资产的价值随着越来越多用户的频繁使用而增加。

以优步和滴滴等网约车平台为例，越多的用户和司机使用网约车平台，或是用户和司机越频繁使用网约车平台，就会为网约车平台汇集更加旺盛的人气，带来更加丰富的数据，从而使网约车平台经营者能够利用大数据技术以更加便捷、高效和经济的方式，为司乘人员提供更好的载客和乘车体验。在这种情况下，网约车平台对优步和滴滴等经营者的价值就越大。网络效应对社交平台和网购平台同样适用。对脸书、推特和腾讯等社交平台而言，随着越来越多的用户使用社交平台，或者用户使用社交平台的时间越来越频繁，社交平台对现有使用者就越方便，越有吸引力，内容提供商和服务提供商就更愿意委托社交平台经营者提供广告、游戏等服务，社交平台的增值潜力也就越大。对于亚马逊、阿里巴巴和京东等网购平台而言，越来越多的消费者、商家和厂商使用网购平台，现有使用者的买卖交易就愈发方便、高效和经济，这反过来又促使他们更多地使用网购平台，形成良性循环，网购平台对于自营型和平台型电商的价值当然也因此不断提升。

平台资产的网络效应有目共睹，但现行会计系统对此熟视无睹，不闻不问。笔者查阅了经营网约车平台、社交平台、网购平台的代表性上市公司的季报和年报，发现平台资产的网络效应主要是通过在“管理层讨论与分析”（MD&A）披露用户数及其增减变动①的方式间接反映的，但平台资产的用户数显然不能等同于网络效应。至于在财务报告部分，平台资产的网络效应价值却只字未提。

平台资产的网络效应因为难以可靠计量而不在会计上确认，极大低估了平台型企业的资产价值。雪上加霜的是，按照现行会计准则的规定，新经济企业不仅不得确认平台资产的网络效应，而且必须对平台资产计提折旧或摊销，这种处理方式似乎蕴含着平台资产没有正网络效应只有负网络效应的会计逻辑。这种会计逻辑与经济学家早已证明的平台资产网络效应背道而驰，秉承这种会计逻辑并延续现行做法，将会导致会计信息相关性进一步恶化。

（三）无视行业地位的经济价值差异

赢家通吃（winner - takes - all）效应是新经济的一个显著特征，在一定程度上源自无形投资的扩展性。赢家通吃效应，通俗地说就是“数一数二，不三不四”。在经济时代，很多行业的市场份额都被老大吃掉了，只留一些

---

① 2019 年 1 月 30 日，脸书公布的 2018 年第四季度业绩报告显示，其截至 2018 年年末的日活跃用户为 15.2 亿，比 2017 年年末增长 9%。QQ 截至 2018 年第三季度末的月活跃用户为 8.026 亿，同比下降 4.8%，微信月活跃用户 10.825 亿，同比增长 10.5%。淘宝截至 2018 年年末的月活跃用户 6.99 亿，比 9 月 30 日增长了 3000 万。

残羹剩饭给老二，至于老三老四，消费者或用户根本不屑一顾①。表3展示的中美社交平台行业老大与老二的巨大差距，雄辩地说明了这一现象。

表3 中美社交平台行业的赢家通吃现象

	美国社交平台		中国社交平台	
	脸书	推特	腾讯	微博
日活跃用户（亿）	15.20	4.66	10.83	4.66
营业收入（亿美元）	558.38	30.42	331.63	12.37
净利润（亿美元）	221.12	12.06	82.84	4.06
股票市值（亿美元）	4790.00	256.00	4200.00	136.00

从表3可以算出，截至2018年年底，美国社交平台的行业老大脸书的日活跃用户量是行业老二推特的3.26倍，其2018年度的营业收入是推特的18.36倍，净利润是推特的18.33倍，股票市值是推特的18.71倍。同样地，我国社交平台的老大与老二也相去甚远，腾讯的日活跃用户、营业收入、净利润和股票市值分别是微博的2.32倍、26.81倍、20.40倍和30.88倍。

赢家通吃效应既与网络效应有关，也与自媒体时代口口相传的“注意力经济”有关，品牌、口碑、人气、体验是新经济企业能否实现赢家通吃的制胜法宝。因此，通过获取客户和维护客户、提高客户的黏性和体验，对于提高新经济企业的行业地位，从而提高其核心竞争力和价值创造能力至关重要。

行业地位不仅意味着新经济企业能否赢家通吃，而且决定着它们能否实现“规模收益递增”（Increasing Returns to Scale）②。众所周知，经济学有一个著名的“规模收益递增”定律，指的是特定产品、服务、企业或行业的净收益增长速度超过生产规模扩张速度的现象。尽管规模收益递增定律早在旧经济时代就已存在，但在新经济时代更为明显，自媒体和互联网行业尤甚。这主要是因为新经济企业尤其是龙头企业，更加注重商业模式创新，更愿意在品牌营销和客户获取方面进行大手笔投资，更加在乎客户体验和客户维护。

---

① 新经济时代的赢家通吃现象比旧经济时代更加突出，因为用户在新经济时代的转换成本几乎为零，而旧经济时代下转换成本却十分高昂。譬如，用户原先使用克莱斯勒的汽车，若改用通用的汽车，就要付出不菲的代价，而推特用户要改用脸书，轻而易举，为此付出的成本微不足道。

② Govindarajan，Shivaram和Srivastava等人2018年2月在《哈佛商业评论》发表的“为何财务报表对数字公司不管用”一文中也指出，忽视数字公司的规模收益递增是财务报表丧失相关性的一个重要原因。

行业地位还关系到新经济企业的估值高低。国泰君安以梅特卡夫定律为基础，提出了对互联网的估值模型：$V = K \times P \times (N^2 \div R^2)$，其中的V代表价值，K代表变现系数，P代表行业地位的溢价率系数（Premium for Industry Positioning），行业排名越靠前的，溢价率系数就越高，N代表用户数，R代表网络节点距离。表3所显示的脸书与推特、腾讯与微博之间的巨大市值差异足以说明行业地位对估值的影响。可见，在新经济时代，企业在行业中的市场地位在很大程度上决定着其经济价值的大小。国泰君安的估值模型直面赢家通吃现象，将龙头企业对用户产生“虹吸效应”的价值直接量化，表明估值理论和方法的与时俱进，值得肯定。

与证券业与时俱进的做法形成鲜明反差的是会计界依然故我，对行业地位差异产生的赢家通吃效应、规模收益递增和股票市值差异等现象视而不见，在新经济企业的财务报告中得不到任何反映。既然证券业已经寻找出对行业地位经济价值差异的计量方法，会计界再以这种计量具有不确定性为由将其排斥在财务报告之外就显得不合时宜了。如果会计界拒不接受新观念、新事物、新方法，会计信息的相关性还将进一步恶化。

（四）无视用户聚集的边际成本递减

“流量为王”是新经济代表性企业的一个成功秘籍。“流量为王”有两层含义，一是网络平台拥有的海量用户成为其与内容提供商、服务提供商进行讨价还价的强有力筹码，二是网络平台拥有的海量用户聚集引发量变到质变，促使边际成本呈递减状态，甚至出现零边际成本效应（Rifkin，2014），如图3所示。

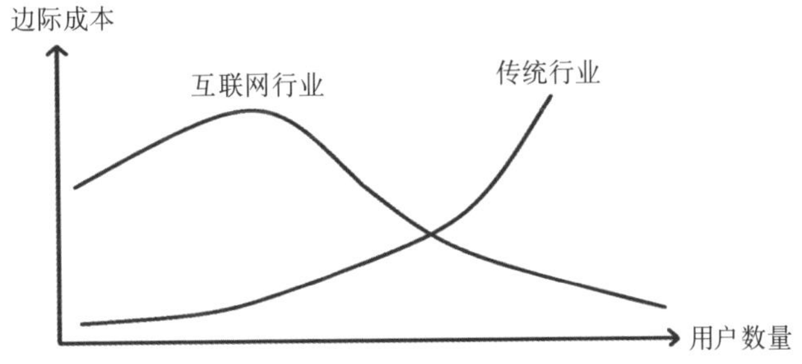

图3　互联网行业与传统行业的边际成本曲线

资料来源：Jeremy Rifkin，《零边际成本社会》。

“流量为王”对新经济企业的最大价值在于，其边际成本随用户数量的增加呈现不断下降的趋势，当用户量足够大，边际成本就会向零逼近直至等于零。用户聚集带来边际成本递减效应，是 Jeremy Rifkin 在《零边际成本社会》一书中所揭示的互联网时代的一个定律（Rifkin，2014）。以零边际成本进行竞争，就可以所向披靡，无往而不胜。蚂蚁金服之所以让传统的商业银行如芒在背，就是因为它基于网络化的商业模式有别于传统的商业银行，一旦它完成信息网络的建设，无须任何实体营业网点就可以为用户提供便捷高效的金融服务，这意味着它每新增一笔存款、新增一笔贷款、新增一笔结算、新增一笔理财、新增一笔保险，其边际成本几乎等于零，而传统的商业银行却必须布设成千上万的营业网点、配备价格不菲的 IT 设备、雇用数以万计的工作人员，每新增一笔金融业务都会发生十分昂贵的边际成本①。

此外，零边际成本还可以成为新经济企业开拓过去长期被忽略的长尾市场（Long Tail Market）的利器。长尾市场依据的是美国《连线》杂志主编 Chris Anderson 在 2004 年提出的长尾理论，如图 4 所示。

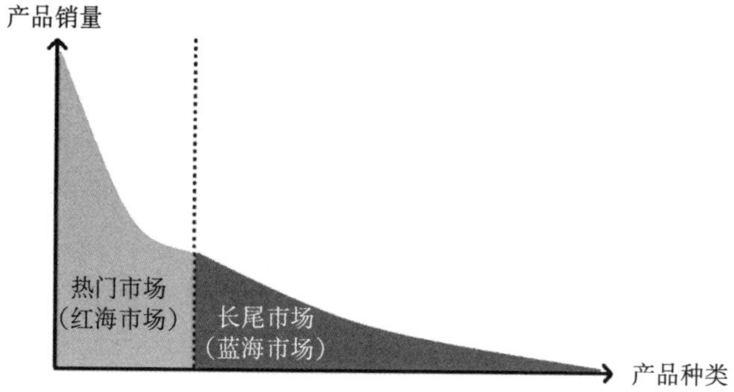

图 4　长尾理论示意图

长尾理论的核心要义是，商业和文化的未来不在传统需求曲线头部的热门市场，而在于需求曲线中那条无穷无尽的尾巴——小众市场。备受消费者追捧的热门市场往往是竞争激烈的“红海市场”，而受到消费者冷落的小众市场通常是波澜不惊的“蓝海市场”。过去小众市场无人问津，是因为企业发现服务小众市场的客户代价高昂，得不偿失。但到了新经济时代，一些企

① 研究表明，蚂蚁金服从事小微企业贷款，从信用调查、风险评估、贷款定价到贷后管理，边际成本仅为 2. 30 元，而传统金融机构每笔小微企业贷款的边际成本超过 2000 元，反差之大可见一斑。

业特别是龙头企业因为用户的聚集效应导致边际成本降至零，此时，以零边际成本服务小众市场就成为一本万利的生意了，因为不论细分市场有多小众，长尾客户购买的产品或服务量有多少，对于零边际成本的新经济企业都是有利可图的，不考虑税收因素，边际成本为零时，增加一分钱的收入就是增加一分钱的利润。

通过无形投资聚集海量用户所形成的边际成本递减效应，既是新经济企业（特别是龙头企业）赚取超额盈利的动因，也是它们获取竞争优势的源泉。可惜的是，现行会计体系对用户聚集的边际成本递减效应视而不见，零边际成本这些新经济时代最显著的特征在财务报告中见不到任何踪影。既然财务报告无法提供这些对价值创造和竞争力至关重要的信息，投资者别无他法，唯有选择忽略会计信息。这也是会计信息相关性在新经济时代不断降低的另一个重要原因。

（五）无视数字资产的价值创造功能

“平台是金”是新经济代表性企业的另一个成功秘籍。平台是金是指网络平台可以汇集用户流、信息流、资金流①和商品流等新经济时代最有价值的资源，对这些资源加以开发利用，就可以衍生出无限的商机，获取丰厚的回报。在平台汇集的这些资源中，对新经济企业最具价值的是用户流和信息流所带来的“数字资产”（Digital Asset）。在数字经济时代，数字资产是新经济企业最宝贵的核心资源。

从本质上说，BAT 经营的对象就是数字资产，它们的最重要资源也是数字资产。从表象上看，BAT 主要是通过提供广告服务、交易撮合、网络游戏获取收益的，但从实质上看，BAT 是通过大数据、云技术、人工智能等信息技术作用于数字资产创造价值的。当我们作为用户日复一日地在百度搜索

---

① 我国的 BAT（百度、阿里巴巴、腾讯）和美国的 AGM（苹果、谷歌、微软）就是典型例子。2018 年 9 月 30 日，百度、阿里巴巴和腾讯的现金性资产（现金及现金等价物加上变现能力强的金融资产）分别为 1851 亿元、4088 亿元和 3812 亿元，占资产总额的比例分别为 67%、50% 和 55%。同日，苹果、谷歌和微软的现金性资产分别为 2450 亿美元、1190 亿美元和 1305 亿美元，占资产总额的比例分别为 66%、54% 和 50%。BAT 和 AGM 的现金性资产之所以如此之多，是因为它们都是平台型企业，而平台型企业的资金汇集功能是十分强大的。以 BAT 为例，客户想在百度上做广告，就必须预付广告费，现金就流到了百度账上；网商要在淘宝和天猫上开店，就要支付押金、保证金和铺底结算资金，现金就流到阿里巴巴账上；用户要在微信上玩游戏，就要充值，现金就流到腾讯账上。此外，支付宝和微信钱包也为阿里巴巴和腾讯吸附了大量的现金。

时，就会在百度的信息平台上留下 IP 地址和关键词等海量的电子数据，百度就可以通过这些数据为我们建立电子数据档案，利用算法推算出我们的偏好和需求，并据此为其客户的产品或服务提供精准营销。当我们作为用户或网商频繁地通过淘宝和天猫网购和网售时，就会在阿里巴巴的信息平台上留下我们的消费需求、品牌偏好、价格敏感、资信状况、产品质量等一系列数据，阿里巴巴据此就可以为用户和商家建立一个价值连城的电子数据档案，借助大数据分析，阿里巴巴就可以通过这些数据破解供需双方的信息不对称问题，再通过支付宝这一第三方支付神器破解供陌生人之间的相互信任问题，进行交易撮合，并按商品销售总额的一定比例向出售方收取推介费、服务费和管理费。当我们作为用户通过微信或 QQ 进行社交时，就会在腾讯的信息平台留下我们的交友偏好、推文偏好、点赞偏好、游戏偏好、阅读偏好等海量数据，腾讯就可以为我们建立电子数据档案，并借助大数据分析，与内容和服务提供商合作，为我们提供游戏、广告等增值服务。

数字资产与生态战略相结合，其价值效用可以呈几何级数增长。在这方面，阿里巴巴提供了一个典型的事例。2014 年上市以来，阿里巴巴利用其雄厚的资本实力不断收购兼并，借助其尖端的信息资源优势，以方便快捷的支付宝作为牵引，致力于打造一张生态网，试图把所有用户都罗织到这张无所不在的天网之中，让用户的衣食住行，甚至生老病死都离不开它。数字资产在阿里巴巴的生态网构建中发挥着“一鱼多吃”的功效。阿里巴巴掌握的 8 亿多活跃买家和成千上万商家的数据，除了可用于交易撮合赚取高额利润外，通过与制药厂商、医院和物流公司的合作，这些数据还可用于开网上药店，以更加便捷、更加经济的方式为活跃买家、患者和制药厂商提供网上药品买卖。更重要的是，这些数据还可用于拓展互联网金融服务，助推蚂蚁金服以接近于零边际成本的方式蚕食传统金融机构的市场份额。蚂蚁金服虽然还没有上市，但按其新股发行价格估算市值超过 2 万亿元。估值如此之高，除了投资者看好其零边际成本优势外，还有一个重要原因是阿里巴巴可以与其共享数字资产、为其提供无所不在的商业场景。

在大数据时代，数字资产是很多新经济企业的核心经济资源，数字资产已成为新经济企业开拓市场、降低成本、获取竞争优势、赚取高额利润的无形资产，其价值效用远远超过实物资产。面对这一毋庸置疑的事实，会计界再次选择视而不见的鸵鸟政策，把数字资产掩埋在细枝末节的会计信息这片漫漫黄沙中。对于依赖数字资产创造价值的新经济企业而言，如果数字资产这一核心资源不在财务报表上反映，而其他无关紧要的资产却事无巨细地加以反映，那么，其所编制的财务报告只能是抓了芝麻丢了西瓜，要指望这种主次不分的财务报告提供相关的会计信息，显然是不切实际的。

（六）无视智慧资本的内在经济价值

从经济学的角度看，提高资源（很大程度上表现为财务资本）配置效率是会计信息的一大功能，这实际上蕴含着财务资本稀缺性的假设。财务资本稀缺的理念在会计界如此根深蒂固，以至于我们都忘了还有比财务资本更稀缺的资源。知识密集和信息导向是新经济最为鲜明的特征，诚如管理大师彼得·德鲁克所指出的，新经济的主要职能是“知识和信息的生产与分配，而不再是物质的生产与分配”（Druck，1999）。与传统企业在价值创造过程中高度依赖于规模经济、物质资源和财务资本不同，新经济企业的价值创造主要依靠信息资源获取、信息技术创新和智慧资本积累驱动。信息资源和智慧资本才是新经济企业最宝贵的资源，智慧资本（Intellectual Capital）比财务资本更加稀缺。

在《智慧资本：组织新财富》一书中，Thomas A. Stewart 将智慧资本定义为“个人与团队能够为其组织带来竞争优势的一切知识和能力的总和”（Stewart，1997）。虽然学术界和实务界尚未能就智慧资本的内涵达成共识，但普遍认为至少包含人力资本（Human Capital）、结构资本（Structural Capital）和关系资本（Relational Capital）。在新经济时代，价值创造可视为在特定结构资本（包括组织结构、规章制度和业务流程等制度安排）框架下，企业将人力资本（员工的专业知识、创新能力、工作经验、团队合作、管理水平等）作用于关系资本（客户关系、供应商关系、政商关系、劳资关系等）而产生的经济价值增值行为。人力资本的范畴小于智慧资本，但无疑是智慧资本的关键要素，在价值创造中居于核心地位，因为制度安排和各种关系的建立都离不开人力资本的作用力。

正是由于承认新经济时代智慧资本在价值创造过程中的作用不逊色甚至超过财务资本，让智慧资本分享企业创造的价值越来越普遍，通过优厚的工资福利和股票期权的方式让智慧资本提供者（员工）与财务资本提供者（股东）共同分享价值创造成果的激励机制在新经济企业日益盛行。例如，思科 2017 年年报显示，其 CEO 和其他高管团队的薪酬结构分别为：基本薪酬 7% 和 10%、现金性奖励 15% 和 10%、年资绩效权益奖励 20% 和 24%、业绩权益奖励58%和56%。表4列示了2017年华为与其主要竞争对手为社会创造的价值总量（收入减去除工资福利、利息费用和税收费用外的其他所有成本费用）及其分配情况。从表4中可以看出，剔除因亏损导致工资福利占比超过100%的爱立信和诺基亚后，华为在价值分配中最善待员工，为社会创造的每100元价值，接近70%分配给员工，而这还不包括员工通过持股计划可以分享的利润。可见，尊重知识、尊重人才，以人为本是华为之所以能够在营运商业务、消费者业务和企业业务的激烈竞争中立于不败之地的根本原因。

表4　　华为及其竞争对手价值创造及价值分配

2017年	价值创造		价值分配			
	营业收入	成本费用	工资福利	利息费用	税收费用*	税后利润
华为	6036	4022	1403	49	87	475
（亿元人民币）	2014		69.7%	2.4%	4.3%	23.6%
爱立信	2013	1548	765	8	43	-351
（亿克朗）	465		164.5%	1.7%	9.2%	-75.4%
诺基亚	231	154	78	5	9	-15
（亿欧元）	77		101.3%	6.5%	11.7%	-19.5%
思科	480	275	73	9	27	96
（亿美元）	205		35.6%	4.4%	13.2%	46.8%
苹果	2292	1476	152**	23	157	484
（亿美元）	816		18.7%	2.8%	19.2%	59.3%
三星	2118	1336	206	79	124	373
（亿美元）	782		26.3%	10.1%	15.9%	47.7%

注：*税收费用只包括所得税费用，不包括属于价外税的增值税。

**苹果没有披露员工费用，该数据根据猎头公司Glassdoor提供的苹果平均薪酬水平和苹果年报披露的雇员数推算，不含股票期权费用。

资料来源：公司年报。

上述6家新经济公司，2017年年末的股东权益总额分别为：5052亿元、1002亿克朗、162亿欧元、661亿美元、1340亿美元、1896亿美元，按6%的资本成本测算，加上利息费用，由股东和债权人提供的财务资本成本分别为353亿元、68亿克朗、15亿欧元、49亿美元、103亿美元和193亿美元，无一例外地均低于其智慧资本成本（工资福利）。从相对数看，财务资本成本和智慧资本成本占销售收入的比例分别是：华为 5. 8% 和 23. 2% 、爱立信 3. 4% 和 38% 、诺基亚 6. 5% 和 33. 8% 、思科 10. 2% 和 15. 2% 、苹果 4. 5% 和 6. 6% 、三星 9. 1% 和 9. 7% ，财务资本成本的占比均低于智慧资本成本。所有这些，都从另一个角度证明了智慧资本才是新经济企业的最重要生产要素。值得说明的是，工资福利充其量只能近似地代表智慧资本的当期使用成本，与智慧资本的价值不能等量齐观。

智慧资本能够为企业创造经济利益，新经济企业尽管不能拥有人力资本，但通过雇佣合同和其他禁止性规定，完全可以控制人力资本，至于结构资本和关系资本，不仅能够控制，甚至可以拥有。这些特点说明智慧资本完全符合资产要素的定义，理应确认为新经济企业的无形资产，但会计界以智慧资本难以可靠计量为由，将智慧资本的内在经济价值排除在财务报告之外，迄今只反映智慧资本的使用成本，这也是导致会计信息相关性下降的一个重要原因。

三、与时俱进的救赎之道

辩证地看，会计信息相关性持续恶化也不见得都是坏事，可能倒逼会计改革。会计界应当秉承与时俱进的精神，正视会计相关信息供给不足的问题，果敢变革确认、计量和报告规则，才能凤凰涅槃，浴火重生，才不会在新经济时代因投资者大量使用竞争性信息而被边缘化。笔者认为，关键是要树立开放性思维，汲取新经济时代的新思想、新理念、新方法，改革过时的确认、计量和报告规则，以表内确认和表外披露相结合的方式，千方百计地将新经济企业创造价值的驱动因素纳入财务报告范畴之内。唯有如此，才能从根本上扭转会计信息相关性不断下降的趋势，会计才有望得到救赎。

在借鉴国内外相关文献的研究成果基础上，以下从确认、计量和披露的角度，探讨有助于在新经济时代提高会计信息相关性的路径和方法。

（一）完善确认标准，反映无形投资

现行会计体系之所以将新经济的很多价值驱动因素（Value Drivers）排除在财务报告之外，一是因为会计界对不确定性采取过度保守的风险偏好（Risk Appetite）态度，在确认中过分强调会计要素的可靠计量；二是因为会

计界过分强调会计信息的可验证性，在确认中存在明显的重交易（Transaction）、轻事项（Event）倾向①。

1. 改变过度保守的风险偏好，强调资产的经济利益元素

诺贝尔经济学奖获得者 Milton Friedman 曾说过，唯一能够使经济学家普遍接受的理论是，资产的价值由其预期的经济利益所决定。会计界对资产这一最重要会计要素的定义，也是以该理论为基础的。财务报告概念框架过去对资产的定义是：资产是主体因为过去交易和事项而拥有或控制的预期能够带来未来经济利益的资源。但在实务中，由于会计界秉承过度保守的风险偏好，不仅在资产定义中明确提出了不确定性要求（预期能够），而且要求以未来经济利益能够可靠计量作为资产的确认标准，导致对新经济价值创造至关重要但存在较大不确定性的无形投资等创新性资源（Innovative Resources）采用费用化而不是资本化的方式进行处理，加剧了资产负债表虚化现象。

创新是新经济的鲜明特征，风险与创新相伴而生。对于风险，会计界往往选择最小化的风险偏好。殊不知，企业经营的就是风险，且风险与回报对称，最小化的风险偏好显然与企业家精神背道而驰。根据期权理论（Option Theory），风险同时也是机遇，期权的价值与其风险正相关。从期权理论的角度看，投入资金从事研究开发，相当于企业买入一项看涨期权（Call Option），如果研发成功，这项看涨期权的收益将远超其成本。如果从单个项目看，研发似乎风险颇高，但如果从组合角度看，研发风险就要小得多，否则，就难以解释为何很多新经济企业年复一年地将相当大比例的营业收入投入研发活动。上述分析说明，进入新经济时代，会计界必须改变风险偏好，树立中性的风险偏好，再也不能以未来经济利益不能可靠计量将包括研发在内的无形投资排除在资产负债表之外。

与此相对应的改进路径是，将不确定性置于计量环节，而不是置于确认环节。确认环节只需解决“有无”的问题，而不应纠缠于“多少”的问题。这恰恰是财务报告最新概念框架的做法。国际会计准则理事会（IASB）在 2018 年概念框架中将资产定义为“主体因为过去事项而控制的现时经济资

① 虽然 FASB 在第 6 号财务会计概念公告中认为交易、事项和情况都应当予以确认，但在实际会计工作中，对交易的确认往往更受重视，也比事项更全面、更及时。譬如，与客户签订一份重要合同属于重要事项，一般作为待执行合同不予确认，而金额再小的购销交易，也必须确认。

源，经济资源是具有产生经济利益潜力的权利”（IASB，2018）[①]。IASB给资产下的新定义值得肯定，新的资产定义删除了经济利益的不确定性表述，扭转了会计界过分保守的风险偏好，不再将不确定性置于确认环节。此外，IASB在新的概念框架中，不再将能够可靠计量作为确认标准，仅将相关性和如实反映作为新的确认标准。虽然没有证据表明IASB此举是出于对新经济的考虑，但新的资产定义显然有助于新经济企业对无形投资等创新性资源进行会计确认，因为这些创新性资源完全符合新的资产定义。

2. 直面投资决策的影响因素，采用内外一致的确认方式

现行会计体系对于交易和事项采用不对称的反映方式，交易重于事项。这里的交易指的是基于法律的市场交易，如购销、投资、借贷等涉及产权交换（Exchange of Property Rights）的交易活动，事项是指任何对价值创造和竞争力产生影响的未涉及产权交换的内外部事件[②]。基于交易的会计确认，具有明显的监管导向（满足法规遵从要求），优点是具有客观性和可验证性，缺点是在反映价值创造和竞争力的驱动因素方面具有严重的时滞性。反映事项对估值产生影响的会计确认，具有明显的价值导向（满足价值发现需求），优点是能够迅速反映价值创造和竞争力的驱动因素，缺点是不够客观且难以验证。两种确认基础各有利弊，不可偏废。现行会计体系过于重视对交易的反映，而对事项的反映不够重视，不仅导致会计信息相关性日益降低，而且导致会计处理逻辑性愈发混乱，譬如，外购商誉往往确认为资产，而自创商誉则不得确认，外购技术通常资本化，而自创技术却费用化。

新经济时代，摩尔定律无所不在，信息技术迭代加速，市场监管多方博弈，政策环境变幻无常，企业价值备受内外部事项的影响。新经济企业的新技术新产品成功通过β测试[③]、获得新的技术专利、结盟新的商业关系、获

---

① 新的资产定义删除了过去定义中的“拥有”，只保留了“控制”，这虽然是一个进步，但却是一个有限的进步。因为共享经济中，能够带来未来经济利益的经济资源，甚至可以不需要由企业控制。优步和滴滴能够调度的汽车和驾驶员，空中食宿（Airbnb）能动用的房间，都是不由他们控制的，而是基于一种联盟关系的约定。笔者认为，将定义中的“控制”改为“形成”更加合理。

② 本文关于事项的定义，在本质上与FASB对事项的定义相一致，FASB在第6号财务会计概念公告第135段将事项定义为对主体产生后果的事项（a happening of consequence to an entity），但本文所指的事项是狭义的概念，内涵不如FASB宽泛，FASB所指的事项，是个广义的概念，包括主体与其他主体的交易，本文的事项不包括主体与其他主体的交易。笔者认为，FASB将交易（transaction）、事项（event）和情况（circumstance）作为并列关系，事项又包括交易，逻辑上并不严谨。

③ β测试是一种验收测试，是指软件产品完成了功能测试和系统测试之后，在产品发布前进行的软件测试活动，一旦通过β测试，软件产品即可进入发布阶段。

取新的客户资源等内部事项，尽管不是以交易的形式出现，且其转换为经济利益尚待时日，但这些事项的信息发布却会迅速对其股票价格产生影响。同样地，对网上支付资质、网络游戏许可、网约平台责任加强或放松监管等外部事项，也会极大地影响新经济企业的股票价格。因此，直面投资决策的影响因素，更多地确认这些事项特别是内部事项的会计影响，在财务报告中反映无形投资等创新性资源，对于提高会计信息相关性大有裨益。

从会计处理的角度看，无形投资等创新性资源的确认并不复杂，关键在于贷方科目的设置。具体可分为两种方法，一是将自创的创新性资源纳入现有的报表体系，二是保留现有的会计体系不变，以辅助报表的方式反映自创的创新性资产。考虑到事件会计的主观随意性，为了防止管理层操纵盈余，笔者更倾向于采用第二种方法。第二种方法以事项的关键点为确认时点，以价值评估为确认基础。以研究开发为例，当新技术新产品通过 β 测试时，按照研发可望形成的新技术新产品的未来现金流量折现值借记“创新性资产”，贷记“递延预期收益”。当研发形成的新技术新产品带来收益增加或成本降低时，借记“递延预期收益”，贷记“创新性资产收益”，同时借记“创新性资产摊销”，贷记“创新性资产”。

（二）借鉴研究成果，完善计量方法

根据笔者的观察，会计界认为难以可靠计量的问题，其他学科的研究成果可能早已解决。事实上，现有会计体系在计量方面大多是从其他学科学习借鉴而来的，会计界耳熟能详的资本成本计量、重置成本计量和现行价值计量就是来自财务学和经济学的研究成果。进入新经济时代，新思维、新观念、新方法层出不穷，会计界更应当秉承兼收并蓄的包容态度和与时俱进的创新精神，探索引进其他学科日臻成熟的计量方法，为我所用，不断丰富、完善会计计量方法。

新经济呼唤新会计，可供新会计借鉴的计量方法包括但不限于以下方面。

1. 借鉴互联网估值模型，将用户资源和行业地位纳入计量范围

如前所述，互联网行业具有流量为王、赢家通吃的典型特点。将用户资源和行业地位纳入会计体系的计量范围，将极大缓解新经济企业资产负债表的虚化现象，更加准确地反映新经济企业的价值所在。以太网创始人梅特卡夫提出了网络的价值等于网络节点的平方，并且与网络的用户数量的平方成

正比关系的观点，互联网行业将其称为“梅特卡夫定律”（Metcalfe's Law）。以该定律为基础建立的梅特卡夫估值模型为：$V=K\times N^2$，其中的N代表的就是网络的用户数量。以此为基础，国泰君安构建了互联网企业的估值模型：$V=K\times P\times (N^2\div R^2)$。其中的P代表行业地位，N代表网络的用户数量。以梅特卡夫定律为基础的估值模型还包括DEVA（Discounted Equity Valuation Analysis，即折现权益估值分析）估值法、市值用户比较法等。所有这些都有其合理成分，适当地加以借鉴，有望为会计界破解用户数量和行业地位的计量难题。

2. 借鉴实物期权模型，将无形投资和智慧资本纳入计量范围

期权有金融期权（Financial Options）与实物期权（Real Options）之分。实物期权是指企业进行包括无形投资在内的长期性投资决策时，能够根据当时的不确定因素选择采取某些商业活动（如进一步投资）的权利。实务期权是一种权利，而不是义务。实物期权的概念是由Stewart Myers在1977年提出的，他认为，一个投资项目创造的利润，源自对目前所拥有资产的使用以及对未来投资机会的选择之和（Meyers，1977）。迄今为止，实物期权已成为处理不确定性投资结果的投资决策工具。与金融期权不同，实物期权具有非交易性、非独占性、先占性与复合性等特点（Trigeorgis，1988），最常用的估值方法为BS模型和二叉树模型。

将实物期权模型用于对具有重大不确定性投资进行估值的著述汗牛充栋。Lev认为，新经济企业对研究开发的投资，本质上属于具有不确定性特点的无形投资，这类企业越来越多地将实物期权模型视作战略投资工具并广泛用于对研究开发投资的估值（Lev，2000）。实物期权同样适用于对智慧资本，特别是人力资源的价值评估，例如，刘大为在其博士论文《新经济条件下企业人力资源价值计量研究》中，系统地论述了人力资源的实物期权属性，提出了用实物期权评估人力资源价值的方法体系（刘大为，2006）。可见，引入实物期权模型，将成为新经济企业对无形投资和智慧资本进行价值计量的有效捷径。

3. 借鉴多重估值模型，将客户聚集的数字资产纳入计量范围

如前所述，因客户聚集可以导致新经济企业产生边际成本递减效应并由此形成价值连城的数字资产，对数字资产的价值进行确认和计量，无疑有助于提升新经济企业会计信息的相关性。尽管学术界和实务界围绕数字资产进行了广泛的探索，提出了各种各样的主张，但由于未得到准则制定部门和证

券监管部门的认可而没有用于正式的对外报告，主要是用于企业内部对数字资产投入与产出效果的评估。

Gartner 咨询公司 2015 年发布了 Douglas Laney 撰写的《为何和如何计量信息资产》的研究报告，提出了数字资产的多重估值模型，是迄今为止数字资产较为完整的计量体系，值得会计界借鉴。该体系按照数字资产估值目标，将计量方法分为以信息管理为侧重点的计量方法和以价值评估为侧重点的计量方法，前者包括信息内含价值（Intrinsic Value of Information，IVI）法、信息商用价值（Business Value of Information，BVI）法和信息业绩价值（Performance Value of Information，PVI）法，后者包括信息成本价值（Cost Value of Information，CVI）法、信息市场价值（Market Value of Information，MVI）法和信息经济价值（Economic Value of Information，EVI）法（Laney，2015）。

此外，德勤提出的旨在实现数字资产与企业价值相互连通的第四张报表，也不乏借鉴意义。第四张报表基于数字资产与股票市值的相关性，以用户数据（用户数量、用户黏性、用户活跃度等互联网数据）为核心，建立涵盖用户、产品、渠道和财务四个维度的企业价值管理体系，对于计量数字资产的价值具有一定的启示。

（三）强化表外披露，揭示价值动因

确认和计量不是万能的，有时甚至困难重重。此时，信息披露就成为反映价值创造驱动因素的重要手段。尽管表外披露不能替代表内确认，但可绕过表内确认的计量问题，不失为权宜之计。进入新经济时代，在定期财务报告之外，强化表外的信息披露，对于投资者及时做出决策意义重大。必须说明的是，这种性质的信息披露，不一定拘泥于形式，也不一定与定期报告一起披露，宜早不宜迟。此外，这类信息披露应当是自愿性披露，而非强制性披露。最后，这类信息无须审计，且应当赋予管理层免责权利，使其免于诉讼。

表外披露重在揭示对新经济企业至关重要但又难以量化的价值动因，比较有代表性的主张包括战略性资源与效果报告、细化支出性质的信息披露。

1. 追踪价值创造，反映战略性资源的配置与效果

新经济企业核心竞争力的表现形式和价值创造的驱动因素有别于旧经济企业，增加这些方面的信息披露，有助于增进投资者对新经济企业商业模式

的了解，提高其决策水平。Lev 和 Gu 将新经济企业的价值创造驱动因素归纳为资源开发、战略性资源、资源维护、资源配置和价值创造五个方面，并以定量分析与定性分析相结合的方式，提出了战略性资源与效果报告（Lev and Gu，2016），极具推广运用价值。图 5 列示了媒体与娱乐业的战略性资源与效果报告。

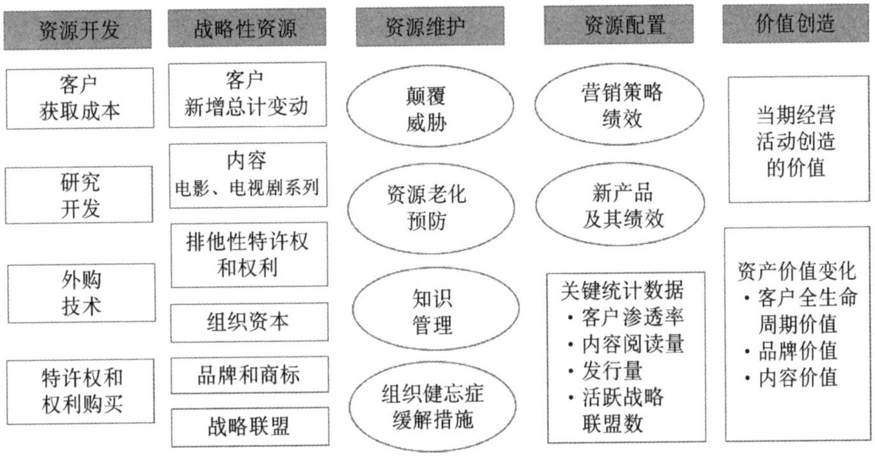

图 5 媒体与娱乐业的战略性资源与效果报告

资料来源：列夫、谷丰，《会计的没落与复兴》。

图 5 中方框内为定量信息，椭圆框内为定性信息，当期经营活动创造的价值 = 经营活动产生的现金净流量 + 费用化的投资支出 - 资本性支出 - 权益资本成本。

2. 细化收支分类，反映资本性支出的投入与产出

按照现行会计准则的要求，新经济企业往往在财务报表中以高度概括的方式反映收入与支出，将创新性收入与经营性收入、资本性支出与收益性支出混杂在一起，不利于投资者评估资本性支出的投入与产出。为了克服这种现象，列夫从创新能力、人力资源、客户资源、网络效应四个维度，提出了有助于评估资本性支出投入与产出效果的信息披露框（Lev，2000），如表 5 所示。

与此相类似的还有 Govindarajan 等（2018b）的主张，他们建议新经济企业的支出应按当期经营支出、未来导向投资支出和一次性特殊支出三大类别进行披露，让投资者自行评估企业的真实盈利能力。此外，笔者建议，对于知识密集型的新经济企业，最好能够详细披露营业成本、研究开发支出、

表 5 资本性支出投入与产出披露框架

维度	投入	产出
创新能力	内部研发与外购技术	创新性营业收入
	流程方面的研发	成本效率
	基础研究	专利、商标、授权收入
人力资源	以业绩为基础的薪酬	员工离职率
	员工培训和福利	劳动力质量
客户资源	客户获取成本	客户回头率（忠诚度）
	广告与推介	客户价值
	品牌与商标收购	品牌价值
网络效应	研发联盟：经营范畴	专利、产品和营业收入分享
	营销联盟：经营范畴	来自营销联盟的营业收入
	内部协作	网络相关的收入

资料来源：Baruch Lev, 2000. New Accounting for New Economy. Working Paper.

销售和管理费用中的人工费用，让投资者能够一目了然地了解新经济企业在人力资源方面的投入。

最后必须说明的是，会计改革不可能一蹴而就，也不应操之过急。上述关于确认、计量和披露规则的改进都是探索性的，其效果有待时间的检验。鉴于新经济时代确认、计量和披露方面存在着诸多不确定性，同时为了防止管理层操纵盈余，最好是在保持现行会计体系和会计规则的基础上，鼓励新经济企业以辅助报表和自愿披露的方式，对有助于其维持核心竞争力和创造价值的所有要素尽可能予以确认、计量和披露。由于这套会计信息和辅助披露并不纳入现行会计体系，不会“污染”已有报表体系，既能发挥会计信息的决策功能，又可保持会计信息的价值分配功能。

（原载于《当代会计评论》2018 年第 11 卷第 4 辑，略有修改补充）

参考文献：

列夫，谷丰，2018. 会计的没落与复兴［M］. 方军雄，译. 北京：北京大学出版社.

刘大为，2006. 新经济条件下企业人力资源价值计量研究［D］.［博士学位论文］. 哈尔滨工业大学.

CORRADO A C, HULTON C H, 2010. How Do You Measure a "Technological Revolution" [J]. American Economic Review, 100 (2): 99 – 104.

DRUCK P F, 1999. Management Challenges for the 21st Century. Harper Collins.

GOVINDARAJAN V, RAJGOPAL S, SRIVASTAVA A, 2018a. Why Financial Statements Don't Work for Digital Companies. Harvard Business Review. February 2: 1 – 8.

GOVINDARAJAN V, RAJGOPAL S, SRIVASTAVA A, 2018b. Why We Need to Update Financial Reporting for the Digital Era. Financial Management, 6: 19 – 27.

HASKEL J, WESTLAKE S, 2018. Capitalism Without Capital: The Rise of The Intangible Economy. Princeton University Press.

IASB, 2018. Conceptual Framework for Financial Reporting. www. ifrs. org.

ITIF, 2017. The 2017 State New Economy Index. www. itif. org.

LANEY D, 2015. Why and How to Measure the Value of Your Information Assets. Research Report. www. gartner. com.

LEV B, GU F, 2016. The End of Accounting and the Path Forward for Investors and Managers. John Wiley & Sons: 288.

LEV B, ZAROWIN P, 1999. The Boundaries of Financial Reporting and How to Extend Them. Journal of Accounting Research.

LEV B, 2000. New Accounting for the New Economy. Working paper.

MANDEL M, 1996. The Triumph of the New Economy: A powerful payoff from globalization and the Info Revolution. Business Week, 12: 15 – 23.

MAYERS S, 1977. The Determinants of Corporate Borrowing. Journal of Financial Economics: 147 – 175.

RIFKIN J, 2014. The Zero Marginal Cost Society: the Internet of Things, the Collaborative Commons, and the Eclipse of Capitalism. St. Martin's Griffin Press.

SHY O, 2004. The Economics of Network Industries. Cambridge University Press.

THOMAS A S, 1998. Intellectual Capital: the New Wealth of Organization. Crown Business.

TRIGEORGIS L, 1988. A Conceptual Options Framework for Capital Budgeting. Advances in Futures and Options Research: 145 – 167.

会计的十大悖论与改进

黄世忠

【摘要】会计上的悖论，是指前后矛盾、逻辑混乱、似是而非的会计认知和会计惯例。会计悖论根深蒂固，固化思想，束缚思维，影响改革，必须澄清，加以消解，才能推动会计理论和会计实务的进步。本文系统、深入地分析了现行会计理论和会计实务存在的逻辑不一致性，澄清了十个妨碍会计进步的错误观点，并简明扼要地提出30条改进思路和建议，从独特的视角，为改革和完善会计准则体系提供了有益的启示。

【关键词】会计悖论　财务报告　会计准则　相关性　如实反映

悖论1：会计以客观事实为依据

贵州茅台2018年的财务报告显示，其资产总额、净资产、营业收入和净利润分别为159846674736.01元、117408487922.53元、77199384110.22元和37829617756.81元。这些动辄成百上千亿元的财务数据，居然精确到小数点后两位，令外行肃然起敬，给人以会计是一门无比精确科学的印象。在会计学原理的讲授中，教师们一再对学生谆谆教导：会计是以客观事实为依据的一门学科。本人也曾提出，会计精神的真谛是“用数据说话，靠证据做事”。可惜的是，理论与实际严重脱节。建立在权责发生制基础上的财务会计，与客观事实渐行渐远，貌似精确的会计数字背后，充斥着主观的估计和判断，靠真凭实据做事日渐演变成靠模型假设做事。

以2019年度《一般企业财务报表格式》为例，在资产负债表的31个资产项目和21个负债项目中，除货币资金、短期借款、应付票据、应付账款、预收账款、长期借款外，其余30个资产项目和16个负债项目余额的确定，都离不开估计和判断，占比分别达到97%和76%。同样地，在利润表的17个损益项目中，除营业外收入和营业外支出外，其余15个项目也都需要大量的估计和判断，占比高达88%。在资产负债表中，凡是存在减值可能的资产项目，均必须以扣除减值后的余额列示，坏账准备、跌价准备和减值准备的计提，估计多于事实，主观超过客观。按公允价值计量的资产和负债项目，如果采用的是第二和第三层次的公允价值，就离不开估计和判断，甚至是估值模型，后者在变量、参数、假设等方面，无不涉及主观判断因素。即使是按历史成本计量的固定资产和无形资产，在计提折旧和摊销时，对使用期限、经济寿命、剩余残值等因素的确定，也必然参杂交织着估计和判断。在利润表中，收入的确认，成本的归集，费用的分摊以及公允价值变动收益、信用和资产减值损失的确定，也充满着估计和判断的成分。

列夫和谷丰从标准普尔500指数公司中随机选择了50家样本公司，分析这些公司1995~2013年期间每份财务报告对期望（expected）、估计（estimated）、预测（projected）、预见（anticipated）、可能（likely）、假定（assumed）等与估计相关术语的使用情况，发现这些术语的平均使用频率从1995年的30次，增至2005年的100次和2013年的150次（Lev and Gu, 2016），如图1所示。

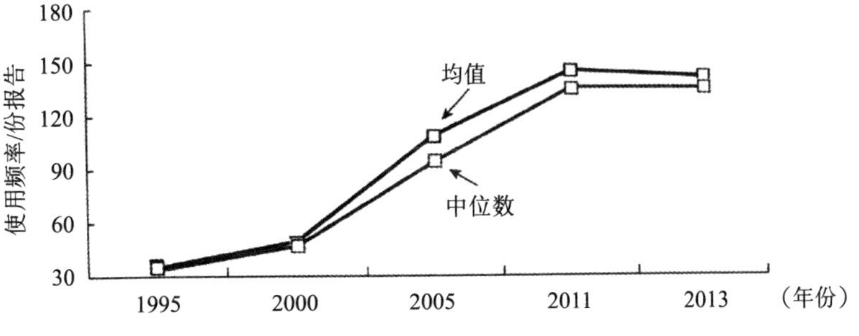

图1 美国50家样本公司每份财务报告对估计相关术语的使用频率

资料来源：列夫、谷丰，《会计的没落与复兴》。

上述分析表明，会计变得越来越像统计了。尽管会计的统计化趋势日益明显，但会计并没有借鉴统计的做法，以区间值反映估计和判断带来的不确定性，也没有采用统计的方法，以误差率说明估计和判断可能产出的偏差，而是以确信无疑的方式，披露资产、负债、所有者权益、收入、成本、费用“十分精准”的余额和发生额，仿佛这些数字都是基于客观事实因而是不容置疑的。将主要是基于估计和判断的会计数据，通过精确到小数点后两位的方式予以呈报和披露，掩盖了企业经营面临着诸多不确定性的真相，容易误导财务报告使用者。鉴于此，建议：（1）在财务报表前增加一项专门提示，说明记账算账和报表编制是基于大量的估计和判断，会计数据存在着固有的不确定性，提醒报表使用者不要被会计数据表面上的精确性和确定性所迷惑；（2）在附注中说明哪些报表项目是依据客观事实确定的，哪些报表项目是根据估计和判断确定的，如果运用到模型，还应披露模型的选择依据、主要假设和参数；（3）对于涉及重大不确定性的报表项目，应在附注中以区间值的方式披露，若以单一值披露，应说明误差率。

悖论2：会计回顾有余前瞻不足

会计界普遍认为，会计历史回顾有余，未来展望不足，缺乏前瞻性。这种看法即使在过去也不完全正确，因为固定资产折旧年限和无形资产摊销年限的确定，需要从前瞻性的角度考虑技术进步和业务发展等因素对有效使用寿命的影响。此外，资产负债确认和收益确定对期后事项的考虑，对产品保证负债、法律诉讼和环境责任等或有负债进行确认，使用权资产和租赁负债按未来现金流量折现值计量，都说明财务会计并非一点前瞻性都没有。20世纪90年代以来，随着公允价值计量的运用日趋普遍，特别是金融资产前瞻性减值模型的推广实施，继续指责财务会计只顾后不瞻前就不符合事实了。

资产和负债按第二和第三层次的公允价值计量，采用未来现金流量折现值等估值模型时，既要考虑信息技术进步、商业模式创新、竞争格局变化等因素对这些资产和负债预期现金流入和现金流出的影响，又要考虑利率、汇率、税率以及风险偏好等宏观经济因素对折现率的影响，前瞻性信息已经悄无声息地融入会计信息中。即使是按历史成本或摊余成本计量的资产，通常也必须计提减值准备，进行减值测试时同样需要利用前瞻性信息测算未来现金流量。

国际会计准则理事会（IASB）2014年颁布的新金融工具准则，引入了三阶段预期损失模型，彻底终结了会计只顾后不瞻前的历史。在获得或购入一项金融资产时，即使没有证据表明该项金融资产已发生信用风险，也应当在利润表中确认该项金融资产 12 个月内的预期信用损失（第一阶段）。初始确认后获得的证据表明，该项金融资产的信用风险已大幅增加导致低于投资级别时，即使违约事件尚未实际发生，也应确认存续期间的全部预期信用损失（第二阶段）。当该项金融资产的违约事件已实际发生，则不仅应确认存续期间的全部预期信用损失，而且应冲减与该项金融资产相关的利息收入（第三阶段）。可见，三阶段预期损失模型具有明显的前瞻性特征，该模型的付诸实施，意味着会计理念已发生重大变化，会计只确认已发生信用损失，不确认预期信用损失的传统惯例已被彻底颠覆（黄世忠，2016）。

上述分析表明，会计已经不再是简单的历史回顾，而是蕴含着大量的前瞻性信息。前瞻性信息对会计的日益渗透，在提高会计信息相关性的同时，也引起了对会计信息可靠性（最新的表述为如实反映）的担忧。如何兼顾相关性和可靠性，一直是困扰会计界的难题。从过去 10 多年的准则制定角度看，对相关性的重视显然超越了对可靠性的重视。准则制定机构对相关性的重视和偏好，把会计日益推离历史回顾的领域，促使会计加速进入未来展望的轨道。前瞻性信息难以验证，容易被操纵，建议以报表附注的形式披露：（1）行业趋势、竞争格局、技术变革、模式创新等因素如何影响资产和负债的价值确定；（2）宏观经济数据的来源；（3）用于确定第二和第三层次公允价值的估值模型在过去几年的实际表现、模型修正或调整的内部控制措施。

悖论 3：费用化比资本化更稳健

稳健是会计的文化基因，不对称性是这种文化基因的鲜明特征。宁可高估损失和负债，不可高估收益和资产的习惯做法延续数百年。其结果，面临不确定性时，对支出资本化的要求十分严苛，支出费用化成为主流，即使支出具有明显的资本性支出属性也是如此。最典型的例子莫过于研究开发支出的会计处理。以华为为例，2008 ~ 2018 年，该公司的研究开发支出高达 4955 亿元，形成了 87805 件技术专利，奠定了其在运营商业务和消费者业务方面的领先地位，但其 2018 年年末的无形资产余额仅为 71.34 亿元，且这些无形资产主要是外购的专利技术，可见，其发生的研究开发支出几乎全部费用化。

费用化就一定比资本化更稳健吗？如果没有会计分期假设，费用化当然比资本化更稳健，但只要会计分期假设构成会计核算和报表编制的基础，则费用化未必比资本化更稳健。在会计分期假设的背景下，只有稳健相对论，没有稳健绝对论，支出费用化当期的稳健，必然导致支出费用化后期的不稳健。以研究开发支出为例，这种支出具有显著的投入产出不对称性。在研究开发初期，往往只有投入，没有产出，而在研究开发后期，只有产出，没有投入。如果将研究开发支出费用化，在初期势必低估高科技企业的盈利能力，在后期则高估其盈利能力，导致高科技企业在不同会计期间的利润表从来没有正确过。

稳健文化虽然历史悠久，但并非亘古不变。IASB 在 2018 年发布的财务报告概念框架，延续了 2010 年版的做法，对稳健性进行修正，明确指出编制财务报表遵循的稳健性，指的是判断不确定性时采用的一种审慎态度或方式，以使资产和收入不被高估，负债和费用不被低估，而不应含有蓄意低估资产和利润或高估负债和费用之意（黄世忠和黄晓韡，2019）。基于稳健的考虑，年复一年将具有资本支出属性的研究开发费用化，造成资产负债表被严重虚化，净资产被持续低估，是否属于 IASB 明文禁止之列，值得深思。2018 年年末，华为的资产总额和净资产分别只有 6658 亿元和 2331 亿元，将其过去十年发生的 4955 亿元研究开发支出费用化而不是资本化，严重低估了其资产和净资产，导致其 87805 件技术专利的价值在财务报表上得不到任何体现，造成这些技术专利一文不值的错觉。

费用化比资本化更加稳健的悖论，导致利润表失实和资产负债表虚化，不利于高科技企业通过资本市场和金融市场融资，具有严重的经济后果。在新经济时代，继续将研究开发支出以及其他资本支出费用化，显然不是与时俱进之道。建议：（1）准则制定部门改变风险偏好，正视稳健具有相对论的特点，扭转资本性支出过度费用化的倾向，适当放松资本化的严苛要求，尤其是生物制药和信息技术行业；（2）准则制定部门重新审视稳健原则的新内涵，不得以稳健为由，蓄意高估负债和费用，或者蓄意低估资产和收益；（3）强化对实物期权估值法的研究，将其引入具有重大不确定性资本性支出的估值，从组合而不是单个项目的角度，评估研究开发的成功率，为资本化奠定基础。

悖论 4：市场交易重于事项影响

重交易轻事项的会计态度由来已久，市场交易金额再小，对投资者决策的影响再小，也必须及时确认，而对投资者决策影响再大的事项，除非已经对经营业绩和财务状况产生实际影响，否则只能披露，无须记录。这种做法源于市场交易具有可验证性而事项影响不具可验证性的传统观念。对事项的记录姗姗来迟，是导致会计信息相关性日益下降的三大原因[①]之一（Lev and Gu，2016）。

投资信贷决策功能是会计信息的三大职能（其他两大职能为受托责任评价职能和经济利益分配职能[②]）之一。从投资信贷决策功能的角度看，只要有助于投资者和信贷人做出决策的信息，都是相关的信息，均应及时确认、记录和披露。资产重组、技术突破、合同签订、客户获取、法律诉讼、监管新规、版号审批、高管变动、战略转型、模式创新、竞争加剧等内外部重大事项，往往导致股价大幅波动，对上市公司的价值产生重大影响，但在会计系统却悄无声息，不见踪影，一直要等到这些事项导致报表要素发生变化时才加以确认和记录。而与市场发生的微不足道的交易，如购买一台打印机、出售一辆旧车等，会计系统通常会在第一时间加以确认和记录，与事项的严重滞后反映形成强烈反差。会计系统这种厚此（交易）薄彼（事件）的不对称处理方法，让信息使用者困惑不解，久而久之，迫使他们在决策时舍弃会计信息，越来越多地利用非会计信息，使会计信息的决策相关性日趋恶化。

列夫和谷丰的研究表明，美国上市公司未得到及时确认和记录的重大事项，在过去 20 多年呈快速攀升态势，且对异常股价回报率绝对值的影响急剧增大，如图 2 所示。

---

① 列夫和谷丰认为，20 世纪 50 年代以来会计信息相关性日益下降，主要有三大原因：对无形资产令人费解的会计处理；会计不再以事实为依据；未记录的事件日益影响公司价值。

② 财务报告目标或职能通常表述为决策有用观和受托责任观，较少提及经济利益分配职能。笔者认为，受托责任观和利益分配观是财务报告的固有职能，决策有用观是衍生的职能。利益分配观是指财务报告具有为税收确定和股东分红等经济利益分配提供依据的职能。对此，娄尔行和张为国（1991）指出，确保合理分配是会计的一项职能，会计应当为合理分配社会剩余产品服务，处理好经济过程中的分配问题。

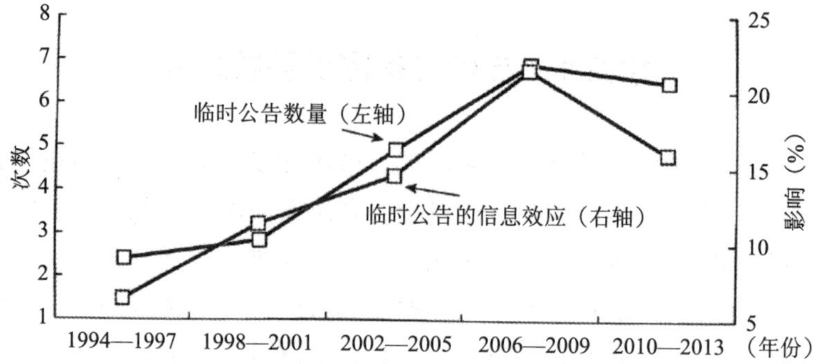

图 2　美国上市公司平均每年重大事项公告及其市场影响

资料来源：列夫、谷丰，《会计的没落与复兴》。

重交易轻事项的习惯性做法，不仅导致会计信息相关性日益降低，而且造成会计处理逻辑混乱，譬如，外购商誉往往确认为资产，而自创商誉则不得确认，外购技术专利通常资本化，而内部研发形成的技术专利却费用化。为了提高会计处理的逻辑一致性，建议：（1）平等对待市场交易和事项影响，更加及时确认和记录内外部事项，要求企业加大对内外部事项的影响分析力度，提高对内外部事项的披露力度和及时性；（2）对外购和自研的技术专利采用一致的会计处理方法，鼓励企业参照外购价格，确定自研技术专利的价值；（3）加大对事项法（event approach）的研究，为逐步推行事项会计奠定基础。

悖论 5：利润代表企业经营业绩

利润表旨在反映企业的经营业绩，遗憾的是，日益盛行的总括收益观（all－inclusive concept）玷污了利润表的纯洁性，使利润不再代表企业经营业绩。随着准则制定机构日益青睐于总括收益观，当期经营收益观（current operating income concept）不断式微，利润表充斥着越来越多非经常性损益项目。根据 2018 年修订的《公开发行证券的公司信息披露解释性公告第一号——非经常性损益》，非经常性损益是指与公司正常经营业务无直接关系，以及虽与正常经营业务相关，但由于其性质特殊或偶发性，影响报表使用者对公司经营业绩和盈利能力做出正确判断的各项交易和事项产生的损益，如投资损益、净敞口套期损益、公允价值变动损益、资产减值损失、资产处置收益、营业外收入和营业外支出等。非经常性损益项目的大量出现，导致利润总额和净利润不再能够代表企业的经营业绩。

表1列示了2018年度十大盈利和十大亏损上市公司非经常性损益占利润总额的比例。从表1中可以看出，非经常性净收益占十大盈利上市公司利润总额的比例总体上相对较小，但上汽集团、中国石油和长江电力占比较大，可能影响报表使用者对经营业绩的判断。而在十大亏损上市公司中，除了＊ST凯迪外，其余九家非经常性净亏损占亏损总额的比例都很高，亏损总额并不能真实反映公司的经营业绩。

表1　2018年十大盈利和十大亏损上市公司非经常性损益占比　单位：亿元

十大盈利上市公司（非金融类）				十大亏损上市公司（非金融类）			
公司名称	非经常性净收益	利润总额	占比	公司名称	非经常性净亏损	亏损总额	占比
中国石油	-344.24	1152.00	-29.88%	中兴通讯	112.31	73.50	152.80%
中国石化	46.62	1005.02	4.64%	天神娱乐	73.34	68.51	107.05%
中国建筑	-43.05	717.89	-6.00%	＊ST庞大	7.54	60.85	12.39%
中国神华	-36.33	700.69	-5.18%	＊ST华业	39.17	60.12	65.15%
万科A	10.72	674.60	1.59%	＊ST富控	5.24	54.97	9.53%
上汽集团	338.02	543.44	62.20%	华闻传媒	40.26	48.77	82.55%
贵州茅台	-5.06	508.28	0.99%	＊ST凯迪	-0.18	48.64	-3.70%
海螺水泥	9.93	398.82	2.49%	华映科技	40.69	45.76	88.92%
格力电器	4.71	312.74	1.50%	ST秋林	40.80	41.27	98.86%
长江电力	28.08	270.07	10.40%	＊ST工新	28.60	37.20	76.88%

资料来源：2018公司年报。

列夫和谷丰的研究表明，美国上市公司异常和特殊损益在净利润中的占比在过去20多年中呈现不断上升的趋势，如图3所示。

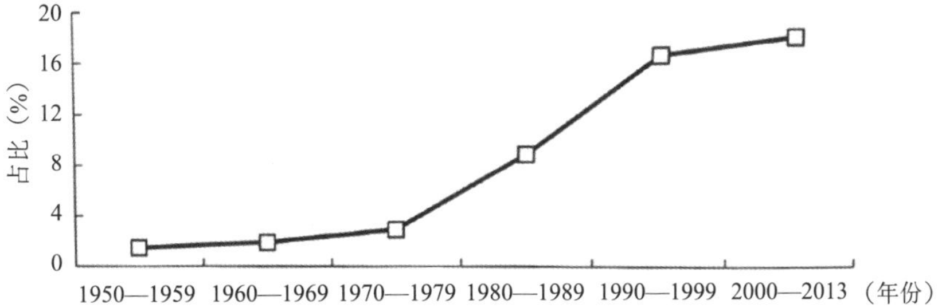

图3　美国上市公司异常和特殊损益项目占净利润比例

资料来源：列夫、谷丰，《会计的没落与复兴》。

非经常性损益项目占比越来越大，既降低了会计利润在投资信贷决策中的作用，还干扰了业绩评价，使投资者难以对管理层是否有效履行受托责任进行评价，也不利于实施以会计利润为基础的激励机制。为了提高利润表信息的相关性，建议：（1）抑制总括收益观，倡导当期经营收益观，促使利润表回归反映企业经营业绩的本源，准则制定部门宜加快制定业绩报告准则，为业绩界定和业绩评价提供依据；（2）改变利润表格式，将其分为上下两部分，第一部分反映经常性损益项目，第二部分反映非经常性损益项目，或者将第二部分并入综合收益表；（3）在管理层分析与讨论部分，增加非经常性损益项目对企业当期利润总额或损失总额的影响分析，区分可控因素和不可控因素对当期损益的影响程度，便于投资者评价管理层的受托责任。

悖论6：使用股权资本没有代价

会计在确定利润时，只扣除债权资本成本，而不扣除股权资本成本。这实际上隐含着这样的假设：使用债权人的资本是有代价的，而使用股东的资本是没有代价的。这个悖论与经济学家早已证明的“天下没有免费午餐”的定律背道而驰。在资源稀缺的环境下，机会成本无所不在，使用股权资本同样存在着机会成本。不考虑股权资本成本，将导致会计利润严重偏离经济利润，使会计利润不能准确衡量企业管理层创造价值的真实情况。

表2列示了中国石油过去5年会计利润和经济利润之间存在的巨大差异。

表2　　中国石油2014～2018年会计利润与经济利润　　单位：亿元

年度	2014	2015	2016	2017	2018
会计利润（净利润）	1190.34	423.64	294.14	367.88	724.10
股权资本（年末股东权益减去当年净利润）	10568.60	13016.70	13433.21	13445.31	13382.48
股权资本成本率	6%	6%	6%	6%	6%
权益资本成本	634.12	781.00	805.99	806.72	802.95
经济利润（EVA）	556.22	-357.60	-511.85	-438.84	-78.85

资料来源：根据中国石油2014～2018年报整理。

从会计利润的角度看，中国石油管理层过去5年似乎都在为股东创造价值，这种价值创造的假象，是由于没有在利润确定中计入股权资本成本造成的。价值创造与否，取决于经济利润（EVA）是否为正数，因为EVA不仅扣除债权资本，而且扣除股权资本成本。从EVA的角度看，中国石油管理层只在2014年为股东创造了价值，其余年度并没有为股东创造价值。5年合计，中国石油管理层为股东创造的价值为-830.92亿元。可见，会计界在确定利润时假定使用股权资本没有代价，严重歪曲了企业的价值创造情况，夸大了管理层在价值创造中的实际贡献。当然，基于微观层面的EVA，也不能反映企业的价值创造全貌。从宏观层面上看，企业上缴给政府的税收、支付给员工的工资福利、支付给金融机构的利息费用，为股东创造的利润，都属于价值创造的范畴。从这个角度看，中国石油管理层在2018年为社会创造了4973亿元的价值，其中仅上缴给政府的税收就高达2584亿元。

使用股权资本成本没有代价是虚幻的，极易对投资者产生误导。为此建议：（1）投资者要客观评价企业为股东创造多少价值，必须千方百计将会计利润转化为经济利润，会计准则有必要要求企业披露EVA信息，或按“价值创造=经营活动创造的现金流量+费用化资本性支出-资本化支出-权益资本成本”（列夫和谷丰，2018）的方式披露价值创造信息，便于投资者更加客观地评价企业管理层在价值创造中实际做出的贡献；（2）有条件的企业，考核和激励机制应当尽可能以EVA为基础，逐步淡化对会计利润的依赖；（3）投资者要客观评价企业为社会创造多少价值，应当将企业的微观利润表转换为宏观利润表。

悖论7：有形资产优于无形资产

建立在工业经济时代的会计准则，在反映有形资产方面游刃有余，在反映无形资产方面却力不从心。现行会计系统事无巨细地反映对企业价值创造能力和核心竞争力帮助不大的有形资产，而对企业价值创造能力和核心竞争力影响巨大的无形资产却得不到应有的反映。按照有形资产优先于无形资产的传统做法编制出来的财务报表，难免有比基尼式财务报表之嫌，且容易导致无形资产密集型的上市公司市净率居高不下。

以同花顺为例，该公司2019年6月份最后一个交易日的股票市值高达529.18亿元，其6月末的资产总额和净资产分别为43.32亿元和33.48亿元，市净率高达 15.8 倍。没有会计背景的人士，往往将如此之高的市净率解读为投机炒作的结果。事实上，同花顺的高市净率主要源自其大量无形资产没有在报表上反映，与投机炒作无关。与万得、大智慧和东方财富一样，出售金融财务数据是同花顺的商业模式和盈利模式，数字资产是其最有价值的资产，但数字资产却游离于同花顺的财务报表之外。在资本市场上，数字资产通常采用市销率法进行估值。同花顺过去三年的平均营业收入为 15.1 亿元，若按该行业惯常的 6 倍至 9 倍市销率估值，同花顺的数字资产价值介于 90.6 亿元至 135.9 亿元之间。若将这些表外资产反映为表内资产后，同花顺 6 月末的市净率便从 15.8 倍降至 3.12 倍至 4.26 倍之间。同花顺未在财务报表上确认的表外数字资产相当于表内资产总额的 2.09 倍和 3.14 倍，其财务报表被扭曲的程度触目惊心，令人难以置信。这种财务报表提供的会计信息有何相关性可言？

没有在财务报表中确认的无形资产何止是数字资产。为了获取核心竞争力并提升价值创造能力，新经济新业态的企业将大量资源投放在研究开发、创意设计、人才培养、专利申请、平台建设、数据积累、客户获取、市场开拓、品牌锻造、内部控制、风险管理、绩效评价、业务流程优化等无形投资方面，培植了软实力，构建了“护城河”。尽管新经济企业的无形投资已经超越有形投资，形成了价值不菲的无形资产，但会计游戏规则却罔顾这些无形投资的资本性支出属性，以难以可靠计量为由，将其费用化，导致表外资产多于表内资产的尴尬局面。为了扭转这种局面，建议：（1）在确认环节淡化对不确定性因素的考虑，将其置于计量环节，为无形资产入表创造条件；（2）摒弃有形资产优于无形资产的过时观念，借鉴其他学科成熟的计量理论和方法（如用于计量客户价值和行业地位的梅特卡夫和国泰君安估值模型），确认、计量和报告驱动企业价值创造的无形资产；（3）加大对数字资产入表问题（特别是估值模型和贷方科目）的研究力度，借鉴 Gartner 咨询公司对数字资产的估值模型和德勤第四张报表的做法，优先解决大数据时代数字资产的入表问题，同时强化表外披露，揭示新经济企业的价值创造驱动因素。

悖论 8：财务资本驱动价值创造

由股东和债权人提供的财务资本，一直是财务会计和财务管理聚焦的中心，似乎财务资本才是驱动价值创造的最关键要素。工业经济时代具有重资产和资本密集的特点，价值创造在很大程度上确实依赖于股东和债权人投入的财务资本，但在轻资产和知识密集的新经济时代，价值创造主要依靠的已经不再是财务资本，而是智慧资本（intellectual capital）。《没有资本的资本主义：无形经济的崛起》一书指出，资本主义正向“智本主义”过渡（Haskel and Westlake，2018），在无形经济（intangible economy）时代，由人力资本、结构资本和关系资本所组成的智慧资本已经取代财务资本，成为价值创造的最重要推动力。

表3列示了华为及其主要竞争对手爱立信和诺基亚2018年的财务资本成本和人力资本成本及其占营业收入的比例。从表3中可以看出，这三大电信设备制造商的人力资本成本远超其财务资本成本，可见，它们最重要的投入要素是人力资本，而非财务资本。

表3　华为、爱立信和诺基亚2018年财务资本成本和人力资本成本

	营业收入	财务资本成本（按净资产的6%加上利息费用）	财务资本成本占收入的比例	人力资本成本（按当年发生的工资福利费测算）	人力资本成本占收入的比例
华为（亿元）	7212	203	2.81%	1466	20.33%
爱立信（亿克朗）	2108	77	3.65%	672	31.88%
诺基亚（亿欧元）	226	12	5.31%	78	34.51%

资料来源：2018公司年报。

必须指出的是，表3仅仅从成本的角度分析人力资本。如果从价值的角度分析，则类似华为、爱立信和诺基亚等高科技企业，其拥有的人力资本、结构资本（组织结构设计以及内部控制、风险管理、绩效评价等规章制度等）和关系资本（客户关系、供应商关系、劳资关系、政商关系等）更是价值连城，而所有这些都没有反映在财务报表上。笔者认为，在新经济时代，价值创造本质上是企业在结构资本的框架下，将人力资本作用于关系资本而产生的价值增值行为（黄世忠，2018）。为了更加准确地反映知识经济时代的价值创造，建议：（1）正视知识经济时代智慧资本在价值创造中的主导作用，加大对智慧资本入表问题的研究，促使财务会计和财务管理的重心，逐步从财务资本转向智慧资本；（2）借鉴实物期权估值模型，对人力资本进行估值，探讨表内反映或表外披露的可行性；（3）放松结构资本和关系资本的资本化要求，允许企业将耗费在组织结构设计、流程再造以及内部控制、风险管控、绩效评价等规章制度方面的支出，以及获客成本、品牌推广、供应链建设等方面的支出资本化。

悖论9：公允价值反映企业价值

20世纪90年代以来，公允价值会计异军突起，与历史成本会计并驾齐驱，甚至有超越历史成本会计之势。公允价值会计备受推崇和青睐，在很大程度上是基于公允价值能够反映企业价值的认知。殊不知，即使所有的资产和负债均按公允价值计量，资产负债表也不能反映企业的价值。

从经济学的角度看，企业价值等于其预期未来现金流量的折现值。经济学关于企业价值的观点，与会计学所运用的公允价值计量存在较大差异。首先，经济学对企业价值的评估，是基于企业特定因素（firm - specific factors），而会计学上的公允价值，则是基于市场特定因素（market - specific factors），会计上按公允价值对资产和负债进行计量，并不考虑企业特定因素（如技术诀窍、管理专长）对资产和负债价值的影响；其次，经济学对企业价值的评估，是基于整体价值的视角，充分考虑了资产和负债组合运用的协同效应（synergistic effect），而会计学上的公允价值计量，侧重的是单项资产或资产组，并不考虑资产和负债组合运用的协同价值；再次，经济学对企业价值的评估，综合考虑了财务与非财务因素（如宏观经济、竞争格局、技术和商业模式创新等），而会计学上的公允价值，侧重于财务因素，对非财务因素的系统性考虑较少；最后，经济学上对企业价值的评估，将风险偏好和风险溢价因素系统地嵌入其中，而会计学上的公允价值计量，特别是第一层次的公允价值，对风险因素的考虑并没有如此周密，甚至对市场不合理定价带来的风险照单全收，不加调整。

从市值管理的角度看，企业价值等于股票市值，这与会计学上的公允价值不能等量齐观。股票市值的高低，固然与企业的经营业绩及其成长性有关，但更多取决于宏观经济基本面和投资者心理行为的影响，后者在资产和负债的公允价值计量中是极少考虑的。证券市场上的非理性因素，往往导致企业的股票市值发生大幅波动。例如，首批在科创板上市的25家科创板公司中，西部超导、嘉元科技、天准科技和南微医学是从新三板转板而来的。转板前，这四家公司的市值大约为38亿元、26亿元、17亿元和33亿元，转板后，截至2019年9月20日，市值分别增至140亿元、131亿元、84亿元和180亿元，分别增长了3.98倍、5.04倍、4.94倍和5.45倍。同样的企业，在基本面没有发生任何改变的情况下，只是因为换了上市场所，市值却发生了翻天覆地的变化，足见以股票市值作为企业价值有多么不靠谱。公允价值显然不能也不应该反映这些非理性因素带来的价值变动。

从报表完整性的角度看，公允价值也不能反映企业价值。受限于确认和计量的严苛要求，行业地位、用户数量、获客成本、网络效应、平台建设、数字资产、品牌效应、智慧资本、研发能力、技术专利等对于企业价值创造至关重要的无形资产，往往没有在报表内确认和计量，表外资产多于表内资产并不罕见。因此，即使按公允价值对表内残缺不全的所有资产和负债进行计量，其结果与企业价值必定相去甚远。为此，建议：（1）在会计基本准则或财务报告概念框架中，明确财务会计虽然致力于反映价值创造，但不是为了反映也不可能反映企业价值；（2）对公允价值的运用设定前置条件，即理性的市场、充裕的流动性、频繁的交易、价格的可获取性；（3）对于不符合上述前置条件的第二和第三层的公允价值，严格限制其运用场景，且需充分披露公允价值确定的假设和依据。

悖论10：遵循会计准则天经地义

大凡受过会计教育的人士都会认为，记账算账和编制报表必须遵循会计准则，似乎遵循会计准则是天经地义的。实际上，遵循会计准则是有前置条件的，那就是，遵循了会计准则能够如实地反映企业的经营业绩、财务状况和现金流量。如果遵循了会计准则，反而会歪曲或扭曲企业的实际经营情况，就应当背离会计准则，但必须加以说明和披露。

因遵循会计准则反而歪曲企业的实际经营情况，似乎不可思议，甚至天方夜谭，但这种情况时有发生，小米和美团点评就是典型的例子。2018年5月初，小米向香港联交所提交的招股说明书披露后，引起舆论一片哗然。其招股说明书显示，按照国际财务报告准则（IFRS），小米上市前一年的2017年亏损了439亿元，净资产为－1272亿元。有些股评家因此质疑，让经营亏损和资不抵债如此严重的企业上市，显然有损投资者的利益。实际上，这种经营亏损和资不抵债只是一种假象，是由于会计准则规定的不合理造成的。2015～2017年，小米的营业收入分别是668.11亿元、684.34亿元和1146.25亿元，经营利润分别为13.72亿元、37.85亿元和122.15亿元。正因为小米上市前的经营业绩大幅提升且小米即将上市，其过去发行的98亿元可转换可赎回优先股的公允价值增值至1615亿元，其中仅2017年就增值了542亿元。按照IFRS的规定，小米只能将这些优先股划分为金融负债，并将542亿元优先股公允价值增值作为"金融负债公允价值变动净损失"，计入2017年的利润表。若剔除优先股因素，小米2017年的净利润为103亿元，而不是亏损439亿元，净资产是343亿元，而不是-1272亿元（黄世忠，2017）。可见，按IFRS编制的财务报表严重扭曲了小米2017年的经营业绩和财务状况，报表呈现的严重亏损和资不抵债结果，与小米2017年蒸蒸日上的经营业绩背道而驰。为此，小米只好对遵循IFRS的业绩和背离IFRS的业绩进行双重披露，以免误导投资者。同样地，美团点评2019年4月公布的2018年财务报告，也存在着类似问题。尽管美团点评2018年的营业收入只有652.27亿元，但净亏损却高达1153.93亿元，其中因可转换可赎回优先股公允价值增值导致的损失就高达1046.46亿元。剔除这个因素，美团点评2018年实际亏损为107.47亿元。与小米一样，美团点评也只好同时披露遵循IFRS和背离IFRS的业绩，目的是向投资者说明天文数字般的亏损纯粹是不合理会计准则的产物，与美团点评的经营基本面无关。

同时披露遵循准则的业绩和背离准则的业绩，在上市公司中越来越普遍。图4列示了阿里巴巴过去8年的经营业绩指标，从中可以看出，背离会计准则的盈利曲线（净利润2，剔除了与经营无关且没有现金流入流出的损益项目）与其营业收入曲线的拟合度更高，表明背离会计准则比遵循会计准则（净利润1）能够更加真实地反映其经营业绩。

越来越多的上市公司选择对业绩进行双重披露，一方面表明会计准则的权威性在不断丧失，说明工业经济时代制定的会计准则到了新经济时代的不适症开始显现；另一方面也证明了遵循会计准则并非天经地义。鉴此，建议：（1）在会计基本准则或财务报告概念框架里明确说明，如果按照会计准则编制的财务报告不能如实反映上市公司的真实经营情况，允许背离会计准则，但应当说明理由；（2）针对TMT（电信、媒体和高科技）行业背离会计准则的业绩披露日益普遍的现象，尽快制定相应的指引，对业绩的双重披露加以规范；（3）尽快修订"兼具股权特征的金融工具"准则，对可转换可赎回优先股的分类和会计处理做出更加合理的规定，避免会计准则的不合理规定严重歪曲企业的真实经营业绩。

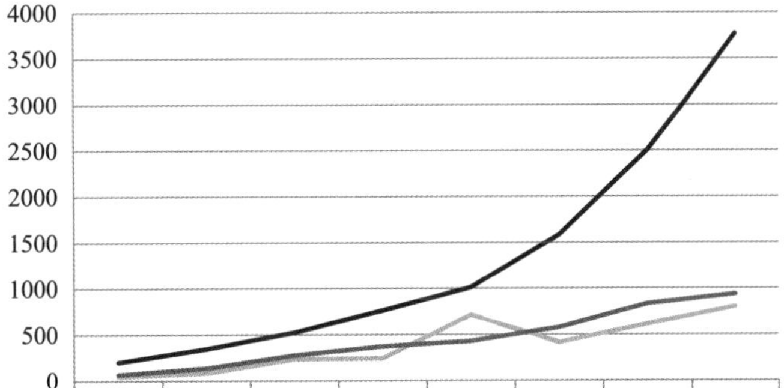

	2012	2013	2014	2015	2016	2017	2018	2019
营业收入	200	345	525	762	1011	1583	2503	3768
净利润1	47	86	234	243	713	413	614	802
净利润2	65	139	276	373	427	578	832	934

（年份）

图4　阿里巴巴2012～2019会计年度经营业绩

资料来源：阿里巴巴公司年报。

（原载于《财务与会计》2019年第20期，英文版Ten Paradoxes in Accounting收录于日本甲南大学河崎照行教授编著的日本中央经济社2020年7月出版的《会计研究之挑战文集》）

参考文献：

黄世忠，2015. 金融工具前瞻性减值模型利弊评析［J］. 金融会计（11）：23－27.

黄世忠，2018. 旧标尺衡量不了新经济：论会计信息相关性的恶化与救赎［J］. 当代会计评论，11（4）：1－23.

黄世忠，2018. 优先股性质认定、会计处理及其经济后果分析——基于小米财务报告的案例研究［J］. 财务与会计（5）：3－9.

黄世忠，黄晓韡，2019. 公允价值计量对会计原则的影响分析［J］. 新会计（2）：3－8.

娄尔行，张为国，1991. 确保合理分配是会计的一项职能［J］. 会计研究（4）：1－6.

列夫，谷丰，2018. 会计的没落与复兴［M］. 方军雄，译. 北京：北京大学出版社.

HASKEL J, WESTLAKE S, 2018. Capitalism Without Capital: the Rise of the Intangible Economy [M]. Princeton: Princeton University Press.

LEV B, GU F, 2016. The End of Accounting and the Path Forward for Investors and Managers [M]. John Wiley & Sons.

新经济企业估值迷思解析

黄世忠

【摘要】 本文探讨了新经济企业股票市值与账面净值之间产生重大差异的原因，试图解开新经济企业高估值高市净率的迷思。首先，以净盈余估值模型为基础，说明会计信息在证券估值中的作用，分析其在新旧经济时代的适用性。其次，借鉴 FASB 一份调研报告的分析框架，剖析新经济企业市净率居高不下的原因，指出会计计量调整、会计要素调整、非会计要素调整、前瞻性因素调整和非理性市场噪声是造成新经济企业股票市值与账面净值存在重大差异的五大原因。最后，得出结论与启示，阐明会计边界的限定与拓展并非不可调和的矛盾。

【关键词】 新经济　股票市值　账面净值　市净率　净盈余估值模型

新经济企业居高不下的市净率（PB ratio），历来是资本市场的一个奇特现象。2018 年年末，谷歌（Google）、苹果（Apple）、脸书（Facebook）、亚马逊（Amazon）、腾讯（Tencent）、阿里巴巴（Alibaba）和微软（Microsoft）7 家新经济代表性企业的平均市净率高达 6.31 倍，同日，道琼斯、标准普尔、纳斯达克上市公司的平均市净率分别只有 3.7 倍、2.9 倍和 3.9 倍。新经济企业市净率高企的现象在我国同样存在。万得数据库显示，2019 年 12 月 31 日，新经济企业居多的科创板上市公司动态市净率（当日股票市值除以最新一期财务报告的净资产）为 5.80 倍，显著高于上证主板（1.44 倍）、深圳主板（1.87 倍）、中小板（2.68 倍）和创业板（3.90 倍）的市净率。

对新经济企业市净率居高不下的现象，存在着两种截然不同的解释。一种观点认为新经济企业市净率高企，源自投资者对新经济企业高成长性的心理预期；另一种观点则认为源自投资者对新经济企业的概念炒作。这两种解释都有一定道理，但不够全面，没有考虑会计因素的影响。本文指出，会计准则未能与时俱进，导致新经济企业大量无形资产没有入表反映，严重低估了其净资产，也是造成新经济企业市净率居高不下的一个重要原因。

一、净盈余估值模型与会计信息的作用

证券估值理论和方法可谓汗牛充栋，其中的剩余收益估值法（Residual Income Valuation）由于大量运用基于会计信息的变量，因而备受会计学术界和实务界的关注。将证券估值与会计信息直接联系在一起的最大贡献者非詹姆斯·奥尔森（James A. Ohlson）教授莫属。1995 年，奥尔森发表了影响深远的《权益估值中的盈利、账面净值和股利：一种经验视角》文章，提出了著名的净盈余估值模型（Clean – Surplus Valuation Model）。奥尔森认为，上市公司的股票市值等于净资产账面价值与预期未来超额收益折现值之和，其数学公式表述如下：

$$P_t = b_t + \sum R^{-\tau} E_t\ (x^{-a} t + \tau)$$

其中的 P_t 代表上市公司在 t 期的股票市值，b_t 代表 t 期末净资产账面价值，$\sum R^{-\tau} E_t\ (x^{-a} t + \tau)$ 代表超额收益折现值，超额收益 = 当期净利润 −（期初净资产账面价值 × 无风险报酬率）。

值得说明的是，奥尔森在推导净盈余估值模型时，提出了三个基本假设：股票市值由未来股利的折现值所决定；会计数据和股利满足剩余盈余关系；线性模型反映了超额收益时间系列的随机行为。在模型推导中，奥尔森根据财务报表之间的勾稽关系，指出上市公司发放的股利多寡不会对其股票市值产生直接影响，而只会产生间接影响，因为股利发放减少了净资产和超额收益。这个观点与 MM 理论中的股利无关论如出一辙。正是基于股利无关论，奥尔森在净盈余估值模型中将自变量简化为净资产账面价值和超额收益折现值。当超额收益折现值为零（即不存在经济学意义上的商誉）时，上市公司股票市值等于净资产账面价值，此时，会计信息处于无偏差的理想状态。但在现实中，这种理想状态几乎不存在，因此，净资产和净利润都是决定股票市值的重要变量。

奥尔森的净盈余估值模型，最大的学术贡献是提出了会计信息具有价值相关性（Value Relevance）的观点，为会计信息的决策有用性提供了理论依据。奥尔森基于会计变量的净盈余估值模型发表后，国内外的大量实证研究如 Dechew 等（1999）、Lee 等（1999）、陈信元等（2002），纷纷对该估值模型的有效性进行检验，检验结果证明了上市公司的股票市值与净资产和超额收益之间存在的相关性，间接论证了会计信息在证券估值中具有不可或缺的作用。

必须指出，奥尔森净盈余估值模型只是众多基于经济学理论的估值模型中的一种，但股票市值除了受财务因素的影响外，还受心理因素的影响，后者并没有在估值模型中得到任何反映，这无疑是所有基于经济学理论的估值模型的不足之处。

二、新经济企业市净率高企的原因分析

2001 年，时任美国财务会计准则委员会（FASB）的高级技术职员 Weyne S. Upton 在其撰写的研究报告中，提出了用于解释股票市值与账面净值产生差异的分析框架，如表 1 所示。

表 1　　股票市值的要素分解

1	净资产账面价值	金额（$）或影响
2	± 市场对已确认资产和负债的会计计量和基础价值之间差异的评估	×××（$）
3	± 市场对虽符合资产和负债定义但未在财务报表确认的基础价值的评估	×××（$）
4	± 市场对不符合资产和负债定义的无形价值驱动或价值减损因素的评估	×××（$）
5	± 市场对主体未来计划、机会和风险的评估	×××（$）
6	± 其他因素，包括鼓吹、悲观和其他市场心理	×××（$）
7	股票市值	×××（$）

资料来源：Upton（2001）。

借鉴表 1 的分析框架，新经济企业市净率居高不下的现象，可以从五个方面进行解析，用公式表示为：

$$StockCap = NABV \pm AMA \pm AEA \pm NAEA \pm FLA \pm IMN$$

其中，StockCap 代表股票市值，NABV 代表上市公司净资产账面价值，AMA 代表会计计量调整，AEA 代表会计要素调整，NAEA 代表非会计要素调整，FLA 代表前瞻性因素调整，IMN 代表非理性市场噪声。

（一）会计计量调整

虽然 20 世纪 90 年代以来，作为现行计量属性的公允价值计量法日益受到青睐，但混合计量仍然居于主导地位，上市公司的大部分资产和负债仍然采用历史成本计量，这无疑削弱了会计信息在证券估值中的作用，降低了奥尔森净盈余估值模型的适用性和相关性。在理想的状态下，如果所有资产和负债均采用公允价值等现行价值计量属性，奥尔森基于净资产和超额收益的估值模型就可以更加真实地反映股票市值，避免市净率被高估甚至扭曲。为了纠正会计计量存在的偏差（主要表现为对净资产价值的低估），资本市场在证券估值时不得不对按历史成本计量的资产和负债价值进行修正，相应调整（对新经济企业往往是调增）股票市值。调增的股票市值除以净资产账面价值，不可避免地造成了市净率的高企。

（二）会计要素调整

从奥尔森的净盈余估值模型中可以看出，决定股票市值大小的两个变量均与净资产有关，因此，净资产准确与否，直接关系到估值的有效性。在旧经济时代，上市公司以有形资产为主，净资产相对准确和全面，净盈余估值模型适用性较强。在新经济时代，上市公司特别是 TMT（通信、媒体和科技）行业的上市公司，其无形资产在价值创造中的作用与日俱增，但由于旧经济时代制定的会计准则为无形资产的确认设置了比有形资产更高的确认门槛，导致大量的无形资产（如数据、算法、品牌、内部研发的技术专利等）没有在表内反映，不仅极大削弱了净盈余估值模型的适用性，而且严重低估了新经济企业的净资产价值，造成新经济企业市净率居高不下的局面。

进入新经济时代，数字资产的重要性日益凸显，已成为新经济企业开拓市场、获取商机、降低成本、确立竞争优势、赚取超额利润的无形资产。尽管数字资产如此重要且符合资产要素的定义，但并没有在新经济企业的财务报表上确认。同花顺公司就是一个典型的案例。与万得、大智慧和东方财富一样，同花顺公司也是以出售金融财务数据为商业模式的，数字资产才是同花顺创造价值的核心资源。从其财务报告可以算出，2016～2018 年数字资产合计为同花顺公司带来了 45.30 亿元的营业收入和 22.09 亿元的经营利润，但这一核心资产，却没有在同花顺公司的资产负债表中得到任何的反映。对于以出售数据为生的企业，最重要的数据资产不在表内确认，次要的资产（如长期待摊费用和递延所得税资产等）反而予以确认，这种主次不分的会计处理确实匪夷所思。

将数字资产排除在资产负债表之外，造成同花顺公司的股票市值与账面净值之间产生巨大差异，导致该公司的市净率严重失真，可能误导投资者。2019 年 9 月 30 日，同花顺公司的股票市值高达 533 亿元，但其净资产账面价值只有 35.53 亿元，市净率高达 15 倍，远高于同属创业板的其他上市公司 3.67 倍的平均市净率，给人以该公司股票被过度炒作的印象。实际上，同花顺公司市净率居高不下，并非投机炒作，而是数字资产未入表确认造成的。若采用行业惯例按市销率（过去 3 年平均营业收入的 6～9 倍）对同花顺的数字资产进行估值，其数字资产的价值高达 90 亿元至 135 亿元。对未在表内确认的数字资产进行调整后，同花顺公司的市净率便从 15 倍降至 3.13～4.25 倍。

（三）非会计要素调整

与新经济企业可以拥有或控制的数字资产、品牌价值和内部研发形成的技术专利等无形资产不同，人力资源、客户关系、平台流量、行业地位、网络效应等资源，不受新经济企业的拥有或控制，不符合资产的定义，因而没有在财务报表内加以确认。虽然这些资源因不符合资产定义而没有在表内确认，但同样有助于新经济企业维持核心竞争力和提升价值创造能力，甚至比其他在表内确认的资产项目弥足珍贵，因此，资本市场对新经济企业进行估值时，通常会对这些非会计要素做出调整，其结果是加剧了市净率高企现象。

笔者认为，资本市场在估值时对非会计要素进行调整的现象，将长期存在，由此造成的股票市值与账面净值的差异短期内难以消弭。以智慧资本（包括人力资本、结构资本和关系资本）为例，人力资本、结构资本和关系资本虽然在新经济企业的价值创造中发挥重大作用，但人力资本和关系资本并不由新经济企业所拥有或控制，高素质的人才随时可能另谋高就，重要的客户和供应商，也可能随时改换门庭，结构资本（组织结构设计和各种规章制度预期能够带来的经济利益）虽然被新经济企业所拥有或控制，但与人力资本和关系资本一样难以可靠计量。由于智慧资本要么不符合资产要素的定义，要么难以可靠计量，会计是难以对其加以正式确认的，目前的做法是表外披露。

（四）前瞻性因素调整

尽管引入三阶段金融资产减值模型后，会计的前瞻性有所增加，但会计在本质上仍具有重过去、轻未来的特征，会计信息的历史回顾成分明显多于前景展望成分，这与以未来为导向的证券估值模型形成较大反差。此外，行业生命周期、企业发展前景、重大重组计划、技术迭代速度、模式创新趋势、监管环境变化、风险偏好改变等前瞻性因素，都会对新经济企业的股票市值产生重大影响，但由于尚未实际发生，按照会计准则的规定是不能确认的。这些与股票市值密切相关的前瞻性因素，在具有明显滞后性的净资产和超额收益等会计信息中是反映不出来的，不可能纳入净盈余估值模型。因此，在新经济企业的估值过程中，资本市场也会对这些因素进行调整，从另一个角度造成市净率居高不下。

资本市场在估值时之所以对前瞻性因素进行调整，与“重市场交易轻未来事项”的会计倾向有关。市场交易的金额再微不足道，对投资者决策的影响再小，也必须及时确认，而对投资者影响再大的未来事项，如重组计划、并购意向、技术突破、合同签订、客户获取、监管新规等，除非已经对企业的经营业绩和财务状况产生影响，否则只能披露，不得确认。这种做法源自市场交易具有可验证性而未来事项不具可验证性的传统观念。对未来事项的确认姗姗来迟，将降低会计信息的相关性。为了克服会计信息的滞后性，有效的资本市场在估值时一般会对未来事项等前瞻性因素进行调整。这或许是各国证券监管部门均要求上市公司及时披露有可能导致股价变动的重大未来事项的根本原因。

（五）非理性市场噪声

估值与其说是科学，毋宁说是艺术，既受经济因素影响，又受心理因素制约。股票市值的大小由股价变动所决定，但经济学和心理学对股价变动的解释却迥然不同，且他们之间对投资者特征、投资行为、资本市场效率、信息披露和股价变动因素所做出的基本假设也存在重大差异，如表 2 所示。

表 2　　经济学和心理学对资本市场的不同假设

要素假设	经济学	心理学
投资者特征假设	投资者是理性的	投资者是非理性的（如追涨杀跌）
股价变动因素假设	基本面决定股价变动	心理预期决定股价变动
投资行为假设	个体的投资行为不受群体的影响	个体的投资行为深受群体影响
资本市场效率假设	资本市场有效，至少半强式有效	资本市场是无效的
信息披露假设	信息披露是资本市场有效运行的基石	信息披露可有可无，情绪重于信息

心理学和行为金融的研究表明，资本市场存在诸多非理性市场噪声甚至是反智行为（Anti - intellectual Behavior），干扰了股票市值，加剧了股票市值与账面净值之间的差异，推高了包括新经济企业在内的上市公司的市净率，在一定程度上削弱了净盈余估值模型的有效性。1963 年，美国著名的社会学者 Richard Hofstadter 在《美国生活中的反智主义》一书中，将反智行为定义为对知识分子和精英阶层的不信任以及对他们所倡导的理性思维、理性质疑、理性批判充满敌意和顽强抵制的非理智行为。广义的反智行为还包括任何有悖常理、不合逻辑的荒诞想法和行为。资本市场特别是不成熟的资本市场，形形色色的反智行为时有发生，引起上市公司股票价格的非理性变动。例如，2016 年美国总统大选中，特朗普（又称“川普”）出乎意料击败希拉里，当天，川大智胜因读音类似川普大胜，其股价飙涨了 9.57%，而西仪股份的简称“西仪”与“希姨”（即“希拉里阿姨”）谐音，其股价则惨遭跌停，反智行为暴露无遗①。又如，在科创板首批上市的 25 家公司中，西部超导、嘉元科技、天准科技和南微医药都是从新三板转板而来的，在基本面没有发生变化的情况下，仅仅因为改变了上市场所，转板上市当日股票市值却发生了翻天覆地的变化，分别增长了 5.23 倍、4.03 倍、4.41 倍和 3.45 倍，如图 1 所示。

① 2020 年 11 月 2 日，我为 1000 多名全国会计领军学员授课，因第二天就是美国大选，我开玩笑说看好特朗普胜选的不妨继续买入川大智胜，而看好拜登胜选的则可买入名称中含有“登”的股票（如波司登）。果真言中，四年前的无厘头闹剧再次上演。美国时间 11 月 4 日（北京时间 11 月 3 日上午）下午，当特朗普得票数似有望超过拜登时，川大智胜上涨了 9.82%，而当天晚上拜登赢得几个关键摇摆州时，第二天（北京时间 11 月 4 日）上午川大智胜下跌了 6.09%，而波司登则大涨 7.54%。

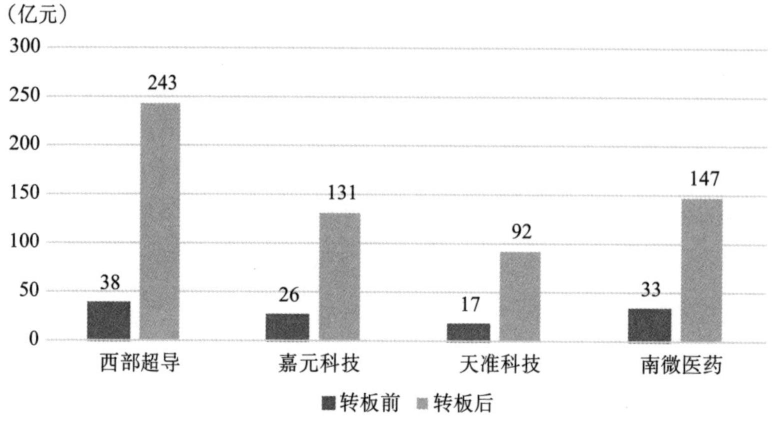

图 1 转板前后股票市值变动图

贵州茅台与中国石化的市值反差，提供了资本市场存在反智行为的另一个鲜活例证。中国石化不论在经营规模、经营效益还是在社会贡献方面，均大幅优于贵州茅台，但其 2019 年第三季度末的股票市值却不及贵州茅台股份的 42%①，如表 3 所示。

表 3 贵州茅台与中国石化业绩和市值对照 单位：亿元

	财务指标	贵州茅台	中国石化
经营规模	资产总额——2018 年末	1598	15923
	——2019 年第三季度末	1625	18263
	净资产——2018 年末	1174	8577
	——2019 年第三季度末	1626	8729
	营业收入——2018 年度	773	28912
	——2019 年前三季度	635	22333
	净利润——2018 年度	378	631
	——2019 年前三季度	324	545

① 2020 年 12 月 31 日，贵州茅台和中国石化的股票市值分别为 25098 亿元和 4879 亿元，后者只相当于前者的 19.44%，但 2020 年度中国石化不论在企业效益（营业收入比贵州茅台多 20080 亿元，税后利润比贵州茅台少 77 亿元），还是在社会效益（上缴税收和雇用人数分别比贵州茅台多 2105 亿元和 35.5 万人）方面总体优于贵州茅台。上市公司估值的非理性可见一斑。

续表

	财务指标	贵州茅台	中国石化
社会贡献	上缴税收——2018 年度	243	3470
	——2019 年前三季度	187	1958
	当前雇员人数（万人）	2.7	42.4
股票市值	股票市值——2018 年末	7411	6114
	——2019 年第三季度末	14444	6078

资料来源：上市公司年报和季报数据。

三、初步结论与启示

本文的分析表明，按照净盈余估值模型，会计信息特别是净资产和超额收益（以净资产和净利润为基础计算）等信息在上市公司估值中发挥重大作用，具有价值相关性。在旧经济时代，表外资产问题并不突出，净资产相对比较准确，但进入新经济时代，表外资产问题变得十分突出，有助于创造价值的大量无形资产没有在财务报表中得到反映，严重低估了新经济企业的净资产，降低了净盈余估值模型的有效性，加上非理性市场噪声的干扰，导致新经济企业的市净率大幅高于旧经济企业。本文的分析表明，股票市值与账面净值之间的巨大差异，既有会计确认和计量方面的原因，也有非会计特别是非理性市场因素方面的原因。本文分析的一个启示是，不应过分夸大会计信息在证券估值中的作用，会计信息的决策有用性并不等同于估值有用性，合理界定会计的边界确有必要，但适度拓展会计的边界也值得探索。

笔者认为，会计界必须直面“会计的边界何在”这一基本命题。对此，有两种代表性的观点。一种观点是以葛家澍教授为代表提出的，认为会计边界的界定应当本着实事求是的精神，切实做到有所为有所不为，切莫将不能为、不可为的功能（如估值功能和预测功能）勉为其难纳入财务报告中。另一种观点是以 Lev 教授等为代表提出的，认为会计的边界不是一成不变的，主张应因环境的变化不断拓展财务报告的边界。会计边界的限定和拓展，并非不可调和的矛盾，这两种观点不存在孰对孰错的问题，都有其合理性。合理限定会计的边界，将计量上存在重大不确定性的因素排除在财务报告之外，有利于提高会计信息的可靠性，避免在会计系统里引进太多不确定性因素从而“污染”财务会计的受托责任评价功能和经济利益分配功能。另一方面，借鉴成熟的计量理论和方法，合理拓展会计的边界，更多地将价值创造的驱动因素（如数字资产、算法技术和研发成果等）纳入财务报告，可以提高会计信息的投资决策功能，扭转会计信息相关性不断下降的趋势。这两种观点都有不少支持者，从另一侧面说明会计边界是个值得深入探讨的重大理论和实际问题。

（原载于《商业会计》2020 年第 3 期，略有增补）

参考文献：

陈信元，陈冬华，朱红军，2002. 净资产、剩余收益与市场定价：会计信息的价值相关性 [J]. 金融研究（4）：59 – 70.

DECHEW et al. , 1999. An Empirical Assessment of the Residual Income Valuation Model [J]. Journal of Accounting and Economics, (26): 1 – 34.

HOFSTADTER, R, 1963. Anti – intellectualism in American Life [M]. Afred. A Knopf, Inc.

LEE et al. , 1999. What is the Intrinsic Value of the Dow? [J]. The Journal of Finance, Vol. LIV. No. 5.

OHLSON J A, 1995. Earnings, Book Value, and Dividend in Equity Valuation: An Empirical Perspective [J]. Contemporary Accounting Research, 11 (2): 661 – 687.

UPTON W S, 2001. Business and Financial Reporting, Challenges form the New Economy [S]. Special Report: Financial Accounting Series.

信息资源的七大定律及其确认与计量

黄世忠

【摘要】信息资源应否确认为经济新业态企业的资产，一直是会计学术界和实务界不断探索的一个热点问题。本文首先介绍澳大利亚两位学者对信息资源七大定律的精辟总结，说明信息有别于常规资产的特性，其次对信息资源应否确认为资产的三种不同确认观点进行评述，剖析这些观点背后的逻辑基础，最后探究信息资源的主要计量方法，分析不同计量方法的优点与不足。

【关键词】信息资产　定律　确认　计量

进入新经济时代，信息资源的重要性日益凸显，已成为新经济企业开拓市场、获取商机、降低成本、确立竞争优势、赚取超额利润的无形资产。阿里巴巴研究院甚至将信息资源视作劳动、土地、资本之后的第四大生产要素。管理大师彼得·德鲁克指出："经济正由围绕物流和资金流转向围绕信息流的方式进行组织"（Druck，1993）。不管是经济界还是会计界，很少有人会质疑信息资源对于新经济新业态企业维持核心竞争力和提升价值创造能力的作用，但在信息资源应否在表内确认为一项资产的问题上，却存在不同见解，既有力主通过资产负债表确认的观点，也有主张表外披露的观点，还有坚持利润表可以自行解决信息资源未入表反映问题的观点。笔者认为，信息资源应否通过会计程序确认为资产之所以存在迥异的观点，主要是因为对信息资源特性的不同理解、对资产确认标准的不同解读以及对资产计量属性的不同偏好。

一、信息资源的七大定律

信息作为一种资源，具有与其他资源不同的特性。Moody 和 Walsh 在《计量信息价值：一种资产估值方法》一文中，凝练出信息资源的七大定律，精辟地揭示了信息资源有别于常规资产（normal asset）的特性。信息资源七大定律折射出的特性，对于新经济时代应否将信息资源确认为资产以及如何计量信息资源的价值，极具启迪意义，很有借鉴价值。

定律一：信息具有无限共享性

信息具有无限共享性，即信息可以被无数人、无数企业、在无数领域被共享而不会导致信息功效的减损。这是信息有别于常规资产的最显著特性，后者在拥有和使用上具有明显的排他性，而前者则具有共享性，大家共享一项信息，并不会导致信息功效的下降，如图 1 所示。信息的功效尽管不会因为共享而减损，但这不等于信息共享没有障碍。由于信息的收集需要耗费成本，企业和个人通常不情愿与他人共享信息，造成“信息囤积”（information hoarding）现象，导致信息不能发挥应有的共享价值。正因为存在共享障碍，信息可进一步区分为私有信息和公共信息，前者能够给拥有者或控制者带来未来经济利益，符合资产的定义，后者不能产生未来经济利益，不属于资产范畴。

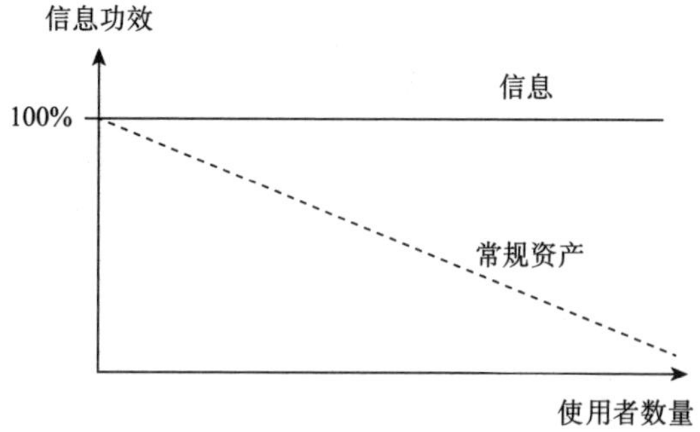

图 1　信息功效与使用者数量的关系

资料来源：Moody & Walsh（1999）。

定律二：信息越使用越有价值

常规资产的价值与使用量呈递减关系，使用量越大，其价值减损越大，价值越小。与此相反，信息的价值与使用量呈递增关系，使用量越大，信息的价值越大。信息本身没有价值可言，其价值源自使用，未被使用的信息一文不值，如图 2 所示。譬如，本文的阅读量越大，引用率越高，本文的信息就越有价值。热门和冷门文章、畅销与滞销书籍，其价值反差在于阅读量之间的量级差别。信息的价值与使用量之间存在的递增关系，归因于信息独特的成本构成。信息的成本主要包括收集、存储、传输和更新等方面的成本，使用信息的边际成本几乎为零，可忽略不计。信息的价值不会因使用量的增加而减损这一特性意味着，信息如果确认为资产，可能不需要像常规资产那样计提折旧或摊销。

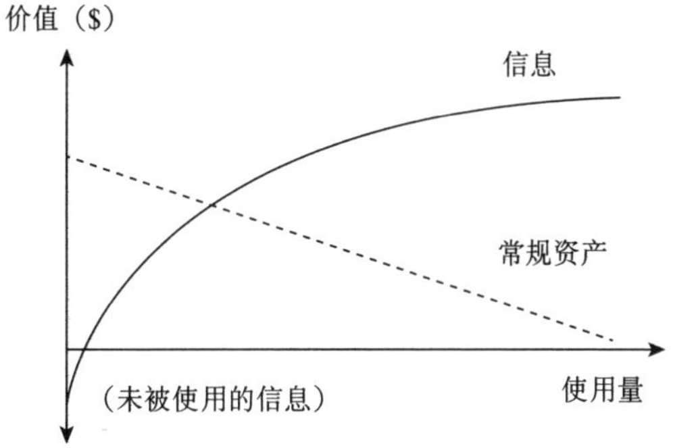

图 2　信息价值与使用量之间的关系

资料来源：Moody & Walsh（1999）。

定律三：信息价值随时间减损

信息的潜在价值与其生命周期之间存在着反向关系，其价值随着时间的消逝而递减，如图 3 所示。信息的这一特性与常规资产相一致，差别在于，信息的生命周期通常分为经营存储期（operational shelf life）、决策支持存储期（decision supporting shelf life）和法定存储期（statutory shelf life），而常规资产生命周期的长短，取决于物理寿命与经济寿命孰短。信息的这一特性意味着，信息一旦被确认为资产，后续计量时必须考虑时间因素对信息潜在价值的影响，定期摊销或减值测试合乎逻辑。

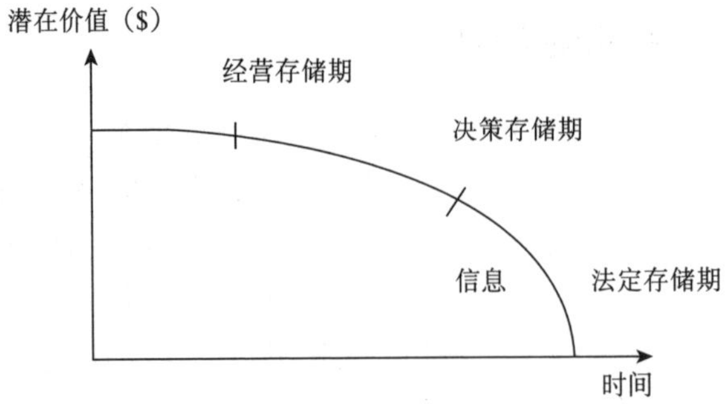

图 3　信息潜在价值与存储期限之间的关系

资料来源：Moody & Walsh（1999）。

定律四：信息越准确越有价值

信息的价值在于支持决策，准确的信息可以提升决策的效率和质量，而不准确的信息则可能误导决策，可见，信息的价值与其准确性之间存在着正向相关关系，如图 4 所示。信息的这一特性意味着，并非所有信息都有价值，准确信息与不准确信息，在价值上不能等量齐观。准确性是确认和计量信息资源的重要变量，如何判断信息的准确性，如何区分正确与错误的信息，无疑是会计确认和计量的难点重点。

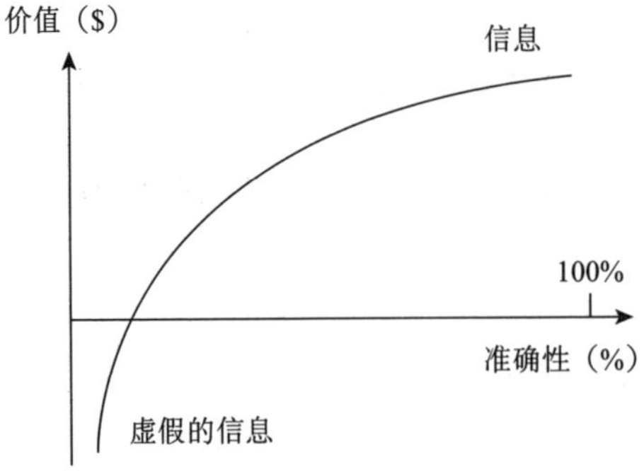

图 4　信息价值与准确性之间的关系

资料来源：Moody & Walsh（1999）。

定律五：信息越整合越有价值

一项信息越是与其他信息整合运用，越能彰显其价值，反之，信息一旦形成孤岛，其价值必定大打折扣，如图 5 所示。信息的这一特性意味着，信息的确认和计量既可以单项信息为基础，也可以信息组合（如数据库）为基础，后者可能更加合适。

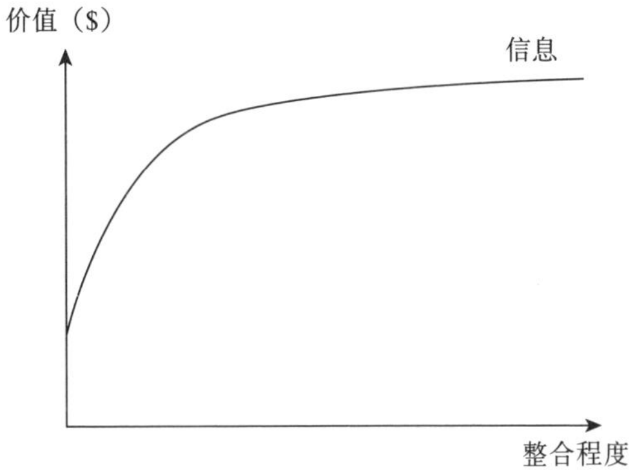

图 5　信息价值与整合程度之间的关系

资料来源：Moody & Walsh（1999）。

定律六：信息不总是多多益善

信息不足，容易导致决策面临不确定性，此时，新增信息可以带来很高的边际效益，信息价值大幅提升。另一方面，人类的信息处理能力有限，信息并非多多益善，信息超载可能导致决策者无所适从，此时，新增信息导致边际效益锐减，信息价值不升反降，如图 6 所示。信息的这一特性意味着，适当披露比充分披露更有价值，更值得倡导。

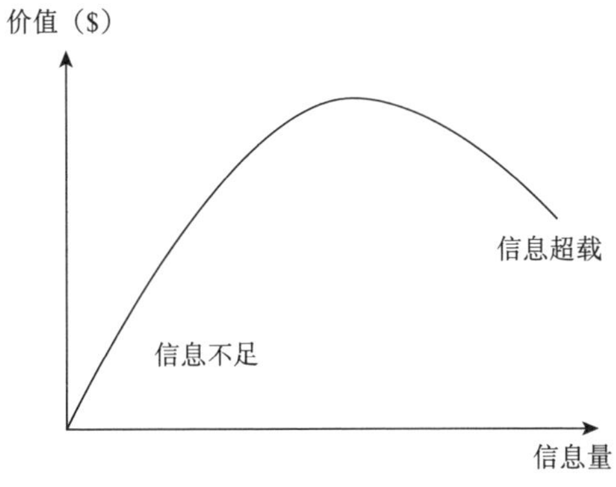

图 6　信息价值与信息量之间的关系

资料来源：Moody & Walsh（1999）。

定律七：信息具有非折耗特质

与常规资产不同，信息的服务潜能不会因为使用而折耗。恰恰相反，对信息的汇总、分解、分析和利用，往往带来增量信息。这些增量信息不仅不会降低原有信息的服务潜能，增量信息与原有信息的结合运用，反而可以大幅提高原有信息的服务潜能，如图 7 所示。与定律二一样，信息所具有的非折耗特质意味着，信息一旦确认为资产，不需要在后续确认上计提折旧或摊销。

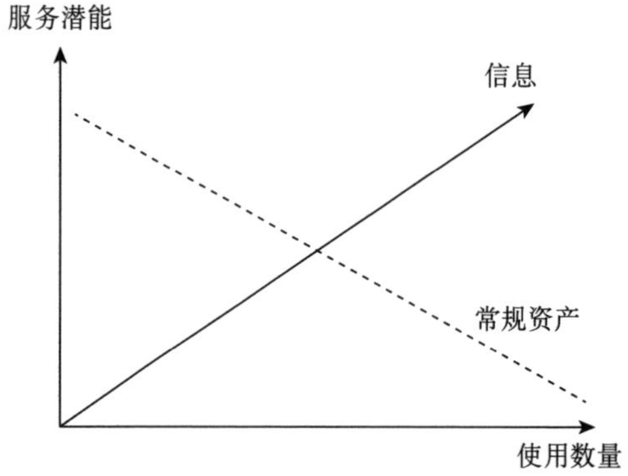

图 7　信息服务潜能与使用数量之间的关系

资料来源：参考 Moody & Walsh 绘制。

必须指出，并非所有信息都同时存在七大定律所揭示的特性。七大定律之间不存在连续和累积的关系，只存在间断和非累积的关系。只有从这个角度理解，才不会因它们之间的相互矛盾（如定律一、定律二、定律三与定律七）而困惑。

二、信息资源的确认观点

信息资源应否确认为资产，存在着三种不同的观点，即表内确认观、表外披露观和无须确认观，其背后的逻辑基础存在重大差异。

（一）表内确认观的逻辑基础

表内确认观认为，信息资源若符合资产的定义和确认标准，就必须在资产负债表上正式确认为资产。国际会计准则理事会（IASB）2018 年颁布的

《财务报告概念框架》将资产定义为：主体由于过去事项而控制的现时经济资源，经济资源指有潜力产生经济利益的权利（IASB，2018）。IASB 在概念框架第 4. 14 段和 4. 15 段明确指出，“有潜力”意味着权利所产生的经济利益不需要是确定的，甚至不需要是可能的（likely），即使产生经济利益的可能性较低，一项权利若满足经济资源的定义，就可以是一项资产。信息资源是否符合资产的最新定义，应从资产定义中的三大关键要素（权利、控制和经济资源）加以分析。尽管信息具有无限共享性的特点（定律一），但并非所有的信息都能够给企业带来经济利益，只有企业能够控制的私有信息才属于有潜力产生经济利益（表现为使用价值或交换价值）的权利，企业不能控制的可从公开渠道获得的公共信息不属于有潜力产生经济利益的权利，因为企业不能阻止其他人利用这些公共信息获取经济利益。可见，私有信息符合资产的定义，而公共信息则不符合资产的定义。

符合资产定义是确认的必要条件，但并非充分条件。信息资源要确认为资产，除了必须符合资产定义外，还必须满足确认标准。最新的财务报告概念框架提出的确认标准包括相关性（relevance）和如实反映（faithful representation）。从相关性标准看，将信息资源确认为资产所形成的信息，既有助于使用者做出投资决策，更加准确地评估信息资源的潜在使用价值或预期交换价值，也有助于使用者评价受托责任，即评价管理层是否对信息资源的投入与产出进行有效管理，信息资源的投入是否带来足够的回报。在实务操作中，要将信息资源确认为资产，必须考虑“存在不确定性”（existence uncertainty）和“经济利益流入低可能性”（low probability of an inflow of economic benefit）这两个因素对相关性标准的影响。如果信息资源作为一项资产是否存在尚不能确定，或者虽然存在但经济利益流入可能性低，则将信息资源确认为资产，并不能提供相关的信息。从如实反映标准看，信息资源是否满足这个标准，主要受计量不确定性（measurement uncertainty）的影响。如果将信息资源计量为资产的估计过程涉及的不确定性程度很高，很难确定该项估计是否可充分且可靠地反映这项资源及其经济利益，则可视为不符合如实反映标准。

表内确认观主张，信息资源应否确认为资产，应当与其他资源采用一视同仁的标准，而不应采用歧视性的确认标准，更不应以稳健为由，对信息资源设置更高门槛的确认标准。表内确认观认为，将信息资源确认为资产，既可提高资产负债表的完整性，避免低估新经济新业态企业的财务状况，也可提高利润表的相关性，避免新经济新业态企业在收益确定中产生收入与成本的错配，还可降低新经济新业态企业的市净率，避免其给投资者发出误导性信息。譬如，以出售金融数据为商业模式的同花顺 2019 年 9 月 30 日的市净率高达 15 倍，远高于同属创业板的其他上市公司 3.67 倍的平均市净率，给人的印象是同花顺的股票因投机炒作而存在较大风险。实际上，同花顺的市净率之所以居高不下，主要不是投机炒作引起的，而是没有将信息资源确认为数字资产造成的。若按该行业通行的 6 ~9 倍市销率对其数字资产进行估值（介于 90 亿 ~135 亿元）并入表反映，同花顺的市净率便从 15 倍骤降至 3.13 ~4.25 倍。可见，将信息资源在表内确认，有助于促使市净率等估值指标更接近实际情况，避免误导投资者。

虽然主张表内确认的研究甚众，如 El - Tawy & Abdel - Kader（2011）、Laney（2018）、Lev & Gu（2016）、Moody & Walsh（1999）等，但直面贷方科目的研究寥寥无几。将信息资产确认为表内一项资产的同时，与之对应的贷方科目是什么？笔者认为，贷方科目的选择，既与信息资源的计量属性有关，也与信息价值的实现方式有关。如果信息资源采用历史成本计量，仅仅将获取信息资源的支出资本化，则不论信息价值是源自使用价值（value in use），还是源自交换价值（value in exchange），贷方科目均简单明了，在借记信息资源的同时，贷记货币资金或应付款项。如果信息资源采用现行价值计量，且信息价值源自使用价值，则资本公积或其他综合收益（OCI）是比较合理的贷方科目，若信息价值源自交换价值，则可供选择的贷方科目包括资本公积、其他综合收益和递延收益，考虑到信息资源的不可折耗性（定律七），选择资本公积或其他综合收益作为贷方科目，更合乎逻辑。

（二）表外披露观的逻辑基础

表外披露观如 Lev & Gu（2016）、Higson & Waltho（2009）、Upton（2001）、黄世忠（2018），虽然承认信息资源具有决策相关性，但考虑到信息资源在计量上存在重大不确定性，为避免表内确认“污染”利润表的经济利益分配功能，主张在管理层分析与讨论（MD&A）或报表附注中披露信息资源。表外披露观认为，信息资源在计量上的不确定性，主要涉及四个方面。一是信息资源的所有权或控制权不像厂房设备等实物资产那么明确，在知识产权保护不力的情况下，即使是企业拥有的专有信息也可能被非法盗用、拷贝和转售。所有权或控制权存在的不确定性，无疑将对信息资源的使用价值或交换价值产生重大影响。二是计量信息资源的使用价值时，需要对信息资源预期能够带来的现金流量的金额、时间分布和不确定性进行估计，还需要合理选择折现率，每个环节均需要大量的估计和判断。更重要的是，信息资源创造的现金流量方式并非直截了当，而是与其他资源（人力资源、实物资产等）共同作用的结果，要将现金流量合理地分摊至信息资源，颇具挑战性，富有操纵性。三是信息资源属于非标产品，边际成本非常低，甚至可以忽略不计，导致同样的数据或数据库在售价上存在重大差异，再加上缺乏活跃的交易市场，确定其公允价值实非易事。四是信息资源往往存在多个竞争性获取渠道，随着数据挖掘技术（data mining）快速发展，数据或数据库不断迭代，其价值存在减损风险，计量不确定性较大。

基于信息资源在计量上存在诸多不确定的考虑，表外披露观主张以更加灵活多样的方式，绕过表内确认的僵化限制，向财务报告使用者提供信息资源的定性和定量信息，以此作为向表内确认的过渡。从本质上说，表外披露观和表内确认观都承认信息资源在决策有用性和受托责任评价方面具有高度的相关性，但表外披露观认为对信息资源进行可靠计量的方法还不成熟，因而主张采用权宜之计，积累经验，完善计量，从表外披露逐步过渡到表内确认。笔者认为，表外披露虽然可以暂时回避表内确认难以逾越的计量不确定性和贷方科目选择等棘手问题，但表外披露不能替代表内确认，表外披露观指出的信息资源在计量上存在的不确定性，在其他已经在表内确认的有形资产和无形资产项目上也同样存在。价值计量只有相对确定性，没有绝对确定性。会计界有必要拓宽眼界，与信息技术界通力合作，寻找破解信息资源计量瓶颈之道，尽量缩短表外披露与表内确认的过渡期，唯有如此，才能从根本上促使新经济新业态企业提供更加相关的会计信息。

（三）无须确认观的逻辑基础

哥伦比亚大学的 Penman 教授是无须确认观的代表性人物。2009 年，Penman 教授发表了《无形资产会计：别忘了还有利润表》一文，指出将包括信息资源在内的无形资产入表确认是个伪命题，从根本上忽略了资产负债表与利润表的勾稽关系。他认为，利润表可以弥补资产负债表对无形资产反映不足的缺陷，未在资产负债表中确认的无形资产和其他价值创造驱动因素，倘若确实存在且能够给企业带来经济利益，迟早会在利润表上自动体现，无须再通过资产负债表确认（Penman，2009）。Penman 教授还从估值[①]的角度，以微软和戴尔为例，论证成熟企业因为无形资产没有得到全面反映并不会对其估值产生影响，证明利润表在估值方面有能力纠正无形资产（包括信息资源和智慧资本等）未得到充分确认的不足。

Penman 教授提出的无须确认观，其逻辑基础可描述为：利润是企业将有形资产与企业家精神、品牌、技术、信息资源、人力资本、结构资本、关系资本等无形资产综合运用在一起而产生增加值的概要性会计计量，有了这种概要性会计计量，企业便无须费时费力去辨认、确认和计量包括信息资源在内的无形资产，资产负债表上对这些无形资产的遗漏，可以通过利润表加以捕捉。三大报表相互勾稽，相互制约，相互补台，相得益彰，同时从静态和动态的角度，反映企业整体的财务状况、经营成果和现金流量，这就是采用复式簿记编制财务报表的精妙所在，这或许是达·芬奇的数学导师帕乔利发明的借贷记账法历经五百多年而不衰的根本原因。

笔者认为，以 Penman 教授为代表的无须确认观，有利有弊，值得权衡。无须确认观的最大好处是，利润表可以随着经济利益的逐步实现，分期分批、间接和自动地确认信息资源等无形资产的价值。通过利润表对信息资源等无形资产进行间接确认，可以最大限度地规避通过资产负债表直接确认所面临的诸多计量不确定性，反映出的结果最为稳健和靠谱。此外，通过利润表间接确认信息资源等无形资产，还可保持利润表的“纯洁性”，使其免受表内确认“计量噪声”的不利影响，更好地发挥经济利益分配功能。另一方面，无须确认观的缺陷也是显而易见的，不确认信息资源等无形资产，势必降低资产负债表的相关性，不能如实反映以信息资源作为价值创造驱动因素的新经济新业态企业的财务状况，使这类企业的市净率虚高和扭曲。无须确认观的另一个缺陷是，通过利润表间接确认信息资源等无形资产的价值，对于成熟型企业而言可能是适用的，但对创业型企业而言则不一定适用。Penman 教授也承认，其用以证明利润表有能力对资产负债表进行纠错的估值模型是基于不同期间的无形资产保持不变的假设，对于以信息资源为主要价值驱动因素的创业型企业来说，这种假设显然不成立。此外，不在表内确认信

① Penman 教授运用的估计模型为：$Stock\ Return_{t+1} = Earnings_{t+1} + (P_{t+1} - B_{t+1}) - (P_t - B_t)$。其中，$Stock\ Return_{t+1}$ 表示 t+1 期的股票回报，$Earnings_{t+1}$ 表示 t+1 期的盈利，$P_{t+1} - B_{t+1}$ 表示 t+1 期股票市价与每股净值之间的差异，即 t+1 期未确认的无形资产，$P_t - B_t$ 表示 t 期股票市价与每股净值之间的差异，即 t 期未确认的无形资产。

息资源等无形资产，还将导致新经济新业态企业在并购时产生巨额的商誉。

三、信息资源的计量属性

与其他资产一样，信息资源若确认为资产，可供选择的计量属性[①]包括历史成本和现行价值，既要考虑初始计量，也要考虑后续计量。另一方面，如第一部分所述，信息资源存在着有别于常规资产的一些特性，因此，计量属性的选择和运用，必须充分考虑这些特性。

（一）基于历史成本的计量方法

基于历史成本的计量方法，侧重从投入的角度，以实际发生的成本对信息资源进行计量。初始计量时，企业将收集、开发、分析、储存、传输和更新数据或数据库所发生的支出资本化为一项无形资产。必须说明的是，不论是拟自用还是拟出售的信息资源，计量出的资本化金额均应计入无形资产，而不宜计入存货，因为信息具有无限分享性（定律一）。在后续计量时，对于自用的信息资源，企业根据信息价值是否随时间减损（定律三），决定是否对初始确认和计量的信息资源计提减值准备。对于可供出售的信息资源，常规的做法是对资本化金额定期摊销，以便与出售信息资源获取的收入进行配比，因为资本化的初衷就是为了实现收入与费用的配比。但这种做法与信息资源的一些特性（如定律一、定律二和定律七）相悖，唯一能够支持定期摊销的理由是，信息具有随时间而发生价值减损的特性（定律三）。

基于历史成本对信息资源进行计量，不仅简单易行，而且在计量上具有可观察性、可验证性，符合如实反映的信息质量特征。最大的缺点是计量结果与资产定义相矛盾，成本是资产的一个属性，但成本本身不是资产，未来经济利益才是资产。基于历史成本对信息资源进行计量，导致定性与定量相互脱节，不符合相关性的信息质量特征，在决策有用和受托责任评价方面的作用存疑。

（二）基于现行价值的计量方法

基于现行价值的计量方法，可细分为公允价值法、使用价值法和现行成

---

① IASB 最新的财务报告概念框架使用的是计量基础（measurement basis），笔者认为计量属性（measurement attribute）在会计界已经约定成俗，故本文仍然使用计量属性的术语。

本法，适用于不同信息资源的计量。

1. 公允价值法

公允价值法适用于效用来自交换价值的信息资源。譬如，国外的彭博社、路透社和黑石集团，我国的万得、同花顺、大智慧和东方财富等，均以出售金融财务数据为商业模式，信息资源（数据或数据库）存在着较为活跃的交易市场，交易价格可获取性较高，采用公允价值法（包括市盈率法和市销率法）计量信息资源合乎逻辑，具有可操作性。后续计量时，可将信息资源公允价值的变动计入当期损益，由于信息具有无限分享性（定律一），计入当期损益并不会带来收益的重复计算。

从理论上说，信息资源的公允价值从市场参与者的角度而非特定主体的角度确定，代表不同主体基于市场特定因素（market - specific factors）对信息资源做出的价值判断，不仅可以保持定量与定性之间的耦合，而且具有可比性高的信息质量特征。但在实务工作中，数据或数据库等信息资源属于非标产品，不同企业之间出售信息资源的价格差异巨大，公允价值的可比性并非想象中那么高。无论如何，以出售金融财务数据为生的企业，应当有能力合理确定信息资源的公允价值，否则，其商业模式将难以为继。

2. 使用价值法和现行成本法

对于信息价值源自使用价值而不是交换价值的信息资源，由于不能获取公允价值，只能采用基于企业特定因素（firm - specific factors）的使用价值法或现行成本法。IASB 最新的财务报告概念框架将使用价值定义为：资产使用和资产最终处置产生的未来现金流量的现值（扣除处置时交易成本的现值）。信息资源的处置成本微乎其微，可以忽略不计，因此，信息资源的使用价值等于其预期可望产生的现金流量的现值。由于使用价值采用的是现值计量的方法，后续计量时，既要考虑时间价值的因素，将时间流逝引起的现值变动计入当期损益，而且要考虑信息价值随时间减损的特性（定律三），定期进行减值测试。

从理论上说，按使用价值计量信息资源，计量出的结果属于经济价值[①]的范畴，与信息资源作为资产的定性相一致。但在实际工作中，如果不与其他生产要素结合，单独使用信息资源是难以创造现金流量的，要从现金流量

① 诚如诺贝尔经济学奖获得者 Milton Friedman 指出的，唯一能够使经济学家普遍接受的理论是，资产的价值由其未来的经济利益所决定。如前所述，IASB 在财务报告概念框架中也是从经济利益的角度对资产进行定义的。

中分离出属于信息资源创造的那部分现金流量，无疑是困难重重的。退一步说，即使可以分离出来，接下来如何对具有无限分享性（定律一）和非折耗性（定律七）的信息资源未来现金流量的金额、时间分布和不确定性进行预测并折现，既充满挑战性，也极易被操纵。

鉴于使用价值法在操作上存在的缺陷，采用现行成本法对信息资源进行计量，不失为权宜之计。按照 IASB 财务报告概念框架对现行成本的定义，信息资源的现行成本指在计量日取得或创建同等信息资源的成本。相对而言，对信息资源的现行成本进行估计，比对信息资源的未来现金流量进行预测要容易得多。另一方面，尽管现行成本比历史成本更加接近信息资源的价值，但计算出的价值本质上仍然属于成本的范畴，而不是经济价值的范畴。从这个意义上说，IASB 在财务报告概念框架上将现行成本归属于现行价值的计量属性，并非没有瑕疵。

（三）超越概念框架的计量方法

财务报告概念框架提出的历史成本和现行价值计量属性，用于常规资产的计量，总体上游刃有余，但用于信息资源这种特殊资产的计量，不一定十分契合，因此，有必要探索超越概念框架的计量方法。

全球领先的信息技术研究和咨询公司 Gartner 在 2015 年发布了其研究员 Douglas Laney 撰写的《为何和如何计量信息资产》的研究报告（Laney，2015），提出了信息资源的多重估值模型，形成了较为完整的计量体系，而且将信息资源的特性有机地嵌入估值模型中，值得参考借鉴。该体系根据信息资源的不同估值目标，将计量方法分为两大类：侧重于改善信息管理约束的计量方法和侧重于改善信息经济利益的计量方法，前者包括信息内含价值法、信息商业价值法和信息业绩价值法，后者包括信息成本价值法、信息市场价值法和信息经济价值法，如图 8 所示。

信息内含价值法的计算公式如下：

$$IVI = Validity \times Completeness \times (1 - Scarcity) \times Lifecycle$$

其中，Validity 代表正确记录信息占全部记录信息的比例，Completeness 代表完整性，即记录信息占同类信息的比例，Scarcity 代表稀缺性，即记录信息的稀缺程度，Lifecycle 代表该类信息资产的预期生命周期。

信息商业价值法的计算公式如下：

$$BVI = \sum_{p=1}^{n} (Relevance_p) \times Validity \times Completeness \times Timeliness$$

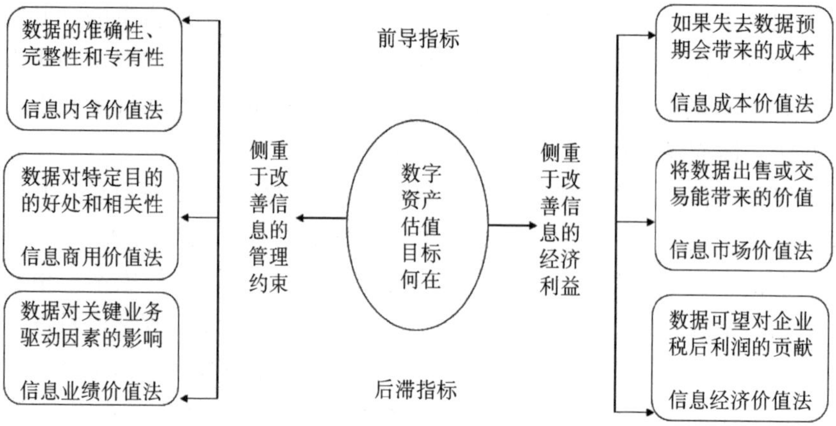

图 8　数字资产估值目标和估值方法示意图

资料来源：Laney（2015）。

其中，n 代表业务流程数，Relevance 代表该类信息对一个或多个业务流程的有用性，Validity 代表正确记录信息占全部记录信息的比例，Completeness 代表完整性，即记录信息占同类信息的比例，Timeliness 代表及时性，即信息更新的速度。

信息业绩价值法的计算公式如下：

$$PVI = \frac{\sum_{p=1}^{n}\left[\left(\frac{KPI_i}{KPI_c}\right)-1\right]_p}{n} \times T/t$$

其中，KPI 代表关键业绩指标，i 代表运用信息资产的业务流程场景，c 代表不运用信息资产的业务流程场景，n 代表用于计量或测试的关键业绩指标数，T 代表数据的平均可使用寿命期，t 代表关键业绩指标计量的期限。

信息成本价值法的计算公式如下：

$$CVI = \frac{ProcExp \times Attrib \times T}{t}\left\{+\sum_{p=0}^{n} Lost\ Revenue_p\right\}$$

其中，ProcExp 代表用于捕捉数据的年化处理成本，Attrib 代表归属于捕捉该数据的处理成本所占百分比，T 代表数据的平均可使用寿命期，t 代表所计量处理成本的期限，n 代表重新获取信息或信息失去用途的期限，Lost Revenue 代表因数据缺失导致的收入损失。

信息市场价值法的计算公式如下：

$$MVI = \frac{Exclusive\ Price \times Number\ of\ Partners}{Premium}$$

其中，Exclusive Price 代表独家价格，Number of Partners 代表合作伙伴数，Premium 代表溢价系数。

信息经济价值法的计算公式如下：

$$EVI = [Revenue_i - Revenue_c - (AcqExp + AdmExp + AppExp) \times T/t]$$

其中，$Revenue_i$ 代表运用信息资产创造的收入，$Revenue_c$ 代表未使用信息资产创造的收入，AcqExp 代表数据获取成本，AdmExp 代表数据管理成本，AppExp 代表数据使用成本，T 代表数据的平均可使用寿命期，t 代表信息经济价值实验期或测算期。

Gartner 公司提出的估值法，不受财务报告概念框架计量属性僵硬规定的约束，更多地考虑了信息资源的特性（如定律四、定律五和定律六），更加契合信息资源的计量。但由于超越了概念框架限定的计量属性，计量结果能否用于信息资源的确认和计量尚不得而知。笔者认为，财务报告概念框架规定的计量属性有必要因应信息技术进步和商业模式创新，与时俱进，加以拓展，以适应新经济新业态企业的计量需求。

本文的分析表明，进入新经济时代，信息资源的重要性与日俱增，已成为新经济新业态企业创造价值的核心资产。对信息资源进行确认和计量，有助于提高会计信息的相关性。另一方面，信息资源具有许多不同于常规资产的特性，其确认和计量存在诸多特殊问题，尚需在理论层面和操作层面取得突破，加以破解。跨界思维，多学科交叉，或许是破解之道。会计界有必要与信息技术界通力合作，寻找出契合信息资源特性的确认和计量理论及方法。

（原载于《财会月刊》2020 年第 2 期）

参考文献：

黄世忠，2018. 旧标尺衡量不了新经济——论会计信息相关性的恶化与救赎［J］. 当代会计评论，11（4）：1－23.

EL－TAWY N，ABDEL－KADER M，2011. Accounting for the Recognition of Information as an Asset. European，Meditteranean & Middle Eastern Conference on Information System.

DRUCK P, 1992. The Economy's Power Shift, Wall Street Journal. September 24.

HIGSON C, WALTHO D, 2009. Valuing Information as an Asset. www. eurm. org. uk. November.

IASB, 2018. Conceptual Framework for Financial Reporting.

LANEY D, 2018. Infonomics: How to Monetize, Manager, and Measure Information as an Asset for Competitive Advantage [M]. Biblimotion Inc.

LANEY D, 2015. Why and How to Measure the Value of Your Information Assets. Research Report. May. www. Gartner. com.

LEV B, GU F, 2016. The End of Accounting and the Path Forward to for Investors and Managers [M]. Wiley: 77 -80.

MOODY D, WALSH P, 1999. Measuring The Value of Information: An Asset Valuation Approach. Paper presented at the seventh European Conference on Information Systems, Copenhagen Business School, Demark, 23 -25 June. 1 -12.

PENMAN S, 2009. Accounting for Intangible Assets: There Is Also an Income Statement. www. gsb. columbia. edu.

UPTON W, 2001. Business and Financial Reporting, Challenges from the New Economy. Special Report. Financial Accounting Series. www. fasb. org.

智慧资本的崛起

黄世忠

【摘要】信息技术进步和商业模式创新推动人类进入了新经济时代，引发了生产要素的重组和竞争格局的重构，智慧资本已然成为企业获取市场竞争优势、提升价值创造能力的关键驱动因素，理应引起会计界更多的关注。本文首先分析导致新经济企业价值创造驱动因素发生嬗变的内外环境因素，指出无形资产和智慧资本已经取代有形资产和财务资本，成为新经济企业创造价值的最重要内在动力，在此基础上探讨智慧资本的含义及其构成要素，指出新经济时代价值创造的本质是企业在特定结构资本的框架下将人力资本作用于关系资本的经济增值行为。

【关键词】新经济　知识经济　智慧资本　人力资本　结构资本　关系资本

进入新经济时代，价值创造的驱动因素发生重大变化，智慧资本超越土地、劳动力和资本等生产要素，成为企业创造价值的最重要驱动因素。遗憾的是，价值创造的重大环境变迁迄今尚未传导到会计界，智慧资本依然没有受到会计界应有的重视，财务报告难寻其踪影。会计界对智慧资本缺乏足够的关注，加剧了会计信息相关性的恶化，有可能导致资源错配。为了扭转这种局面，有必要对智慧资本的确认、计量和报告进行探索，寻求破解之道，提出解决方案。

一、价值创造驱动因素的嬗变

为股东、为社会创造价值是企业的初心使命，提高价值创造能力是企业管理层孜孜以求的目标任务。价值创造能力既与生产要素有关，也与科技进步密不可分，后者甚至可以改变生产要素在价值创造中的相对重要性。在农业经济社会中，土地无疑是价值创造最重要的生产要素。以蒸汽机和电力为代表的工业革命发生后，农业经济让渡于工业经济，劳动力和资本在价值创造中的重要性迅速超越土地。20 世纪 90 年代以来的信息通信技术（ICT）革命，推动人类社会步入了新经济时代①，智慧资本在价值创造中的重要性使土地、劳动力和资本相形见绌，企业的核心竞争力和价值创造能力日益依赖于智慧资本。诚如《没有资本的资本主义：无形经济的崛起》一书指出的，资本主义正向“智本主义”过渡（Haskel and Westlake，2018）。企业生存和发展的核心竞争力和价值创造能力，不再取决于存货和固定资产等有形资产，也不再取决于股东和债权人投入的财务资本，而主要取决于嵌入企业组织之中、由利益攸关者（员工、客户、供应商等）合作共生的智慧资本，财富分配的天平也逐渐从财务资本向智慧资本倾斜，智慧资本已然成为企业最宝贵的无形财富，最重要的战略资源，价值创造的终极源泉。

欧洲财务报告咨询组（European Financial Reporting Advisory Group，EFARG）2020 年 2 月发布的《无形资源报告文献回顾》显示：（1）智慧资本已成为经合组织（OECD）成员国驱动经济发展的中坚力量，智慧资本等领域的无形投资对经济的贡献度远超实物资产等领域的有形投资；（2）智慧资本等无形资源日益成为企业确立竞争优势、提升价值创造能力的决定因素，对投资者了解企业的价值创造机制至关重要；（3）智慧资本等无形资源与企业业绩正相关，对价值创造能力产生直接影响；（4）智慧资本等无形资源与股票市值存在着相关性，对股票市值与账面净值之间的差异具有较高的解释力（EFRAG，2020）。

---

① 学术文献中用于描述新经济时代（New Economy Age）的术语多种多样，如信息经济时代（Information Economy Age）、知识经济时代（Knowledge Economy Age）、智慧经济时代（Intellectual Economy Age）、无形经济时代（Intangible Economy Age）等。在本文中，新经济时代涵盖了这些叫法。在《旧标尺衡量不了新经济：论会计信息相关性的恶化与救赎》一文中，笔者指出，新经济本质上是一种知识经济，是以智力、研发和创意等无形资源为关键驱动因素，依靠信息技术进步和商业模式创新推动经济社会可持续发展的智慧型经济形态。

新经济时代价值创造驱动因素的嬗变，是由一系列外部经营环境的变化和内部经营方式的改变催生的，信息通信技术进步和商业模式创新起到催化剂作用。

（一）外部经营环境的变化

信息通信技术的迅猛发展极大促进了信息流、资金流和商品流的高效流动，在降低交易成本的同时，也加剧了市场的波动性，旧经济时代相对稳定、可预期的市场环境逐渐被新经济时代动态多变、难以预测的市场环境所取代。在市场边界方面，信息通信技术进步和商业模式创新（如阿里巴巴、拼多多等）使企业特别是中小企业不再固守本土市场，为它们参与国际市场提供了高效平台和难得机会。在产业结构方面，在旧经济时代占据主导地位的制造业不断式微，服务业成为新经济时代的新宠和主力。在产品生命周期方面，信息通信技术加速迭代和商业模式创新日新月异，导致产品生命周期日益缩短，新经济时代企业面临的技术和市场风险日益凸显。在融资渠道方面，越来越多的企业与银行贷款等间接融资渐行渐远，风险资本和资本市场日益成为高科技、高成长和高附加值企业的融资主渠道。

（二）内部经营方式的改变

信息通信技术进步和商业模式创新不仅导致外部经营环境的变化，也促使企业改变经营方式。在制造模式方面，旧经济时代大批量、大众化的标准化生产模式，正逐步过渡到新经济时代的小批量、差异化的个性化定制模式，人工智能、区块链、云计算、大数据和物联网等技术创新，日益成为企业转型升级的动力。伴随着制造模式的改变，数字化、智能化取代了机械化、自动化，成为企业技术进步的驱动因素，智慧资本和其他无形资产取代了有形资产和财务资本，成为企业增长的关键驱动因素。创新驱动、市场反应取代了规模经济和成本节约，成为企业获取竞争优势的主要方式。在市场营销渠道方面，“渠道为王”有沦为“渠道为亡”之虞，线下营销遭受线上营销的残酷碾压，“流量为王，平台是金”成为新经济时代的座右铭。在企业边界方面，旧经济时代企业“单打独斗闯天下”的思维模式逐渐让渡于新经济时代“资源整合定成败”的崭新理念，联盟、外包、众包等资源整合方式的创新以及“无边界组织”的勃兴，导致企业边界不再泾渭分明，交叉重叠的企业边界成为新常态。在组织结构和员工素质要求方面，为了应对环境的动态变化，旧经济时代等级化、决策冗长的集权式组织结构，到了新经济时代已经被扁平化、决策快速的分权式组织结构所取代，企业对员工学习能力的重视甚于对工作技能的要求，终身学习备受推崇，学习型组织日益盛行。

表1概括了新旧经济时代在内外部环境方面存在的差异。

表1　　新旧经济时代内外部环境差异

		旧经济时代	新经济时代
外部环境	市场环境	相对稳定，可预期	动态多变，难以预期
	市场边界	本土化为主	全球化为主
	产业结构	制造业占主导地位	服务业居主导地位
	技术进步	迭代缓慢	迭代迅速
	产品生命周期	相对较长	日益缩短
	商业模式创新	较为缓慢	日新月异
	融资渠道	贷款等间接融资	风险资本等直接融资
内部环境	制造模式	大批量、大众化、标准化	小批量、个性化、定制化
	增长驱动因素	有形资产、财务资本	无形资产、智慧资本
	技术驱动因素	机械化、自动化	数字化、智能化
	竞争优势获取	经济规模、成本节约	创新驱动、市场反应
	营销渠道	线下为主，渠道为王	线上为主，平台是金
	企业边界	自给自足、单打独斗	联盟外包、资源整合
	组织结构	等级化、集权式	扁平化、分权式
	员工素质	工作技能	学习能力

外部经营环境的变化，内部经营方式的改变，使企业的生存和发展越来越倚重于智慧资本，市场竞争优势的确立，价值创造能力的提升，决定性变量已经不再是有形投资和财务资本，而是包括智慧资本在内的无形投资。面对内外部环境的变化，会计界有必要将关注点由有形资产转向无形资产，由财务资本转向智慧资本。反之，如果会计界继续无视智慧资本等无形资源，不仅将导致会计信息相关性的恶化，而且可能带来意想不到的后果。EFRAG（2020）指出，智慧资本等无形资源的确认、计量和披露尚未得到应有的重视，导致信息供给严重不足，可能产生包括资源错配（如技术和研发密集型中小企业的融资难、融资贵）在内的一系列经济后果。

二、智慧资本的含义及其构成

尽管智慧资本的重要性与日俱增，但学术界和实务界对智慧资本的确切含义迄今尚未达成共识。值得庆幸的是，对智慧资本构成要素的看法日趋统一，共识多于分歧。

（一）智慧资本的含义

智慧资本是从英文的 Intellectual Capital 翻译过来的，与此相关的术语包括智慧资产（Intellectual Assets）、知识资本（Knowledge Capital）、知识资产（Knowledge Assets）等，但不包括知识产权（Intellectual Property），后者只是智慧资本的一个组成部分[①]。Edvinsson 和 Sullivan（1996）将智慧资本定义为“可转化为价值的知识”。在《智慧资本：组织新财富》一书中，Stewart（1998）将智慧资本定义为“个人与团队能够为其组织带来竞争优势的一切知识和能力的总和”。在《Skandia 导航图》中，Skandia 保险公司将智慧资本定义为“能够为公司提供市场竞争优势所拥有的知识、实用经验、组织技术、客户关系和专业技能”（转引自 CIMA，2005）。Marr 和 Neely（2003）将智慧资本定义为“属于一个组织且有助于提高该组织竞争力从而为利益攸关者增值的一组知识资产”。Sundac 和 Krmpotic（2009）将智慧资本定义为“企业内部每个人拥有的有助于企业在市场中创造竞争优势的知识”。世界智慧资本/智慧资产行动组织（World Intellectual Capital/Asset Initiative，WICI）[②] 在其 2016 年 9 月发布的《无形资源报告框架》中，将智慧资本定义为“组织获取的动态相关的内部无形资源（能力、技能、领导力、流程、专有技术等）和外部无形资源（形象、品牌、联盟、客户满意度等），使其能够将有形资源、财务资源和人力资源转化为追求可持续价值创造目标的系统”（WICI，2016）。

对智慧资本含义的论述可谓汗牛充栋，从大多数的定义可以看出，智慧

---

① Intellectual Property（IP）与 Intellectual Capital（IC）的其他差别在于，IP 通常包括专利权、商标权、版权等法律权利，而 IC 既包括法律权利（如 IP），也包括非法律权利，如创新、创意、研发、品牌知名度、团队合作、客户忠诚度、客户和员工满意度等。此外，IP 可以通过市场单独交易和转让，而 IC 往往镶嵌于组织之中，难以单独交易或转让。

② WICI 是 2007 年由企业、分析师和投资者、监管部门以及学术界的代表机构发起设立的国际组织，其宗旨在于促进公司报告高质量信息的提供，以改善资本配置。

资本与知识密切相关。管理大师彼得·德鲁克认为，知识已变成唯一有意义的经济资源，对这种资源的管理能力在当代经济至关重要。国际会计师联合会（IFAC，1998）关注到，知识已成为企业获取竞争力的主要因素，知识是一种非传统的无形资源，对这种资源的积累、转化、创造和估值，是智慧资本管理的核心所在。从企业的角度看，这些知识是否构成智慧资本，关键在于其是否能够提升企业的市场竞争力和价值创造能力。

值得说明的是，知识、信息和数据既相互关联但又不等同。Burton - Jones（1999）指出，信息是能够被接收者所理解的数据，知识是接收者积累的信息和使用这些信息所获得的技能。当接收者是人类时，知识代表大脑对信息提供的"原材料"进行处理的思维和认知。从这个意义上说，知识是为行动提供可靠基础的有价值和有意义的信息。图1展示了知识与信息、数据之间的相互关系。

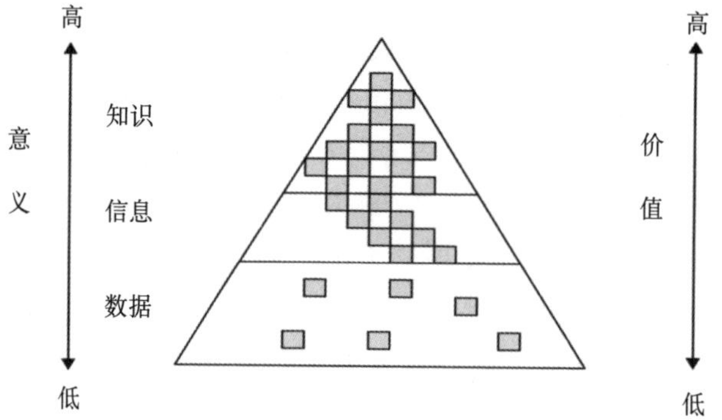

图1　知识与信息、数据之间的关系

资料来源：Burton - Jones（1999）。

（二）智慧资本的构成

尽管学术界对智慧资本的定义不尽相同，但在智慧资本构成要素的看法上，共识明显多于分歧。在Stewart（1998）将智慧资本进一步划分为人力资本（Human Capital）、结构资本（Structural Capital）和关系资本（Relation Capital）以及IFAC（1998）提出智慧资本包括人力资本、关系资本和组织资本（Organization Capital）的观点后，智慧资本三要素观日益成为主流观点。WICI（2016）指出，尽管对智慧资本的构成要素见仁见智，但智慧资本由人力资本、结构（组织）资本和关系资本所组成的三要素观已被普遍接受。智慧资本的三要素观如图2所示。

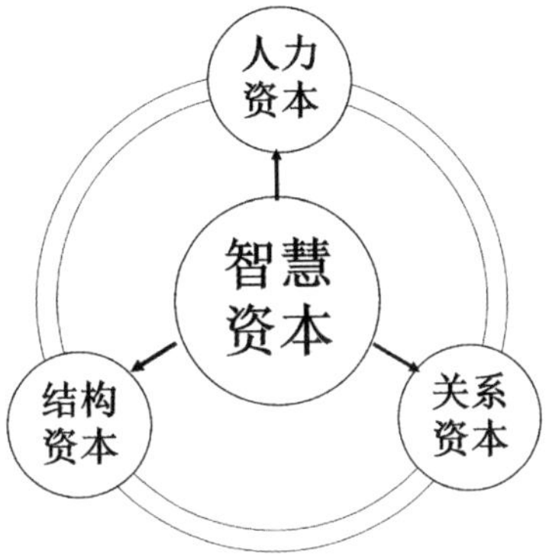

图2　三要素观下的智慧资本构成

特许管理会计师协会（CIMA）2005年发布的《了解公司价值：管理和报告智慧资本》认为，人力资本可定义为“雇员离开时可以带走的知识、技能和经验”，如创新能力、创新思维、专有技术、经验积累、团队合作、雇员韧性、含糊应对、自我激励、知足满意、学习能力、忠诚禀赋、教育培训等。关系资本可定义为“与外部关系相关的所有资源，包括企业与客户、供应商或研究开发合作方的关系”，涵盖利益攸关者（投资者、债权人、客户、供应商等）及其对企业认知所涉及的人力资本和结构资本，如企业形象、客户忠诚、客户满意、供应商联系、商业能力、与金融机构和环保主义者的谈判能力等。结构资本可定义为“企业内部的知识”，涵盖组织规程、工作流程、管理系统、企业文化和数据库，如组织弹性、记录服务、知识中心、信息技术、组织学习能力等（CIMA，2005）。

IFAC对人力资本、关系资本和结构资本的主要构成要素进行了划分和总结，如表2所示。

表2　智慧资本的划分及其构成要素

人力资本		关系（客户）资本	
• 专有技术	• 教育培训	• 品牌影响	• 客户资源
• 工作知识	• 工作能力	• 客户忠诚	• 公司形象
• 职业评价	• 心里评估	• 订单储备	• 分销渠道
• 创业精心	• 创新能力	• 商业协作	• 授权协议
• 积极主动	• 反思能力	• 有利合同	• 特许经营
• 应变能力			

续表

组织（结构）资本			
知识产权		基础设施资产	
• 专利	• 版权	• 经营理念	• 公司文化
• 设计权	• 商业秘方	• 管理流程	• 信息系统
• 商标权	• 服务标识	• 协作系统	• 财务关系

资料来源：IFAC（1998）。

在新经济时代，随着内外部经营环境的变迁，企业的业务复杂程度不断提高，对智慧资本的依赖程度与日俱增，智慧资本的价值日益凸显。Stewart（1998）指出，智慧资本构成要素的价值与企业业务的复杂程度存在着正比关系。企业开展的业务复杂程度越高，就需要越多的高素质人才，越复杂的业务流程和越完善的规章制度，越紧密的客户关系和供应商关系，人力资本、结构资本和关系资本的价值自然就越高，如图3所示。

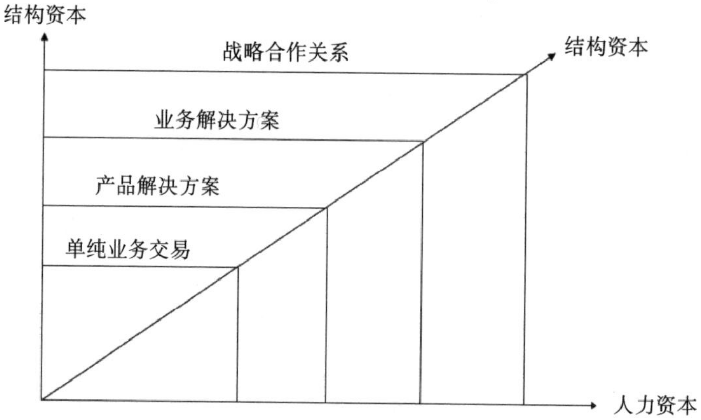

图3　智慧资本与业务性质的关系

资料来源：Stewart（1998）。

综上所述，进入新经济时代，无形资产和智慧资本已经取代有形资产和财务资本，成为新经济新业态企业创造价值的最重要内生动力。在新经济时代，价值创造实质上是企业在特定结构资本的框架下，将人力资本作用于关系资本的经济增值行为。

（原载于《新会计》2020年第5期）

参考文献：

黄世忠，2018. 旧标尺衡量不了新经济：论会计信息相关性的恶化与救赎［J］. 当代会计评论，11（4）：1－23.

BURTON－JONES A，1999. Knowledge Capitalism：Business，Work and Learning in the New Economy. Oxford University Press.

CIMA，2005. Understanding Corporate Value：Managing and Reporting Intellectual Capital. www. cima. org.

EFRAG，2020. Academic Report：A Literature Review on the Reporting of Intangibles. www. efrag. org.

HASKEL J，WESTLAKE S，2018. Capitalism Without Capital：the Rise of the Intangible Economy. Princeton：Princeton University Press.

IFAC，1998. The Measurement and Management of Intellectual Capital：An Introduction. www. Ifac. org.

MARR B，NEELY A，2003. Why Do Firms Measure Their Intellectual Capital. Emerald Journal of Intellectual Capital. Vol. 4，No. 4：441－464.

STEWART T A，1998. Intellectual Capital：The New Wealth of Organizations. New York：Crown Business.

SUNDAC D，KRMPOTIC I，2009. Measurement and Management of Intellectual Capital. Tourism and Hospitality Management. Vol. 15，No. 2：279－290.

WICI，2016. Intangibles Reporting Framework. www. wici－global. com/framework.

智慧资本的计量

黄世忠

【摘要】 如何有效地对智慧资本进行可靠计量一直是学术界和实务界重点关注的热点难点问题，本文通过对学术文献的研究，系统地介绍了智慧资本的四大类计量方法，即基于股票市值的倒轧法、基于超额收益的折现法、基于权变选择的估值法和基于构成要素的评价法，并分析这四大方法的利弊和适用对象。希望本文的分析有助于新经济企业完善智慧资本的计量。

【关键词】 智慧资本　股票市值倒轧法　超额收益折现法　权变选择估值法　构成要素评价法

智慧资本的计量充满挑战性。一是因为现有的会计准则大多是在工业经济时代制定的，主要针对存货、机器设备等有形资产和应收款项、股权和债权投资等金融资产，对智慧资本等无形资源的重视不够。二是很多智慧资本（如客户忠诚度和经营理念等）的未来经济利益存在重大不确定性且难以量化。三是很多智慧资本（如创新精神和团队合作等）嵌入在企业组织之中，难以单独分离且缺乏活跃的二级交易，难以通过市场交易对其价值进行独立验证。四是智慧资本的计量涉及两个不同维度：无形资源与无形活动。无形资源如工作能力（人力资本的构成要素之一）、知识产权（结构资本的构成要素之一）、客户忠诚度和满意度（关系资本的构成要素之一）具有静态的特征，可按一定时期进行计量，而无形活动（即企业采取活动以从内部创造无形资源，或采取活动以维持和改进现有无形资源）则具有持续进行且不容易界定产出的动态特征，难以追踪和计量（CIMA，2005）。五是智慧资本通常难以单独创造未来经济利益，人力资本、结构资本和关系资本只有组合在一起，相互作用，才能为企业创造现金流量，这种综合性和依存性无疑增大了计量难度。六是价值创造是企业将有形资产（存货、固定资产等）、财务资本（股东投资、举债融资等）与智慧资本组合运用的结果，要精确量化这三种资本对价值创造的具体贡献困难重重。

值得庆幸的是，智慧资本的计量挑战反而激发了学术界和实务界的研究兴趣，形成了众多充满思想火花的计量方法和主张。纵观学术文献，智慧资本的计量方法可分为四类：基于股票市值的倒轧法、基于超额收益的折现法、基于权变选择的估值法、基于构成要素的评价法。

一、基于股票市值的倒轧法

这种方法利用股票市值与账面价值或重置成本之间的差异，倒轧推算企业隐含的智慧资本，最具代表性的包括市净率法和托宾 q 法。

市净率法认为股票市值由净资产账面价值和智慧资本所组成，股票市值与净资产账面价值之间的差额，代表上市公司隐含的智慧资本总额，如图 1 所示。

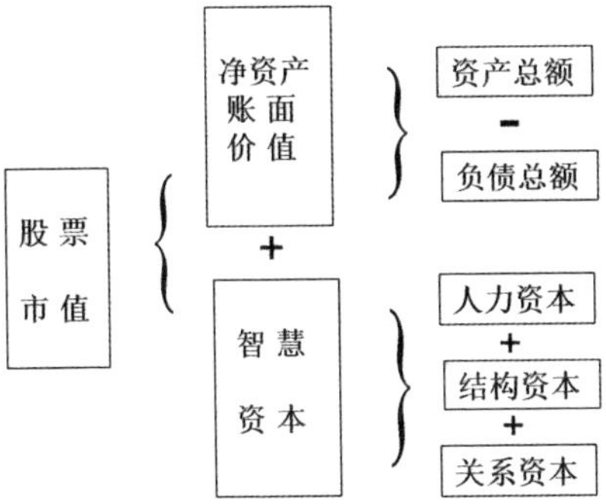

图 1 股票市值、账面净值与智慧资本之间的关系

以阿里巴巴为例，2019 年 12 月 31 日其股票市值折合为人民币高达 39555 亿元，但其净资产账面价值只有 8871 亿元，说明阿里巴巴隐含的未在财务报表确认但被资本市场所承认的智慧资本价值高达 30684 亿元。以股票市值与账面净值之间的差额推算上市公司蕴含的智慧资本，这种计量方法成立的前置条件包括：资本市场有效且投资者是理性的，不存在“反智行为”的现象；会计系统有效，不存在该确认而未确认的资产和负债，且确认的资产和负债其账面价值与公允价值不存在重大差异。如果这两个前置条件成立，则股票市值与账面净值之间的差异，代表投资者为上市公司没有在财务报表上反映的智慧资本而额外付出的溢价。遗憾的是，市净率法虽然简单，却也粗暴。有效的资本市场和有效的会计系统在现实中都不存在，按市净率法倒轧出来的智慧资本必然高估或低估上市公司的智慧资本，甚至得出匪夷所思的结果。以工商银行为例，其 2019 年 12 月 31 日的股票市值只有 20956 亿元，但其净资产账面价值却高达 26706 亿元，按市净率法计算的工商银行的智慧资本为 -5750 亿元，难道工商银行历年积累的人力资本、关系资本和结构资本一文不值?

托宾 q（Tobin’s q）是诺贝尔经济学奖获得者 James Tobin 在 1969 年提出的，计算公式如下：

$$q=\frac{\text{公司市场价值}}{\text{资产重置成本}}=\frac{\text{权益市场价值}+\text{负债市场价值}}{\text{净资产重置成本}+\text{负债重置成本}}$$

由于负债的市场价值通常与其重置成本差别不大，因此托宾 q 可简化为：

$$q=\frac{\text{权益市场价值}}{\text{净资产重置成本}}$$

尽管托宾 q 不是为了计量智慧资本而提出的，但学术界认为托宾 q 的原理也可用来解释和计量智慧资本。当 q 大于 1 时，说明投资者愿意付出高于资产重置成本的价格购买此类上市公司的股票，表明投资于上市公司的股票可以获取递增的资本回报，而递增的资本回报显然离不开智慧资本的作用。按照这种逻辑推理，智慧资本等于权益市场价值（即股票市值）减去净资产重置成本。

按托宾 q 法和按市净率法计量智慧资本，背后隐含着极其相似的逻辑推理，差别在于托宾 q 法解决了净资产账面价值与市场价值之间的差异，避免将历史成本会计导致的计量误差归入智慧资本。除此之外，市净率法所存在的缺陷，托宾 q 法同样存在。

二、基于超额收益的折现法

诺贝尔经济学奖得主 Milton Friedman 指出，唯一能够使经济学家们普遍接受的理论是：资产的价值由其未来的经济利益所决定。这里的经济利益，既要考虑资产可望创造的收益或现金流量，也应考虑货币时间价值，换言之，资产的价值等于其可望创造的收益或现金流量的折现值。经济学的资产价值理论，深刻影响了会计界对资产和负债的计量，智慧资本的计量也不例外。但由于难以单独创造收益或现金流量，智慧资本往往通过替代法，采用超额收益折现法进行计量。“推算的无形价值”（Calculated Intangible Value，简称 CIV）就是采用经济学价值原理计量智慧资本的一种常用方法。

CIV 是美国西北大学 Kellogg 商学院附属机构 NCI 研究中心率先提出的，其核心思想是，资本市场对上市公司的估值，不仅在乎有形资产的价值，而且看重智慧资本等无形资源的价值，特别是那些能够比竞争对手创造更高资产回报的无形资源价值。因此，CIV 等于上市公司比拥有类似有形资产的竞争对手创造更多资产回报的折现值。

CIV 的计算包括四个步骤：（1）计算企业过去 3 ~ 5 年平均的税后资产回报率（ROA）；（2）计算企业平均税后 ROA 与同行业同期平均税后 ROA 之间的差异，若差异率为负数，说明不存在 CIV，计算过程到此终止；（3）将平均税后 ROA 差异率乘以企业未来有形资产的平均余额，得出有形资产的超额收益；（4）选取合适的折现率（通常为企业的资本成本）将步骤（3）的超额收益折现，计算出的 CIV 即可作为智慧资本的替代。CIV 的经济含义为：企业将智慧资本等无形资源作用于有形资产而形成的超额收益折现值。

与基于市净率和托宾 q 的原理推算出的智慧资本相比，CIV 具有五个显而易见的优点。一是具有动态性，克服了市净率法和托宾 q 法的静态性局限；二是以超额收益为基础，既与价值创造直接关联，也避免了股票市值所固有的非理性因素的影响；三是运用范围更广，非上市公司也可以运用，而市净率法和托宾 q 法只能用于上市公司；四是增加了同行业不同企业之间的可比性，便于投资者进行横向对比；五是具有纵向可比性，企业可以通过不同时期 CIV 的变动，发现智慧资本管理方面的问题。尽管如此，CIV 也存在不足之处。一是计算结果未能细化至智慧资本的各个具体构成要素，二是未能揭示智慧资本以何种方式为企业的价值创造做出贡献，三是没有将投入要素与智慧资本形成有机联系在一起，四是忽略了企业运用智慧资本存在高度选择权的价值。

值得说明的是，将 CIV 与按市净率法和托宾 q 法倒轧出的智慧资本结合运用，还可为投资者判断上市公司的股票是否被低估，如果后者持续下降而CIV持续上升，可能意味着上市公司的股票被系统性低估，这实际上是在向投资者发出买入信号。

Lev采用排除法，在2001年提出了计量智慧资本的剩余收益模型（Residual Income Model，RIM），其原理与CIV十分相似。Lev首先将企业收益与创造这些收益的资产进行配比，然后将税后收益减去金融资产和有形资产创造的税后收益，得出的差额代表智慧资本创造的税后收益，最后以权益回报与智慧资本的回归分析为基础，选取相应的折现率，将智慧资本创造的税后收益予以资本化，以此作为智慧资本的价值。

三、基于权变选择的估值法

除了不确定性外，选择权（Option）和灵活性（Flexibility）是智慧资本的显著特征。智慧资本可在一定时期内为企业管理层提供范围广泛的灵活机动的选择权，使其因应经营环境、技术进步、竞争态势等因素做出把握机遇或规避风险的管理决策。譬如，研究开发往往是分阶段进行的，在完成第一阶段的研发投入后，企业管理层可以根据市场需求以及竞争对手推出的新技术、新产品等因素，决定是在后续阶段增加或减少研发投入，还是终止整个研发项目。换言之，研究开发隐含着推迟期权（Deferral Option）、放弃期权（Abandonment Option）或增长期权（Growth Option）。同样地，对人力资源、专利技术、客户关系、品牌形象、信息系统等智慧资本进行投资时，企业的管理层也存在着很大的自由裁量权，隐含着推迟、提前、放弃、增加、减少或转换等期权。对研究开发、品牌形象、客户关系、人力资源等智慧资本领域进行投资，通常不会立即给企业带来回报，会计上一般作费用化处理，但企业管理层做出这些带有探索性和投机性的投资，是期望这些投资能够带来新的增长机会和确立独特的竞争优势，或者赋予企业改变现有资源用途的选择权和灵活性。

从实物期权①（Real Option）的角度看，这种选择权和灵活性本身就颇

---

① 实物期权是指企业进行有形投资和无形投资（如对智慧资本的投资）决策时，能够根据当时的不确定性因素选择采取利益最大化行动（如立即投资、推迟投资或终止投资）的权利。实物期权的概念由Stewart Mayers在1977年提出，他认为，一个投资项目创造的利润，源自对目前所拥有资产的使用及其对未来投资机会的选择之和（黄世忠，2018）。

具价值，在估值时必须予以考虑。基于智慧资本的期权属性，Sudarasanam等（2003）认为可以采用“布莱克－斯克尔斯期权定价模型”（Black－Scholes Option Pricing Model，BSOPM）对智慧资本进行估值。

$$C = SN(d_1) - Ee^{-rt}N(d_2) \tag{1}$$

其中，$d_1 = [\ln(SE) + (r + 1/2\sigma^2)t]\sqrt{\sigma^2}t, d_2 = d_1 - \sqrt{\sigma}^2$，C = 买入期权价值，S = 基础资产价值，E = 行权价格，r = 无风险报酬率，σ^2 = 年化的方差，t = 期权到期时间。

由于e^{-rt}代表按无风险折现率将行权价格折现为现值，公式（1）也可简化表述为：

$$C = SN(d_1) - E_{PV}N(d_2) \tag{2}$$

其中，N（d_1）和N（d_2）代表概率分布，可通过概率分布表查得。公式（2）的经济含义是：买入期权的价值等于按概率分布计算的基础资产价值减去按概率分布和无风险报酬率折现的行权价格现值后的余额。

Sudarasanam等指出，将BSOPM用于智慧资本等实物期权估值时，关键变量可表述为：

C = 第一阶段投资

S = 第二阶段投资的现值

t = 实施或推迟第二阶段投资的时间

d = 实施或推迟第二阶段投资的预计成本

σ = 第二阶段投资现值的波动性

Sudarasanam等还以生物医药公司的并购为例，说明如何利用BSOPM对具有期权属性的专利权进行估值，论证了以BSOPM为基础并适当修正的实物期权估值模型，对专利权进行估值是可行的，有助于企业更有效地管理和利用专利权等智慧资本。

实物期权除了用于专利权的估值外，还广泛运用于研究开发、知识产权和人力资源等领域的价值评估，其中在研究开发估值领域的运用最为广泛。用于研究开发的实物期权估值模型包括二叉树法、三叉树法、N叉树法、Geske复合期权法等。研究开发这种独特的智慧资本，具有不确定性、不可逆性、分阶段性和管理灵活性等特点，采用传统的成本法、净现值法难以反映研究开发所蕴含的推迟、提前、放弃、增加、减少或转换等期权价值，唯有通过实物期权模型，才能有效捕捉研究开发的期权价值。

当然，通过实物期权对智慧资本进行估值也存在三个不足之处。一是实物期权以金融期权的理论方法为基础，金融期权估值模型背后隐含的假设不一定适合于具有实物期权属性的智慧资本；二是估值模型的运用涉及大量难以验证的估计和判断，存在着被操纵的可能性；三是波动性难以估计和获取，因为与智慧资本投资机会相关的期权没有在市场上交易。

四、基于构成要素的评价法

与上述三种方法对智慧资本进行总体的间接计量不同，基于构成要素的评价法侧重于对智慧资本的具体构成要素进行直接评价，以便企业对这些具体构成要素进行更具针对性的管理和改进。基于构成要素的评价法，不拘泥于高深莫测的经济学理论或其他繁琐复杂的估值理论，而是注重实用主义，从丰富的管理实践中凝练总结出智慧资本具体构成要素的关键评价指标，主张评价指标不应千篇一律，而应契合不同行业和企业的特点和实际，做到定量和定性评价相结合。

综合 Stewart（1998）、Lev（2000）、Upton（2001）、Demediuk（2002）、CIMA（2005）、Sundar 和 Krmpotic（2009）、Minovski 和 Jacevska（2018）等文献资料，智慧资本构成要素的具体评价指标概述如下。

1. 人力资本的评价指标

人力资本的常见评价指标可分为两类：一是人力资本投入、维护和提升的评价指标，如人均招聘/培训/开发费用、员工教育程度、拥有专业职称的员工比例、人均薪酬福利待遇、员工满意度、敬业忠诚度、员工离职率、企业文化宣传支出、团队合作精神、经验和知识分享等；二是人力资本创新、创造的评价指标，如来自专利、商标和授权的销售收入比例、新产品销售占销售收入总额的比例、新产品的销售毛利、人均销售收入等。

2. 结构资本的评价指标

常见的结构资本评价指标可大致分为四类：一是规章制度建设，如内部控制、激励机制、风险防控、绩效评价等方面的制度建设以及为此投入的人力资源和财务资源；二是信息系统建设，如信息系统开发支出及其占销售收入比例、网上审批和远程办公普及程度、信息系统更新频率、数据库建设支出、数据共享程度；三是组织活力氛围，如员工提出的批评意见书和改进建议书、管理层对意见和建议反馈处理数、部门之间协作精神、市场应变能力、危机处理能力等；四是开拓创新能力，如新增客户数、拥有的专利、商标和特许经营权数量、研究开发支出总量及其占销售收入比例。

3. 关系资本的评价指标

关系资本的评价指标通常包括四类：一是客户关系评价指标，如市场占有率、品牌价值、客服满意度、老客户收入比、新客户开拓数、客户订单数、客户退货率、单一客户购买量、广告促销支出总额及其占销售收入比例等；二是供应商关系评价指标，如供货及时性、采购折扣率、与质量和品种相关的退货率、供应商回访率等；三是网络关系评价指标，如研发联盟、营销联盟、采购联盟等的运用程度；四是社会关系资本，如金融机构和资本市场提供的融资便利和融资成本、监管部门处罚数、消费者和环保主义者投诉等。

上述评价指标不可能穷尽管理实践对智慧资本的全部评价方法，庆幸的是，按构成要素评价智慧资本不需要面面俱到，只需要结合企业所处行业、竞争态势、管理理念、科技含量等因素，选择一些关键指标，构建评价体系。基于构成要素的评价法尽管直截了当、简单明确，但也存在明显的不足，主要是评价指标因企而异，企业之间缺乏可比性，降低了横向对比价值。此外，定性与定量相结合的评价体系，难免存在着孰重孰轻的主观判断色彩。

（原载于《新会计》2020 年第 6 期）

参考文献：

黄世忠，2018. 旧标尺衡量不了新经济：论会计信息相关性的恶化与救赎［J］. 当代会计评论，11（4）：1－23.

CIMA，2005. Understanding Corporate Value：Managing and Reporting Intellectual Capital. www. cima. org.

DEMEDIUK P，2002. Intellectual Capital Reporting：New Accounting for the New Economy. Asian Academy of Management Journal. Vol. 7. January：57－72.

LEV B，2000. New Accounting for the New Economy. Working Paper.

MINOVSKI Z，JANCEVSKA I，2018. The Role of Intellectual Capital and Its Accounting Recognition and Measurement. JCEBI. Vol. 5：67－76.

STEWART T A, 1998. Intellectual Capital: The New Wealth of Organizations. New York: Crown Business.

SUNDAC D, KRMPOTIC I, 2009. Measurement and Management of Intellectual Capital. Tourism and Hospitality Management. Vol. 15, No. 2: 279 – 290.

SUDARASANAM S, SORWA G, and MARR B, 2003. Valuation of Intellectual Capital and Real Option Models. Paper Presented to PMA Intellectual Capital Symposium, October 1 – 2 at Cranfield University.

UPTON W, 2001. Business and Financial Reporting, Challenge from the New Economy. Special Report. Financial Accounting Series. www. fasb. org.

智慧资本的披露

黄世忠

【摘要】在智慧资本难以进行可靠计量的情况下，新经济企业可考虑采用定量和定性相结合的方式对智慧资本进行结构性披露。为此，本文系统地介绍了构建智慧资本的披露框架时可供参考借鉴的七种代表性做法，包括平衡计分卡、价值创造图、价值链计分板、无形资产监控表、Skandia 导航图、智慧资本雷达图、无形资源报告框架。希望本文的介绍和分析，有助于新经济企业提高智慧资本披露的合理性和科学性。

【关键词】智慧资本　披露框架　强制披露　自愿披露

从所有权和控制权的角度看，智慧资本具有多元、共享的显著特点。人力资本是企业和雇员共同拥有的，企业虽然可以通过竞争性限制条款的雇佣合同对人力资本进行一定程度的控制，但在自由雇佣的环境下，这种控制力往往形式多于实质。关系资本是企业与客户、供应商等利益攸关者共同拥有的，企业只能维护关系资本，难以加以控制。只有结构资本才是企业可以直接拥有或控制的，但知识产权类的结构资本，往往存在法律保护不力、技术迭代风险等因素，因而具有不确定性。基础设施资产类结构资本，易受管理风格变化、组织架构调整、收购兼并整合等不确定性因素的影响。

基于智慧资本的上述特点，加上在计量上固有的重大不确定性，笔者认为，除非对财务报告概念框架（特别是报表要素定义）进行重大修改，并大幅提高智慧资本的计量可靠性，否则，对智慧资本进行会计确认不太现实。

WICI（2016）指出，智慧资本等无形资源之所以没有在会计上得到确认，与会计准则制定机构在定义资产时过分强调“拥有”（Own）或“控制”（Control）有关，该组织建议将这两个术语改为“可获取”（Available）或“可使用”（Utilizable），为智慧资本等无形资源的会计确认扫清理论障碍。WICI 的看法不无道理。譬如，在共享经济时代，优步（Uber）和空中食宿（Airbnb）等企业是通过可获取或可使用的有形资产和无形资源创造未来经济利益的，拥有或控制不再那么至关重要。

既然短期内对智慧资本进行会计确认不具现实可行性，鼓励企业在财务报表之外（如管理层讨论与分析），以定量和定性相结合的方式进行结构性披露便成为一个重要选项。构建智慧资本的披露框架时，可供参考借鉴的代表性做法包括平衡计分卡、价值创造图、价值链计分板、无形资产监控表、Skandia 导航图、智慧资本雷达图、无形资源报告框架等。

一、平衡计分卡

平衡计分卡（Balanced Scorecard）是 Kaplan 和 Norton 1992 年在《哈佛商业评论》上发表的影响深远的力作，《平衡计分卡——驱动业绩的计量》一文列举了一家化名为 ECI 的半导体公司的平衡计分卡（如图 1 所示），其初衷是作为一种管理报告工具，并未涉及智慧资本的披露问题，但对于技术密集型企业以结构性方式披露智慧资本，颇具借鉴意义，值得推广运用。当然，四维度的平衡计分卡作为一种绩效管理理念和实用工具已经深入人心，颇受企业管理层和投资者青睐，监管部门和准则制定机构只要因势利导，就会有越来越多的企业结合行业特点和管理实践，采用平衡计分卡的原理披露其智慧资本。

二、价值创造图

CIMA 于 2003 年提出了价值创造图（Value Creation Map）的概念，旨在为企业辨认和计量知识资产及其对价值创造的贡献提供一个解释框架。知识资产被定义为利益攸关者资源（Stakeholder Resources）与结构资源（Structural Resources）之和，前者包括利益攸关者关系和人力资源，后者包括有形基础设施和无形基础设施。利益攸关者关系由企业与金融机构、供应商、客

财务维度	
目标	计量指标
生存	现金流量
成功	各条线的季度销售收入和经营收益
繁荣	提升市场占有率和净资产收益率

客户维度	
目标	计量指标
新产品	新产品收入占比；专有产品占比
灵敏供应	及时发货（由客户确定）
首选供应商	关键客户的采购占比
客户合作关系	合作性联合行动数量

内部业务流程维度	
目标	计量指标
技术能力	制造几何学与竞争能力
卓越制造	生产周期;单位成本收益率
设计效率	硅片效率;工程效率
引进新产品	实际引进;进度表与计划方案

创新与学习维度	
目标	计量指标
技术引领	开发下一代产品所需时间
制造学习	达到成熟量产所需处理时间
产品侧重	占80%销售收入的产品数量
上市时间	新产品引进与竞争性

图 1　ECI 平衡计分卡

资料来源：Kaplan and Norton（1992）。

户、经销商等外部利益方建立的各种关系所组成，人力资源由企业管理团队、技术人员和员工拥有的知识、能力和经验所组成。有形基础设施包括企业的存货、固定资产等实物资产，无形基础设施包括企业文化、例行程序和管理惯例以及知识产权等。价值创造图的核心要义是：价值创造是人力资源作用于利益攸关者关系和结构资源而产生的经济增值行为。图 2 列示了人力资源在价值创造中的核心地位及其与智慧资本其他要素之间的关系。

三、价值链计分板

在布鲁金斯协会（Brookings Institute）2001 年发布的《无形资产：管理、计量和报告》中，主笔人纽约大学的 Lev 教授提出了著名的价值链计分

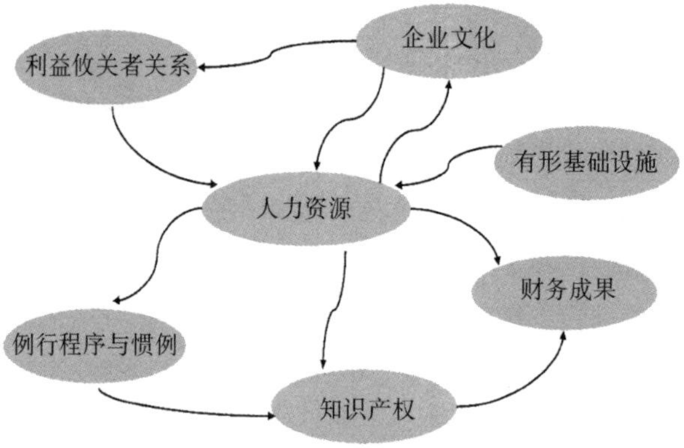

图 2　价值创造图

资料来源：CIMA（2005）。

板（Value Chain Scoreboard）理念。价值计分板（如图 3 所示）综合运用财务指标与非财务指标，并将它们有机嵌入至驱动价值创造的创新过程（学习/发现——付诸实施——商业化运用）中，旨在以结构性的方式向资本市场传递企业如何将创新转化为股东价值的信息。

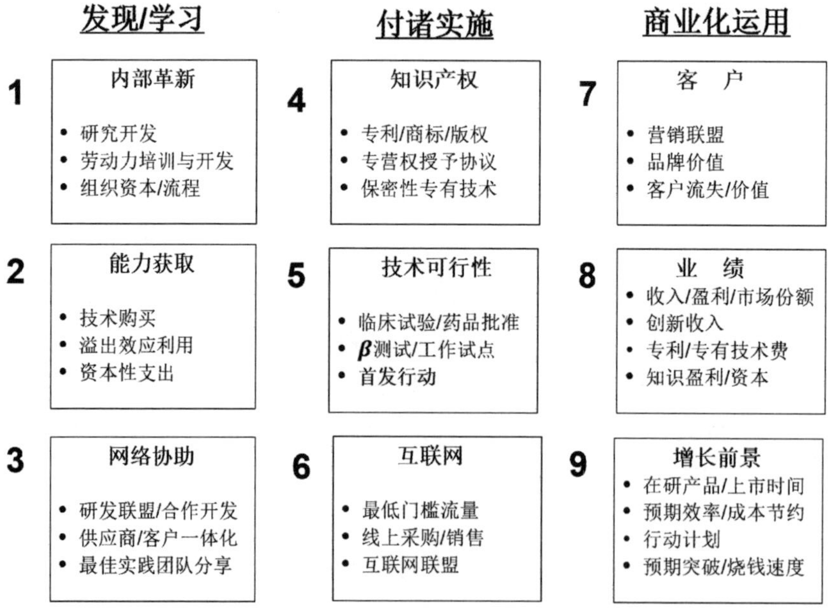

图 3　价值链计分板

资料来源：Lev（2001）。

Lev 在该报告中还指出，美国财务会计准则委员会（FASB）虽然承认智慧资本在价值创造中的重要作用，但考虑到智慧资本等无形资产的独特性，最终还是将很多无形资产排除在会计确认之外。这些独特性包括：排他性（Excludability）不明显，难以阻止他人对无形资产的接触和使用，这是因为无形资产的知识产权不明确或受限造成的外溢效应；非竞争性（Non－rivalry），存在多方同时接触和使用无形资产的可能性；非交易性（Non－tradability），无形资产缺少交易市场，退出战略有限，沉落成本高昂，难以套期避险；高风险性（Risks），不能应对变化、声誉减损、高不确定性而存在的潜在价值损失；可拓展性（Scalability），不需要增加相应成本而大幅增加数量和质量的可能性，如软件的可复制性；普遍性（Pervasiveness），企业信誉和名牌等无形资产存在自然传播的可能性，如网络效应（Network Effects）。在披露智慧资本时，企业有必要说明这类无形资产的独特性，以免对投资者产生误导。

四、无形资产监控表

瑞典的管理咨询师 Karl－Erik Sveiby 在 1999 年提出了无形资产监控表（Intangible Assets Monitor），对于智慧资本的结构性披露同样具有启发意义，有助于投资者了解企业的管理层是否对智慧资本进行持续监控和改进。无形资产监控表将评价指标体系分成三组，每一组评价指标分别再细分为三类指标，如表 1 所示。

表 1　　无形资产监控表

外部结构评价指标	内部结构评价指标	工作能力评价指标
<u>增长/革新指标</u> 单位客户盈利能力 有机增长 印象提升带来的客户	<u>增长/革新指标</u> 信息技术投资 结构优化带来的客户	<u>增长/革新指标</u> 专业年限 教育水平 教育培训成本 评价打分 工作能力提升带来的客户

续表

外部结构评价指标	内部结构评价指标	工作能力评价指标
效率指标 客户满意度指数 单位客户销售金额 客户获取/客户流失指数	效率指标 后台支持员工占比 价值/态度指数	效率指标 专业人员占比 影响效应 员工人均增值额 专业人士人均增值额 员工人均利润 专业人士人均利润
稳定性指标 大客户占比 客户年份结构 铁杆客户比例 重复下单频率	稳定性指标 组织历史 后台支持员工离职率 新手比例 年资（员工年龄中位数）	稳定性指标 专业人士离职率 相对薪酬水平 年资（员工年龄中位数）

资料来源：转引自 Upton（2001）。

五、Skandia 导航图

瑞典保险公司 Skandia 是智慧资本管理的先驱者之一，该公司 20 世纪 90 年代末期倡导的 Skandia 导航图（Skandia Navigator）风靡世界，在智慧资本研究文献中成为十分热门的引用术语。Skandia 导航图的灵魂人物是该公司的高级副总裁兼智慧资本总监 Lief Edvinsson，他在与 Michael S. Malone 合著的《智慧资本：发现隐藏智力实现公司真实价值》一书中，提出了脍炙人口的由财务重心（Financial Focus）、客户重心（Customer Focus）、流程重心（Process Focus）、人力重心（Human Focus）、革新与发展重心（Renewal and Development Focus）所组成的 Skandia 导航图（如图 4 所示）。他们认为，Skandia 导航图就像一栋房子，财务重心是屋顶，客户重心和流程重心是墙壁，人力重心是房屋中的灵魂，革新与发展重心是地基。

图 4 的财务重心主要采用货币化计量，如净资产收益率、毛利率、营业收入、税后利润、经济增加值等。客户重心同时运用财务和非财务指标，评估客户资本对组织的价值。流程重心侧重于评估组织内部对信息技术等的有效运用，以提高质量管理和产品质量，评估时也应用了信息系统建设支出等

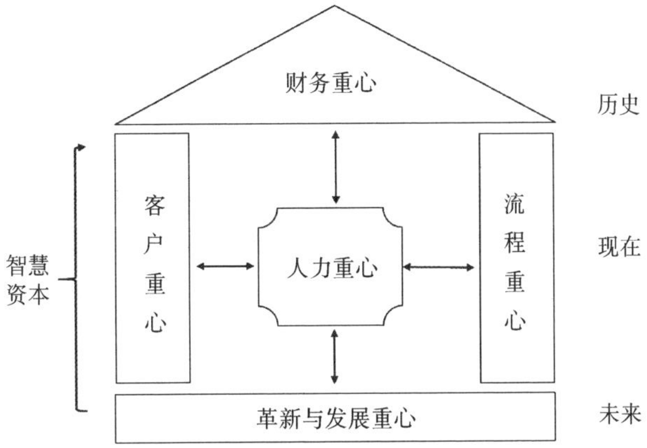

图4 智慧资本导航图

资料来源：Edvinsson and Malone（1997）。

财务指标。革新与发展重心聚焦于对组织创新能力的评估，包括研究开发投入强度、源自专利技术的收入比例等。人力重心居于核心地位，是统驭其他四个重心的关键，侧重于评估人力资源的开发投入及其效果。

六、智慧资本雷达图

Stewart（1998）认为，智慧资本的计量指标，关键不在于多而散，而在于少而精，宜粗不宜细，否则将导致企业管理层的注意力失焦，并给投资者带来困惑。为此，他以市净率作为总体计量指标，并从人力资本、结构资本和客户资本三个维度各精选三个计量指标（其中人力资本计量指标包括知识雇员离职率、新产品占收入比例、雇员态度，结构资本计量指标包括数据库预计重置成本、运营资本周转率、销售和管理费用占收入比例，客户资本计量指标包括客户满意度、品牌价值和客户保有率），构建了智慧资本雷达图（Intellectual Capital Radar），如图5所示，图中刻度代表各个计量指标所处方位，便于企业管理层和投资者以更加直观的方式了解智慧资本的现状及其变动轨迹。

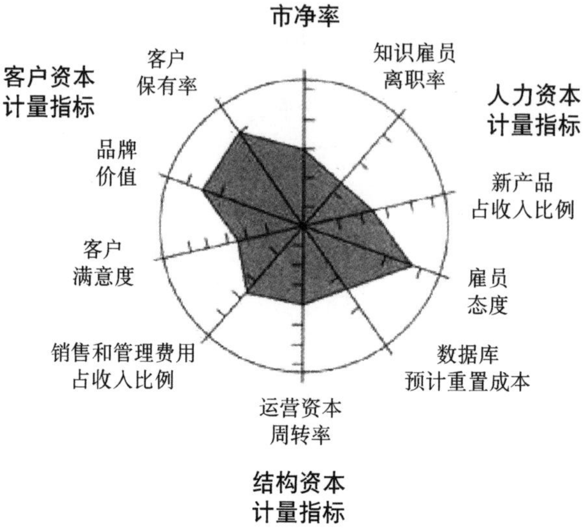

图 5 智慧资本雷达图

资料来源：Stewart（1998）。

七、无形资源报告框架

2016 年 WICI 发布的《无形资源报告框架》① 被欧洲财务报告咨询组（EFRAG）誉为迄今为止最具权威性的智慧资本披露框架。该报告框架旨在规范对企业价值创造过程至关重要的无形资源报告的原则、内容和结构以及与利益攸关者的沟通。在该报告框架中，WICI 对无形资源和智慧资本作了严格界定，论证了人力资本、结构资本和关系资本之间的相互作用关系。无形资源被定义为非实物资源，它们单独或与有形资产和其他无形资产一起，能够为组织短期、中期和长期的价值创造产生积极或消极影响。从其论述中可以看出，WICI 所界定的无形资源，相当于智慧资本。WICI 提出的无形资产报告框架部分借鉴了整合报告②（Integrated Reporting）和可持续

---

① 英文名称为 Intangibles Reporting Framework。WICI 使用 intangibles 一词而非 intangible assets，表明两者是有区别的，前者可译为无形资源，后者应译为无形资产。经过会计上确认、计量和报告的无形资源就成为无形资产，而未经确认、计量和报告的则只能称为无形资源。

② 国际整合报告理事会（IIRC）发布的整合报告将企业用于价值创造的投入资本分为六类：财务资本、制造资本、智慧资本、人力资本、社会及关系资本和自然资本，其中的智慧资本、人力资本、社会及关系资本与 WICI 的组织（结构）资本、人力资本和关系资本相对应。

发展报告（Sustainability Reporting）的理念，其对无形资源的报告框架如图6所示。

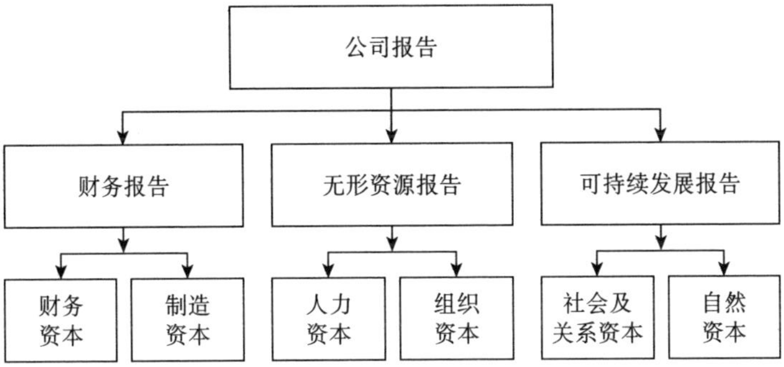

图6 无形资源报告框架

资料来源：WICI（2016）。

WICI主张以描述性信息与定量化信息（如关键业绩指标，即KPI）相结合的方式，围绕价值创造机制（Value Creation Mechanism），向利益攸关者披露智慧资本等无形资源及其与价值创造的关系。在框架结构上，WICI建议将无形资源报告分为三部分：公司的业务和价值创造概述；过去到现在的无形资源和价值创造；现在到将来的无形资源和价值创造。WICI还就无形资源报告的构成部分、典型要素和示范性KPI提供了指引，如表2所示。

表2 无形资源报告指引

构成部分	典型要素	示范性KPI
第一部分公司的业务和价值创造概述	管理理念概述： （1）指导组织业务管理的理念和政策 （2）过去业务发展是否反映管理理念 （3）管理层向谁、在多大程度上、以什么方式传导管理理念 业务概述： （1）主要业务领域和目标客户 （2）基本销售结构（B2B或B2C） （3）市场规模，主要竞争对手，公司在行业、地区和全国的地位	（1）管理原则的内部渗透程度 （2）主要业务条线的经营利润率 （3）提供相同产品或服务的竞争对手数量

续表

构成部分	典型要素	示范性 KPI
第二部分 从过去到现在的无形资源和价值创造	1. 战略 （1）产品或服务、技术领域、客户和市场的选择和集中度 （2）投资或研发领域的选择 （3）战略实施特定举措 2. 商业/业务模式 （1）公司如何将其业务、产品或服务与其他公司差异化 （2）产品或服务的系列安排 3. 作为战略资源的无形资源 （1）与供应商或客户的有利谈判能力 （2）主要产品或服务的高质量 （3）与主要利益攸关者（如金融机构和社区）的相互信任程度 （4）人力、技术和创新等组织能力和效果 4. 当前业绩 （1）地理和业务分部的财务业绩如收入、成本、利润和现金流量等 （2）重要利益攸关者如何对公司进行评价	（1）专门产品销售占销售总额比例 （2）退出不盈利业务的灵活度 （3）研发集中度 （1）研发支出占营业收入比例 （2）人力资源开发人均支出 （3）新产品比率 （1）相对于购货成本的价格弹性 （2）产品召回数 （3）客户单位售价变动 （4）信贷信心水平 （5）建议数及已实施改进建议数 （6）拥有的知识产权数及其引用 （1）客户满意度 （2）纳入社会责任指数基金情况 （3）公司形象 （4）信用等级
第三部分 从现在到将来的无形资源和价值创造	1. 营商环境变化中运用的战略与无形资源 （1）识别可能影响价值创造的机遇与挑战等环境变动的程序 （2）公司针对营商环境变化采取的战略 （3）实施上述战略的投资、行动方案和关键无形资源 （4）创造或获取无形资源以提升公司力量或弥补短板的举措 2. 风险识别与保持和改进无形资源的行动 （1）可能影响公司力量或未来业绩的关键风险因素 （2）应对风险或把握机遇运用的可持续关键无形资源 （3）风险管理程序和支持性治理结构	（1）研究成本外包比率 （2）员工平均年龄 （3）员工满意度 （4）受专利权保护的新产品数量 （5）具有经济意义剩余期限的专利数 （1）未决诉讼涉及的赔偿金额 （2）风险分散 （3）成为被收购对象的风险 （4）离职率 （5）员工满意度

续表

构成部分	典型要素	示范性 KPI
第三部分从现在到将来的无形资源和价值创造	3. 未来目标和业务可持续性 (1) 财务目标如收入、成本、利润和现金流量 (2) 管理目标如净资产收益率、总资产收益率、股东回报率 (3) 客户满意目标、员工满意目标、资本成本目标 (4) 与社会共存的前景	(1) 财务和管理目标列示的指标 (2) 客户和员工满意列示的指标 (3) 采用的社会责任指数基金 (4) 信用等级 (5) 新产品比率和新产品收入 (6) 单位客户盈利变动数

资料来源：根据 WICI (2016) 报告整理而成。

必须指出，由于资本市场监管者和会计准则制定机构均十分强调财务信息在资源配置中的引导作用，可比性自然成为重要考虑因素，因此，强制性财务信息披露在内容和格式上都受到严格规范。与此不同，智慧资本尚未受到监管部门和准则制定部门应有的关注和重视，因此，仍处于自愿性披露阶段。辩证地看，缺乏统一的披露规范也不见得是坏事，在一定程度上促成了百花齐放、百家争鸣的生动局面。这种局面固然造成可比性的缺失，但却换来了针对性的提高。在新经济时代，监管部门和准则制定部门应当顺应潮流，在智慧资本披露方面赋予企业更大的自由裁量权，鼓励更多企业自愿披露智慧资本及其对价值创造和竞争优势的贡献。唯有如此，财务信息的强制披露与智慧资本的自愿披露才能相互补充、相得益彰，共同为投资者、债权人和其他利益攸关者提供更相关的决策信息和受托责任评价信息，推动财务会计与时俱进迈入新经济时代。

（原载于《新会计》2020 年第 7 期）

参考文献：

CIMA, 2005. Understanding Corporate Value: Managing and Reporting Intellectual Capital. www. cima. org.

EDVISSON L, MALONE M S, 1997. Intellectual Capital: Realizing Your Company's True Value by Finding Its Hidden Brainpower. New York. Harper Business.

KAPLAN R S, NORTON D P, 1992. The Balance Scorecard – Measures That Drive Performance. Harvard Business Review.

LEV B, 2001. Intangibles: Management, Measurement, and Reporting. Brookings Institute Press.

STEWART T A, 1998. Intellectual Capital: The New Wealth of Organizations. New York: Crown Business.

UPTON W, 2001. Business and Financial Reporting, Challenge from the New Economy. Special Report. Financial Accounting Series. www. fasb. org.

WICI, 2016. Intangibles Reporting Framework. www. wici – global. com/framework.

新经济对财务会计的影响分析

黄世忠

【摘要】新经济与其说是一种进化，不如说是一种颠覆，因为它突破了我们的认知极限，改变了我们的生活习惯，影响了我们的工作方式，重塑了市场竞争格局，孕育了新的增长模式。会计是一种通用的商业语言，具有环境反应性的鲜明特点。新经济所处的技术背景和经营环境，遵循的竞争规则和商业模式，与旧经济迥异。环境的变迁和模式的演进，必然对财务会计产生重大影响。唯有理性地评估新经济的影响，才能有的放矢地改革和完善财务会计，使其继续肩负向使用者提供相关、可靠（如实反映）信息的重任。本文首先介绍新经济的定义和内涵，在此基础上，从会计基本假设以及确认与计量的角度，分析新经济对财务会计的影响和启示。

【关键词】新经济　财务会计　会计基本假设　确认　计量

一、新经济的定义和内涵

"新经济"一词尽管炙手可热，但迄今缺少公认的定义。同样地，对新经济的内涵，学术界和实务界也是见仁见智，存在多种不同的解读。以下着重介绍国内外文献和研究报告的一些代表性观点，试图从不同视角下的定义和内涵寻找出共识。

（一）新经济的定义

1983 年 5 月 30 日《时代》杂志刊登了 Charles Alexander 撰写的封面文

章《新经济》，用于解释以重工业为基础的经济向以新技术为基础的经济的根本转变（Alexander，1983）。维基英文百科认为，这是“新经济”第一次出现，但互联网当时尚未出现，新经济一词并不流行。1996 年 12 月《商业周刊》刊登了 Michael Mandel 的文章“新经济的胜利：全球化和信息革命的强大回报”，此后，新经济这个术语频繁出现。Mandel 在该文中将发端于经济全球化和信息革命、由科技创新驱动的经济发展模式称为新经济（Mandel，1996）。

得益于新闻媒体的一系列宣传，新经济现已成为脍炙人口的术语，但对于新经济的确切定义，学术界和实务界见仁见智，莫衷一是，各自基于自己的视角和认知，给新经济下了很多不同的定义。梳理国内外的学术文献可以发现，新经济可以从不同维度进行定义。从经济发展阶段的维度看，新经济是指相对于旧经济的新经济形态，从工业经济进化、转型为信息经济的发展现象，尤其指美国 20 世纪 90 年代由信息技术革命和经济全球化推动的经济结构转型，《商业周刊》上述定义就是基于这种维度。从经济发展特征的维度看，新经济是指“三高”（高经济增长率、高劳动生产率、高经济效益）与“三低”（低通胀率、低失业率、低财政赤字）并存、无经济周期或经济周期不明显的经济发展模式，经济学家通常从这个维度定义新经济。从经济增长动力的维度看，新经济是指主要由研究开发、品牌信誉、人力资源、客户关系等无形投资驱动，而不是依靠有形投资拉动的经济发展方式。从经济发展载体的维度看，新经济是指建立在技术进步、知识获取、创新创业基础上的经济形态。例如，《美国新经济：联邦与州》一书的作者将新经济定义为信息经济、网络经济、知识经济、风险经济的总称（阿特金森和科尔特，2000）。Zanini 在《新经济组织内部的信任》一书中，将新经济定义为“以信息通信技术作为手段和动力的一系列制度创新和新宏观经济架构”（Zanini，2007）。Kiel 世界经济协会则将新经济定义为“中间产品和最终产品主要由信息构成的经济”（转引自 Zanini，2007）。Argandona 认为新经济是以获取、处理、转化知识和信息作为核心活动的经济（转引自 Zanini，2007）。美国信息技术与创新基金会（Information Technology & Innovation Foundation，ITIF）将新经济定义为依靠知识和创新获得经济增长的发展模式（ITIF，2017）。我国近年来提出的“四新经济”，也可归属于这个维度。根据 MBA 智库百科的表述，“四新经济”指“新技术、新产业、新业态、新模式”的经济形态，是在新一代信息技术革命、新工业革命以及制造业与服务业融合发展的背景下，以现代信息技术广泛嵌入和深化应用为基础，以市场需求为根本导向，以技术创新、应用创新、模式创新为内核并相互融合的新经济形态。

上述定义视角不同，各有侧重，但也存在着一些共识性的看法，即新经济是信息技术革命和经济全球化的产物，都承认新经济是以知识、信息和创新等无形资源为主导的经济发展模式。笔者认为，新经济本质上是一种知识经济，是以智力、研发、创意、创新等无形资源为主要驱动因素，依靠信息技术进步和商业模式创新推动经济社会可持续发展的智慧型经济形态。

（二）新经济的内涵

新经济迄今尚无确切的定义，导致学术界和实务界对于新经济的内涵形成不同的看法。韩同影（2002）和孙时联（2003）认为，新经济的内涵包括信息经济、高科技经济、知识经济、人本经济①、创新经济、风险经济、创业经济、共享经济、注意力经济、全球化经济、数字经济。在学术文献和研究报告中，与新经济密切相关甚至相互替代运用的其他术语包括数字经济（Digital Economy）、共享经济（Sharing Economy）、知识经济（Knowledge Economy）和创新经济（Innovative Economy）。这四种经济形态的发展颇具规模，构成新经济的大致内涵，虽然它们难免交叉重叠，但各有侧重。笔者认为，肇始于信息革命，建立在信息通信技术进步和商业模式创新基础上的数字经济、共享经济、知识经济和创新经济，共同构成了新经济的基本内涵，如图 1 所示。

数字经济②是新经济最具代表性的发展标志。联合国在《2019 数字经济报告》中指出，数字经济有广义和狭义之分，狭义的数字经济可进一步细分为核心和非核心部分，如图 2 所示。

---

① 孙时联（2003）和韩同影（2002）提出的人本经济，是指价值创造的最大贡献者不是手握雄厚资金的资本家，而是掌握了知识和技能的“知本家”。笔者认同这种观点，进入新经济时代，智慧资本超越土地、劳动力和资本等生产要素，成为企业创造价值的重要驱动因素。

② 2016 年在杭州召开的 20 国集团首脑峰会发布的《G20 数字经济发展与合作倡议书》将数字经济定义为：数字经济是指以使用数字化的知识和信息作为关键生产要素、以现代信息网络为重要载体、以信息通信技术的有效使用作为效率提升和经济结构优化的重要推动力的一系列经济活动。

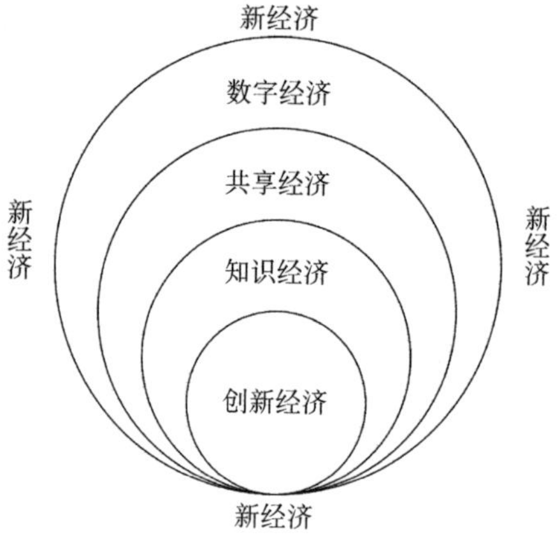

图1 新经济的基本内涵

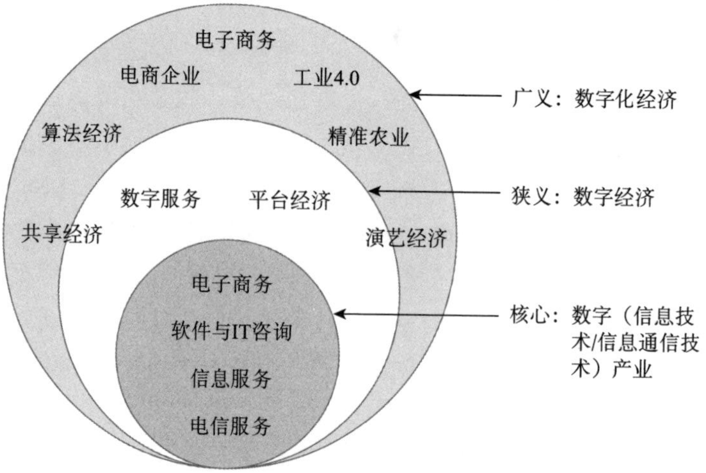

图2 数字经济的构成

资料来源：UN Digital Economy Report 2019。

按照狭义和广义的统计口径，联合国估计数字经济占全球 GDP 的比重介于4.5%至15.5%之间，其中美国6.9%至21.6%，中国6%至30%。数字经济区域发展极不平衡，美国和中国占据绝对领先地位，两国占据了全球75%的区块链专利、50%的物联网支出、75%以上的云计算市场以及全球75家数据平台公司市值的90%。中国信息通信研究院发布的《全球数字经济新图景（2019）》显示，2018年美国和中国的数字经济分别为12.34万亿美元和4.73万亿美元。

二、新经济对会计基本假设的影响分析

会计基本假设（Accounting Postulates）构成财务会计与报告的基础，高度概括财务会计（会计核算）的环境特征（葛家澍，2002）。新经济时代的经营环境和技术环境发生重大而深刻的变化，商业模式创新更是层出不穷。面对如此重大的环境变迁，旧经济时代提出的会计基本假设在新经济时代却原封不动，依然故我。到底是会计基本假设不受环境变迁的影响，还是会计界鸵鸟心态作祟，对环境变迁对会计基本假设的影响视而不见？通过对会计主体假设、持续经营假设、会计分期假设和货币单位假设逐一分析，笔者认为，新经济的环境因素已经对会计基本假设造成较大冲击和影响，有必要重新审视，不断改革完善。

（一）新经济对会计主体假设的影响

会计主体假设（Accounting Entity Assumption）规定了财务会计的空间界限，界定了财务报告的内容和边界，将会计主体与市场、其他主体以及主体的所有者严格区分开来。在旧经济时代，企业信奉的是“单打独斗闯天下”的经营理念，经营相对独立，边界泾渭分明，有形资产占绝主导地位，会计主体容易识别。而在新经济时代，“资源整合定成败”成为新的经营理念，企业基于供应链管理、价值链管理和生态网管理，普遍采用外包、众包和联盟等资源整合战略，企业的相互依存度显著提高，生产制造商、材料供应商、技术开发商、品牌代理商、产品经销商之间结成“荣辱与共”的利益共同体，“无边界组织”应运而生。刚性组织逐步被液态组织所取得，自由组合、自由流动成为新时尚，人才、技术、资本等要素可以借助数字化平台自由组合，自由流动，分工协作，优势互补，完成任务后随即解散或转手，造成企业内部与外部的边界日益模糊，会计主体的识别变得不易，甚至困难重重。

在“无边界组织”日益盛行的新经济时代，协作协同是新经济企业获取市场竞争力、提升价值创造力的关键因素。离开英特尔等芯片商、富士康等代工厂以及成千上万的APP开发商，苹果公司的创意和研发就不可能转化为受消费者青睐的iPhone和iPad等产品。同样地，阿里巴巴与在淘宝、天猫上开网店的业主和从事物流配送的企业，已经结成唇亡齿寒的“命运共同

体”。组织的液态化和平台化，导致企业的所有权与使用权加速分离，基于明晰产权和资产专用性的组织边界出现了松动（阿里研究院，2019）。在组织活力日益依赖于协作协同的新经济时代，仅仅从法律产权这一微观会计主体假设来界定财务报告的边界，所提供的财务信息显然不足以反映整个“命运共同体”或“利益共同体”的活力、实力和潜力。但这并不意味着微观会计主体假设在新经济时代没有用武之地，将微观会计主体假设弃之不用，将造成产权不明、权责不分的混乱。

新经济时代给我们的一个重要启示是，主体假设似有必要裂变为微观的会计主体假设和宏观的报告主体假设。会计主体假设与报告主体假设并行不悖，各有侧重，前者侧重于从法律产权的角度限定会计核算的边界，后者侧重于从协作协同的角度拓展财务报告的边界。主体假设裂变为会计主体假设和报告主体假设，是环境使然，就像控股公司的出现，在个别报表之外又派生了合并报表，造成了会计主体与报告主体的分离。将主体假设进一步细化为会计主体假设和报告主体假设，有助于新经济企业在提供以法律产权和控制权为基础的个别财务报告和集团财务报告的同时，逐步向供应链财务报告、价值链财务报告和生态网财务报告的方向拓展和延伸，不断丰富财务报告的内容和形式，推动财务会计由微观向中观和宏观跃升。

（二）新经济对持续经营假设的影响

持续经营假设（Going Concern Assumption）对会计计量属性的选择至关重要。如果持续经营假设成立，则表明企业持有的资产将用于正常的生产经营活动，负债也将在日常经营活动中有序逐步清偿，在这种情况下，历史成本成为资产和负债的首选计量属性。存货成本的分期结转、固定资产的定期折旧、无形资产的分期摊销，依据的就是持续经营假设。在旧经济时代，虽然企业歇业或破产时有发生，但持续经营假设高度概括出的环境特征，在大多数情况下与企业相对稳定的外部环境相吻合。

到了新经济时代，信息通信技术高频迭代，商业模式创新日新月异，市场竞争异常激烈，优胜劣汰十分残酷，VUCA（易变性、不确定性、复杂性和模糊性）无所不在，持续经营假设已经不再与变幻莫测的外部环境相契合。1995 年全世界市值最大的 5 家互联网公司，如今只有苹果依然在榜内存活[①]。柯达胶卷被索尼数码相机所灭，索尼数码相机被诺基亚手机取代，诺基亚手机被苹果 iPhone 颠覆，以及出租车被网约车压迫、旧媒体广告被新媒体广告鲸吞[②]、零售批发被电子商务碾压等残酷现实，均足以说明持续经营假设到了新经济时代已经不再是理所当然。

持续经营假设是否成立，对无形资产密集型的新经济新业态企业意义重大。相对于存货和固定资产等有形资产，研发、技术、专利、人才、客户关系、信息资源、智慧资本等无形资产，其价值更容易受到信息技术迭代和商业模式创新的影响，且企业一旦丧失持续经营能力，这些无形资产的清偿价值远低于有形资产。新经济时代给我们的一个启示是，应当采用更加严苛的标准对持续经营假设是否成立进行评估，会计计量属性的选择不应过分拘泥于历史成本，更频繁地通过计提减值准备对历史成本进行修正，更多地利用现时价值（Current Value）计量无形资产，才能促使持续经营假设更好地反映新经济时代易变性、不确定性、复杂性和模糊性的环境特征。

（三）新经济对会计分期假设的影响

会计分期假设（Accounting Period Assumption）与持续经营假设相辅相成。如果持续经营假设不成立，会计分期的必要性将荡然无存。正因为将企业视为持续经营的主体，才有必要按月度、季度和年度等形式，将企业的持续经营长河截取若干财务报告期间，以便为投资者、债权人等使用者及时了解企业在特定报告期间的经营业绩、现金流量和特定时点的财务状况。

会计分期的必要性除了与持续经营假设密切相关外，还与会计的信息化水平高度关联。在旧经济时代，企业的会计信息化水平不高，更谈不上智能化，会计分期假设高度概括了财务信息滞后性反映的环境特征。进入新经济时代，信息通信技术的发展突飞猛进，企业的会计信息化和智能化显著提升，实时会计呼之欲出。诚如张为国和王文京（2019）指出的，“企业通过

---

① 知名财经专家吴晓波认为，只有6%的企业能够活过10年。在2012年3月艾瑞咨询集团举行的第七届年度高峰会议上，摩根士丹利亚洲董事总经理季卫东指出，中国互联网公司的平均寿命只有3~5年，每一年自然死亡率高达20%~30%。

② 联合国《2019数字经济报告》的数据显示，网络广告收入占全球广告收入的比例，从2010年的15%增至2017年的38%，金额超过2000亿美元，预计2035年将超过60%。全世界在报刊方面投放的广告支出，从2000年的600亿美元降至2014年的240亿元，预计到2023年将进一步降至40亿美元。从商业模式的角度看，谷歌和脸书已经成为全球最大的广告商，2017年这两家头部企业的广告收入占全球广告收入比例竟高达20%。

交易平台、业务系统、专业网站、手工等途径采集各种数据，经云计算按多核算目的、多主体等处理，实时核算、结算、支付，实时提供财务会计、管理会计、税务会计、绩效考核等多口径，报告、分析、控制、决策和创新多层级的数据服务”。

得益于信息通信技术的赋能，会计信息化和智能化势不可挡，实时会计指日可待。在会计所处的技术环境发生颠覆性变化的情况下，会计分期是否继续作为会计假设，存在不同见解。一种观点认为，实时会计说明会计分期假设略显多余；另一种观点则认为，实时会计表明会计分期假设得到强化，会计期间的颗粒度可望进一步细化为日、时和分。笔者赞同第二种观点，新经济时代给我们的启示是，会计分期假设因信息通信技术的进步而强化，而不是弱化。在大数据时代，使用者已经不再满足于“雨后送伞式”的季报和年报，实时报告将促使会计分期进一步细化，零时滞的财务报告呼之欲出。

（四）新经济对货币单位假设的影响

货币单位假设（Monetary Unit Assumption）包含两层含义，一是会计以货币作为计量单位，二是作为计量尺度的货币保持价值不变。从价值反映的角度看，货币单位假设的第一层含义在新经济时代依然适用，货币是价值唯一可以表现的、能够量化的形式（葛家澍，2002）。另一方面，新经济给我们的一个启示是，会计只以货币作为计量单位并不足取，会极大限制新经济企业对价值创造的反映能力。在新经济时代，驱动企业创造价值的很多因素，如创意设计、品牌影响、信息资源、创新能力、团队合作、人力资本、结构资本和关系资本等无形资源，难以用货币计量，只有辅以非货币计量，这些价值创造驱动因素才能得到充分反映。对于无形资源富余、有形资产不足的新经济企业，货币计量与非货币披露并举，才是破解大量无形资源被长期排除在财务报告之外窘境的解决之道。况且，借助大数据、区块链、云计算、物联网和人工智能等信息技术的赋能，会计实现货币与实物双重计量，综合运用货币计量与非货币披露，并非天方夜谭，而是具有一定的现实可行性。备受好评的可视化财务报告的出现，证明会计完全可以从单一的静态货币计量向多维的动态多重计量发展。

至于货币单位假设的第二层含义，即使在旧经济时代也与真实的环境特征相去甚远，遑论在新经济时代，币值稳定在 VUCA 时代根本就是一种奢望。此外，对历史成本会计至关重要的币值稳定假设，到了公允价值会计日趋普遍的新经济时代，显得无关紧要。

三、新经济对确认与计量的影响分析

新经济、新技术孕育新业态、新业务。现有财务报告概念框架的确认标准和计量规则，面对蓬勃发展的新业态、新业务，水土不服，疲态毕露。确认标准和计量规则若不进行与时俱进的改革完善，甚至可能成为阻碍新经济发展的桎梏。

（一）新经济对资产定义的影响

符合报表要素定义是会计确认的重要标准之一。旧经济时代对报表要素特别是资产的定义，到了新经济时代是否合理，需要重新检视。譬如，在新经济时代发展得如火如荼的共享经济，不以拥有（Own）或控制（Control）资源为目的，资源的可接触（Accessible）、可获取（Available）和可使用（Utilizable）才是关键所在。优步和滴滴既不拥有也不控制网约车和驾驶员，但却可随时接触、获取和使用这些资源为用户提供出行服务，为股东创造价值。空中食宿在没有一间客房、一个服务员的情况下，发展成为世界上最大的酒店服务企业，靠的就是其资源整合能力。美团、饿了么在没有拥有或控制任何餐厅和服务员的情况下，发展成年营业额超过万亿元的餐饮外卖巨擘，同样说明了整合和分享资源的重要性一点不亚于拥有或控制资源。

以资源整合和资源分享为特征的共享经济，对旧经济时代提出的资产要素定义造成了巨大冲击。在 2018 年新的财务报告概念框架发布之前，不同准则制定机构对资产的定义都大同小异。例如，美国财务会计准则委员会（FASB）将资产定义为：特定的主体由于过去的交易或事项而拥有或控制的可能①的未来经济利益。该定义有两大特点，一是强调拥有或控制，二是将资产与成本分离，强调未来的经济利益，淡化获取资产实际耗费的支出。FASB 对资产的定义，代表了对资产本质认识的实质性改变，被各国奉为圭

---

① 英文表示“可能”的常用词汇包括 likely，possible，probable，more likely than not，尽管翻译成中文均为“可能”，但这些英文词汇是有差别的。likely 和 possible 表示概率小于 50% 的可能，probable 和 more likely than not 表示概率大于 50% 的概率。FASB 在定义资产时，所用的是 probable 一词，意味着企业要确认资产，必须符合“很可能带来未来经济利益”的要求。

臬（黄世忠等，2018）。国际会计准则理事会（IASB）在借鉴 FASB 定义的基础上指出：资产是指由主体控制的，由过去的事项形成、预期将为主体带来未来经济利益流入的资源。与 FASB 一样，IASB 对资产的定义也强调控制和未来经济利益，但不像 FASB 那样强调拥有。2018 年 3 月，IASB 发布了新修订的《财务报告概念框架》，对资产定义做了重大修改：资产是主体由于过去事项而控制的现时经济资源，经济资源指有潜力产生经济利益的权利（IASB，2018）。IASB 指出，“有潜力”意味着权利所产生的经济利益不需要是确定的，甚至不需要是可能（Likely）的，即使产生经济利益的可能性较低，一项权利如果满足经济资源的定义，就可视为资产。

从资产的最新定义可以看出，权利、控制和经济资源是资产定义的三大关键要素。新的资产定义不像过去那样强调经济利益的确定性，有利于新经济企业将经济利益不确定的权利确认为资产，这无疑是一大进步。美中不足的是，新的资产定义依然保留了“控制”，这无疑限制了新经济企业特别是从事共享经济的企业对资产的确认。世界智慧资本/智慧资产行动组织（World Intellectual Capital/Asset Initiative，WICI）指出，智慧资本等无形资源之所以没有在会计上得到确认，与准则制定机构在定义资产时过分强调“拥有”或“控制”有关，并建议将这两个术语改为“可获取”或“可使用”。WICI 的看法不无道理，共享经济企业主要是通过可获取或可使用的有形和无形资源创造未来经济利益的，对资源的拥有或控制已经不再是资产的核心要义。鉴此，笔者认为 IASB 最新资产定义中的“主体由于过去事项而控制的现时经济资源”，如果改为“主体由于过去事项而形成的现时经济资源”，就更加符合新经济企业整合资源的实际情况。从这个意义上说，新经济给我们的一个启示是，报表要素的定义必须与时俱进，契合企业整合和分享资源方式的发展趋势。

（二）新经济对平台资产的影响

数字平台在新经济中扮演的角色日益重要。网络效应是数字平台最显著的特征，网络效应给我们的启示是，数字平台的价值与数字平台的用户量强相关，越多的用户使用数字平台，数字平台的价值就越大，反之亦然。换言之，平台资产的价值取决于平台用户量及其使用频率。平台是阿里巴巴和腾讯最宝贵的资产，2019 年年末，淘宝和天猫平台的月活跃用户高达 8.24 亿，微信和 WeChat 平台的月活跃用户更是高达 11.65 亿。

为了支撑海量的用户，数字平台必须投入大量的人力和物力，形成了价值不菲的平台资产。目前，这些平台资产仍然按旧经济时代的思维进行会计处理，折旧和摊销不是采用年限法，就是采用工作量法，这种会计处理与数字平台的网络效应背道而驰，这是新经济遇到的新问题。既然网络效应导致平台资产越使用越有价值，平台资产不会因频繁使用而发生价值损耗，平台资产还需要计提折旧和摊销吗?

在旧经济时代，企业计提折旧和摊销，主要是为了弥补固定资产和无形资产的价值损耗。平台资产的具体组成项目，如电脑信息系统，可能会随着不断使用而发生价值减损，计提折旧合乎情理，但平台资产的整体价值却随着用户的频繁使用不断增值。因此，在对平台资产的具体组成项目计提折旧或摊销的同时，是否应当确认平台资产因网络效应带来的增值?这是值得会计界探讨的一个重大问题。如果不确认网络效应的增值，平台资产的实际价值与账面价值将渐行渐远，数字平台经营得越成功，两者的背离程度越严重。在这种情况下，如实反映焉在?

（三）新经济对收入确认的影响

新经济本质上是创新经济。技术创新和商业模式创新，催生了新业务和新业态。提供网络出行、网络购物、网络游戏等新型服务的平台企业，收入如何确认是新经济时代颇具挑战性的问题。虽然采用总额法和净额法不会对利润产生差别性影响，但对营业收入的影响却十分重大。对于很多新经济企业而言，营业收入这个利润表的首行项目（Top Line Item）比末行项目（Bottom Line Item）更加重要，因为不少新经济企业是亏损的，资本市场不可能采用市盈率（Price Earnings Ratio）对其进行估值，市销率（Price Revenue Ratio）往往成为这些新经济企业最重要的估值方法。此时，采用总额法还是净额法就有可能带来不同的经济后果。

虽然新的收入准则规定，企业应当根据其在向客户转让商品前是否拥有该商品的控制权，来判断其从事交易时的身份是主要责任人还是代理人，作为采用总额法还是净额法的依据，但这种原则导向型的规定，到了实际运用时往往不易判断。以滴滴为例，尽管表面上它只是为出行用户和网约车司机提供撮合服务的平台，从出行用户收取的费用中，只留约20%，其余80%必须付给司机，但由于我国对网约车平台的监管特别严格，一旦发生安全事故，主要的赔偿责任还是由滴滴承担。从形式上看，滴滴的客户是网约车司机，而不是出行用户，滴滴扮演着代理人的角色，应当采用净额法确认收入，但从实质上看，网约车司机和出行用户都是滴滴的客户，滴滴负责收取出行费用并承担绝大部分的信用风险和事故赔偿风险，扮演着主要责任人的角色，按总额法确认收入也有合理的成分。

电商平台面临着同样的收入确认问题。作为世界上三大电商平台，亚马逊、京东、阿里巴巴 2018 年的营业收入分别为 2329 亿美元、4620 亿元和 3768 亿元，阿里巴巴在营业收入方面垫底，但其税后利润却高达 802 亿元，远高于亚马逊的 101 亿美元和京东的 −28 亿元。三大电商的营业收入排序与税后利润排序存在如此之大的反差，主要是收入确认方法的差异。亚马逊和京东作为自营型的电商，采用总额法确认收入，而阿里巴巴作为平台型的电商，则采用净额法确认收入。由于采用不同的收入确认方法，这三大电商的财务指标（如毛利率、销售利润率、销售费用率等）缺乏可比性，增加了财务分析的难度。

至于网络游戏的收入确认，除了总额法和净额法的选择外，还涉及时点法和时期法的问题，甚至还存在着销售返利、赠送等涉及的代币、道具的公允价值计量等特殊问题。新经济时代新业务、新业态的收入确认问题，不仅给新经济企业带来重大挑战，也对准则制定机构提出严峻考验。

（四）新经济对财务分析的影响

在旧经济时代广泛应用且行之有效的一些财务分析指标如净资产收益率、市盈率和市净率，到了新经济时代开始失灵，甚至可能产生误导。1903 年杜邦公司发明的净资产收益率和杜邦分析法，是旧经济时代评价企业管理层是否有效履行对股东财务责任最常用的财务指标。进入新经济时代，继续用净资产收益率评价新经济企业管理层的经营业绩，将造成两个意外后果：一是可能诱导管理层的短期行为，迫使其减少虽有利于提升企业核心竞争力和价值创造能力但会导致短期利润下降的无形投资，如研究开发、创意设计、人才培养、专利申请、网络更新、数据收集、市场开拓、客户维护、品牌建设、流程优化等方面的支出。尽管这些支出具有明显的资本支出属性，但现行会计准则认为这些支出能够带来的未来经济利益存在重大不确定性，一般都要求将其作费用化会计处理；二是可能导致业绩评价的不公平，除了罔顾无形投资的资本化属性将这些支出费用化从而低估新经济企业的真实盈利能力外，现行会计准则对无形投资所形成的无形资产采用高于有形资产的确认标准，造成诸如数字资产和智慧资本等大量无形资产未在会计上得到确认，低估了新经济企业的净资产。在这两方面因素的共同作用下，新经济企业净资产收益率的分子和分母均严重失实，以这样的财务指标评价新经济企业管理层的经营业绩，既不公平，也不合理。

新经济企业的市盈率和市净率通常都高于旧经济企业，这种现象可以从两个因素解释。一是市场因素，投资者看好新经济企业的发展前景，或者投资者对新经济企业的非理性炒作，都可能推高其股价，从而造成市盈率和市净率高企。二是会计因素，会计准则对支出资本化的严苛要求，导致新经济将大量具有资本支出属性的无形投资费用化，低估了其盈利水平，导致其市盈率高企。同样地，会计准则对无形资源的确认标准过于严格，新经济企业大量的无形资产得不到确认，导致其市净率居高不下。新经济给我们的一个启示是，如果不剔除会计因素的影响，将新经济企业的市盈率和市净率与旧经济企业直接比较，不仅没有任何意义，而且极易产生误导。

（原载于《财会月刊》2020 年第 7 期）

参考文献：

阿里研究院，2019. 结构与重组：开启智能经济 . www. aliresearch. com.

阿特金森，科尔特，2002. 美国新经济：联邦与州［M］. 焦瑞进，刘新利，译 . 北京：人民出版社 .

葛家澍，2002. 关于财务会计基本假设的重新思考［J］. 会计研究，1：5 – 10.

韩同影，2002. 美国“新经济”的内涵［J］. 电子外贸：9 – 13.

黄世忠，黄晓韡，黄净如，王肖健，2019. 公允价值计量影响分析：基于财务报告概念框架的视角［M］. 北京：经济科学出版社 .

黄世忠，2015. 移动互联网时代财务与会计的变革与创新［J］. 财务与会计，11：3 –9.

孙时联，2003. 新经济的基本内涵［J］. 经济工作导刊：21 – 23.

张为国，王文京，2019. 从帕乔利到正在发生中的深刻会计革命——纪念乔治·H. 索特的《会计理论的“事项法”》发表 50 周年［J］. 财务与会计，24：1 –8.

中国信息通信研究院，2019. 全球数字经济新图景（2019）. www. caic. ac. cn.

ALEXANDER C P，1985. The New Economy [J]. Time Magazine，5：7 –12.

BELFO F，Trigo A，and Estebanez，2015. Impact of ICT Innovative Momentum on Real – Time Accounting [J]. Business Systems Research. Vol. 6，No. 2：1 –17.

IASB，2018. Conceptual Framework for Financial Reporting [R/OL]. www. iasb. org.

ITIF，2017. The 2017 State New Economy Index：Benchmarking Economic Transformation in the States [R/OL]. November. www. itif. rog.

MANDEL M，1996. The Triumph of the New economy：A Powerful Payoff From Globalization and the Infr Revolution [J] Business Week，12：1 –8.

UN，2019. Digital Economy Report 2019. Value Creation and Capture：Implication for Developing Countries [R/OL]. www. unctad. org.

ZANINI M T，2007. Trust Within Organization of the New Economy：Across – industrial Study. Deutscher Univetsitats – Verlag.

新经济对财务管理和管理会计的影响分析

黄世忠

【摘要】 新经济的颠覆性影响是广泛而深远的，留给我们的启示是全面而深刻的。本文基于价值创造的环境变迁，分析新经济对财务管理和管理会计的影响和启示。本文指出，在新经济时代，财务管理的重心将逐步由财务资本转向智慧资本，财务管理的对象将逐步由资本预算转向资金管理和知识员工管理，财务管理的边界将逐步超越资本纽带向业务纽带延伸，融资偏好将逐步由“先内后外，先债后股”转向“先外后内，先股后债”，管理会计的定价职能将更加凸显，数字化转型后的管理会计，其会计色彩将不断淡化，管理色彩将显著增强。

【关键词】 新经济　信息通信技术　财务管理　管理会计

一、新经济对财务管理的影响与启示

价值创造是财务管理孜孜以求的目标。在新经济时代，价值创造的驱动因素发生嬗变，要求财务管理与时俱进，不断变革和创新。以下从财务管理重心的位移、财务管理对象的变化、财务管理边界的拓展和企业融资偏好的改变等四个角度，分析新经济对财务管理的影响，指出财务管理的变革方向。

（一）新经济对财务管理重心的影响

在旧经济时代，大规模的制造模式要求企业在存货和固定资产上投入巨资，重资产、财务资本密集司空见惯，企业的价值创造严重依赖于有形资产和财务资本。在新经济时代，驱动价值创造的关键要素已经不再是有形资产和财务资本，而是无形资产和智慧资本[①]，企业的资产结构悄然发生变化，轻资产取代重资产，智慧资本密集替代了财务资本密集。在新经济时代，价值创造可视为企业在特定结构资本框架下，将人力资本作用于关系资本而产生的经济增值行为。诚如《没有资本的资本主义：无形经济的崛起》一书指出的，资本主义正向“智本主义”过渡（Haskel and Westlake，2018）。资本主义强调财务资本在价值创造和价值分配中的至高无上地位和作用，凸显了以重资产和资本密集为特征的产品经济时代企业对“资本家”的依赖，而“智本主义”则认为智慧资本才是价值创造的最重要的决定因素，主张价值分配应当向智慧资本倾斜，承认知识经济时代掌握了知识和技能的“知本家”才是价值创造的最大贡献者，而不是手握雄厚资金的“资本家”。

在价值创造环境发生如此重大变化的情况下，财务管理如果继续奉财务资本为圭臬，而无视智慧资本作为最重要生产要素的角色，不仅将导致会计信息相关性的持续恶化，而且可能使管理失焦，误导投资和管理决策，产生“重物轻人”的资源错配。新经济给我们的一个重要启示是：财务管理应当根据价值创造环境的变迁，适时调整财务管理的聚焦点，促使财务管理重心逐步从财务资本转向智慧资本，将更多注意力放在智慧资本的确认、计量[②]和管理上。

在新经济时代，企业有必要将智慧资本有机地嵌入绩效管理之中，使之与财务绩效管理浑然一体。离开智慧资本的绩效管理，如果不是本末倒置，

---

① Stewart（1998）在《智慧资本：组织新财富》一书中，将智慧资本定义为“个人与团队能够为其组织带来竞争优势的一切知识和能力的总和”，并指出智慧资本由人力资本（如专有技术、工作知识、创新能力、反思能力、应变能力等）、结构资本（如专利、版权、秘方、商标权、组织结构、规章制度等）和关系资本（企业形象、客户关系、供应商关系、政商关系、战略联盟等）所组成。

② 与财务会计拘泥于货币计量不同，管理会计在计量上富有弹性，货币计量与非货币计量结合得更好，在智慧资本的计量方面比财务会计更有前景。通过梳理学术文献可以发现，智慧资本的计量方法主要包括基于股票市值的倒轧法、基于超额收益的折现法、基于权变选择的估值法和基于构成要素的评价法。在这四种方法中，后三种方法都是管理会计的优势所在。

就是失之偏颇。梳理智慧资本相关研究文献可以发现，人力资本、结构资本和关系资本的评价尚处于探索阶段，定量和定性相结合的评价方法是比较切实可行的选择。

在智慧资本中，人力资本是最为核心的要素，因为结构资本和关系资本的价值最终都是依靠知识员工创造的。对知识员工的管理，其重要性一点不亚于对财务资本的管理。既然知识员工是价值创造的最重要决定因素，建立吸引和留住高素质知识员工的长效机制将成为新经济企业的头等大事。鉴于此，财务管理理应在以下方面发挥更大的作用：（1）完善价值分配机制，让人力资本与财务资本按贡献度参与价值分配，最大限度实现“知本家”与“资本家”之间的利益耦合。在这个方面，华为的做法值得借鉴。2018 年度华为的人力资本成本（工资福利费）为 1466 亿元，占营业收入的比例高达 20.33%，而财务资本成本（包括利息费用和按 6% 推算的股权资本成本）只有 203 亿元，仅占营业收入的 2.81%。人力资本成本超越财务资本成本的现象并非华为独有，在高科技企业中十分普遍，说明新经济时代价值分配向知识员工倾斜是大势所趋；（2）筹划员工持股方案，让知识员工分享企业经营发展的成果，最大限度实现企业利益与员工利益的有机统一。华为在这方面堪称楷模，创始人任正非只持有 1.4% 的股份，其余 98.6% 的股份由 8 万多名知识员工持有，这意味着华为 2018 年 593 亿元税后利润的权益几乎全部由知识员工享有；（3）制定税收筹划方案，在延揽高端人才时最大限度降低高薪知识员工的税负，在新经济时代，税收筹划不应仅限于流转税和企业所得税，而应延伸至个人所得税；（4）设计员工福利制度，包括为知识员工及其家人提供良好的宜居、教育和医疗条件，最大限度地减少知识员工的后顾之忧。简言之，财务管理应像过去关注资本预算和运营资本管理那样关心和呵护知识员工，因为他们才是价值创造最弥足珍贵的资产。简言之，新经济是知识和创新驱动型的经济形态，财务管理必须革除“重物轻人”的陋习，只有将工作重心从对资产资金的管理逐步转向对知识员工的管理，才能激发知识员工的创新热情，充分释放其价值创造潜力。

（二）新经济对财务管理对象的影响

在旧经济时代，“渠道为王”是企业做大经营规模的主要途径，但在新经济时代，继续耗费大量资金在物理世界布设营销渠道可能得不偿失，“渠道为王”甚至有可能沦为“渠道为亡”的悲剧。相反地，通过网络世界搭建社交、交易、支付、游戏、广告等数字化平台的方式，不仅是企业做大经营规模的捷径，而且更加符合成本效益原则，还是整合各方资源的有效手段。新经济、新业态的“野蛮增长”，平台战略功不可没。平台经济的成功经验可归纳为“流量为王，平台是金”。“流量为王”是指海量的用户可以聚集人气，提升平台的知名度和关注度，在增加访问量和交易量的同时，还可以巨大的流量作为与内容提供商和服务提供商进行讨价还价的强有力筹码。“平台是金”是指平台可以汇集信息流、资金流、人流和物流，对这些无形资源加以发掘和利用，就可以衍生出无尽的商机。

以 BAT（百度、阿里巴巴、腾讯）和 AGM（苹果、谷歌、微软）为代表的数字化平台企业，其独特的资产结构（如表 1 所示）昭示着新经济企业财务管理的对象将发生重大变化。

表 1　　BAT 与 AGM 资产结构（截至 2019 会计年度）

公司名称	百度（亿元）	阿里巴巴（亿元）	腾讯（亿元）	苹果（亿美元）	谷歌（亿美元）	微软（亿美元）
现金性资产*	2157	4447	6410	2060	1394	1365
存　货	—	—	7	41	10	21
固定资产	183	920	477	370	736	365
商誉及无形资产	262	3332	1445	—	226	498
其他资产	411	951	1201	914	393	617
资产总计	3013	9650	9540	3385	2759	2866
现金性资产占比	72%	46%	67%	61%	51%	48%

注：*包括现金及现金等价物以及高变现能力的金融资产和权益投资。

现金性资产之所以成为 BAT 和 AGM 的最大资产项目，是因为它们都是平台型企业，具有无与伦比的资金流吸附能力。如何对这些巨额资金进行有效管理，将成为平台型企业财务管理的中心工作，资金调度、资金增值、资金安全无疑是这类企业财务管理的重要对象。推而广之，如何对数字化平台汇集的信息流、资金流、人流和物流进行挖掘、开发、分析和利用，是新经济时代财务管理大有作为的领域。对于平台型企业而言，财务管理的传统对象如营运资本管理和资本预算等，其重要性将退居其次，因为存货和固定资产的比重微不足道。

除了资产结构与旧经济企业存在重大差异外，新经济企业还存在着大量的表外资产，应当纳入财务管理的范畴。研究开发、创意设计、人才培养、专利申请、系统更新、数据收集、市场开拓、客户维护、品牌建设、流程优化等方面的支出，对于新经济企业提升市场竞争力和价值创造能力至关重要。尽管这些支出具有资本支出的属性，但现行会计准则认为这些支出能够带来的未来经济利益存在重大不确定性，一般都要求企业将其作费用化处理，造成这些资本支出所形成的大量价值连城的无形资产没有在报表上得到确认。虽然财务会计不认可这些表外无形资产，但资本市场在估值时却予以承认，导致新经济企业股票市值与账面净值之间的差异显著高于旧经济企业，如表 2 所示。

表 2　　新旧经济十大市值上市公司 2019 会计年度相关财务指标　单位：亿美元

	公司名称	营业收入	税后利润	资产总额	股东权益	股票市值	市净率
新经济十大市值上市公司	苹果（Apple）	2602	553	3385	905	13271	14.66
	微软（Microsoft）	1259	392	2866	1023	12041	11.77
	谷歌（Google）	1619	343	2759	2014	9238	4.59
	亚马逊（Amazon）	2805	116	2252	621	9162	14.75
	脸书（Facebook）	707	185	1334	1011	5853	5.79
	阿里巴巴（Alibaba）	562	120	1383	882	5670	6.43
	腾讯（Tencent）	547	139	1368	701	4609	6.57
	英特尔（Intel）	720	210	1365	777	2692	3.47
	威瑞森通信（Verizon）	1319	198	2917	628	2513	4.00
	思科（Cisco）	519	116	978	336	2111	6.28
	合　计	12659	2372	20607	8898	67160	7.55
旧经济十大市值上市公司	沙特阿美（Saudi Aramco）	2949	882	3984	2790	18810	6.74
	伯克希尔（Berkshire）	3284	818	8177	4286	5569	1.30
	摩根大通（Morgan Chase）	1156	364	26899	2613	4564	1.75
	维萨卡（Visa）	230	121	726	347	4077	11.75
	强生（Johnson & Johnson）	821	151	1577	585	3912	6.57
	沃尔玛（Walmart）	5199	201	2365	816	3507	4.29
	美国银行（Bank of America）	912	274	24299	2648	3395	1.28
	宝洁（Procter & Gamble）	677	40	1151	459	3141	6.84
	雀巢（Nestle）	932	130	1320	545	3114	5.71
	工商银行（ICBC）	1240	454	43160	3856	3004	0.78
	合　计	17400	3435	113680	18945	53093	2.80

从表2可以看出，尽管旧经济十大市值上市公司在营业收入、税后利润、资产总额和股东权益方面均远超新经济十大市值上市公司，但其股票市值却大为逊色。相对于旧经济十大市值上市公司2.80倍的平均市净率，新经济十大市值上市公司高达7.55倍的平均市净率说明新经济企业的表外资产问题特别突出。这些表外资产如数字资产、智慧资本等才是价值创造的动力源泉，理应成为新经济时代财务管理的重心，亟须财务人员持续跟踪和有效管理。

（三）新经济对财务管理边界的影响

新经济时代是“资源整合定成败”的年代，外包、众包、联盟、平台等战略广泛应用，生产制造商、材料供应商、技术开发商、品牌代理商、产品经销商之间结成了利益共同体。企业之间相互依存度的显著提高，导致企业之间的边界日益模糊和扩大，企业管理和财务管理已经超越了传统的企业边界。以单个企业或企业集团为边界的传统财务管理模式面临巨大的挑战，亟待变革。以生产制造商为例，即使其预算管理、成本控制、定价策略、资金管控、税务筹划、绩效考核、危机管理等财务管理工作做得再好，但与其合作配合的材料供应商、技术开发商、产品代理商、品牌策划商没有做好相应的财务管理工作，生产制造商的核心竞争力和价值创造能力也将受到重大影响。

在新经济时代，财务管理的边界由单个企业或企业集团延伸到整个供应链、价值链和生态网，是大势所趋、环境使然。如何以资源整合为契机，在只有业务关系而没有资本纽带的情况下，构建崭新的供应链财务管理、价值链财务管理和生态网财务管理，是新经济时代财务管理必须直面的重大创新问题。近年来，供应链管理、价值链管理、生态网管理风生水起，外包、众包、众筹、联盟等资源整合如火如荼，与此形成鲜明对照的是财务管理依然故我，岿然不动，说明财务管理创新已经落后于企业管理创新。财务人员不能安于现状，而应奋起直追，不断拓展和延伸财务管理边界，使其与不断扩张的管理边界保持同步。

（四）新经济对企业融资偏好的影响

Meyers和Majluf（1984）基于信息不对称的情景，提出了著名的优序融资理论（Pecking Order Theory），指出企业的融资选择通常遵循“先内后外，先债后股”的顺序。企业的融资偏好除了受到所得税抵扣规定（利息可税前抵扣、股利不可税前抵扣）和投资项目不确定性影响外，还与银行的信贷决策因素有关。其他条件保持相同，银行一般更倾向于向现金流量充裕或有有形资产作为抵押的企业发放贷款。与旧经济企业不同，很多新经济企业特别是初创型中小高科技企业，现金流量往往入不敷出，可供抵押的有形资产捉襟见肘，而银行又不接受无形资产抵押，融资难、融资贵的窘境成为制约其发展的瓶颈。对于这类企业而言，“先内后外、先债后股”的融资偏好有可能变成“先外后内、先股后债”。

Wind 数据显示，技术密集型的创业板上市公司 2018 年末的平均负债率只有 39.88%，远低于上市公司（不含金融机构）60.66% 的平均负债率，更低于国有企业 64.69% 的平均负债率。技术密集型中小企业的低负债率现象，既可能是银行歧视性政策所致，也可能是企业融资偏好使然，或者两者兼而有之。成百上千企业排队等候发行新股的现象，从另一个侧面说明我国企业特别是中小科技企业在融资偏好上更倾向于股权融资，而不是债务融资。

新经济企业融资偏好的改变，给财务管理带来机遇和挑战。在初创、开发、成长和成熟等不同企业发展阶段，如何优选和匹配种子基金、天使基金、早期风险资本、后期风险资本和新股发行，都是财务管理可以积极作为的领域。但是，新经济企业引入风险资本和发行新股时，如何进行合理的估值也充满挑战性。偏重财务业绩的传统估值方法，如市盈率法、未来现金流量折现法，对于还处于“烧钱”和亏损状况但拥有庞大用户群、市场和技术前景广阔的新经济企业而言可谓风马牛不相及。只有针对新经济企业的经营和财务特点，开发出有创新理论支撑的估值模型和估值方法，才能够在新经济时代做出优化的投融资决策。基于梅特卡夫定律①（Metcalf's Law），综合考虑了用户数量、商业模式、市场地位、技术先进性等变量的估值模型，为财务管理创新估值模型和方法提供了有益的借鉴和启示，值得财务人员充分关注。

---

① 以太网发明者、3Com 公司创始人 Robert Metcalf 在 1993 年提出了著名的网络价值随着用户数量平方数的增加而增加的论断，即 $V = K \times n^2$，其中的 K 代表变现系数，n 代表用户数量，俗称梅特卡夫定律。

二、新经济对管理会计的影响与启示

与财务管理一样，管理会计也直接参与价值创造。新经济时代的制造模式与旧经济时代相比发生了显著变化，直接影响了价值创造的方式方法，客观上要求新经济企业对管理会计的决策功能重新进行定位。此外，得益于新经济时代信息通信技术的创新动能，管理会计日趋数字化和智能化，管理会计的角色将发生蜕变，其会计色彩逐步弱化，管理色彩显著增强。

（一）智能化制造推动管理会计职能演变

信息通信技术特别是5G商用、工业互联网和工业机器人的迅猛发展，将开启制造业新纪元，大规模、标准化生产的传统制造模式将逐步被小批量、个性化订制的智能制造模式所取代。制造模式的颠覆性变革，对管理会计的传统职能产生重大冲击，必将推动管理会计职能的演变。

智能制造模式的下列三个特点将对管理会计产生重大影响，客观上要求管理会计求新求变以适应新的制造模式。智能制造模式的一个显著特点是个性化小批量订制，对成本核算精细化的严苛要求前所未有，直接成本必须及时按最小颗粒度（每笔订单甚至每项作业）采集、计算和分析，间接成本必须按其与每笔订单的因果关系精确分摊，才能为每笔个性化订单的差异化定价决策提供及时、精细、准确、多维的成本核算信息；智能制造模式的另一个特点是脱媒化营销，企业绕过中间商，直接与客户打交道（典型的B2C），定价权不再由渠道而是由厂商掌控，再加上定制化而不是标准化制造，意味着管理会计必须在定价方面扮演核心角色，基于及时性和精细化成本核算的定价决策支持，为每个客户和每笔订单实行差异化定价，将成为管理会计的核心功能（黄世忠，2015）；智能制造模式的第三个特点是网络化协作，每一件产品甚至每一个零部件的研发、设计、生产都需要生产制造商与技术开发商、材料供应商、品牌策划商通力合作、协同配合，这就要求管理会计更多地关注整个供应链、价值链和生态网的协同效应分析，促使企业通过分工协作，优势互补，相互赋能，实现轻资产、去库存、低成本、快周转、高回报的财务目标。

（二）数字化转型加速管理会计角色蜕变

大数据、云计算、区块链、物联网、人工智能等新一代信息通信技术，特别是功能强大的物联网和日臻成熟的财务共享中心，不仅将为作业成本法（ABC）和平衡计分卡（BSC）等管理会计方法的落地、普及和推广奠定坚实的技术和数据基础，大幅降低流程再造的成本，而且将从根本上推动管理会计的数字化转型（Digital Transformation）。数字化、智能化、实时化、决策型将成为管理会计未来的重要发展趋势，管理会计与数据管理将实现高度融合、无缝对接，财务信息、市场信息、经营信息、技术信息相互交融，相互印证，管理会计的会计色彩将逐步淡化，管理色彩将显著增强，会计与管理的边界将日益模糊。张为国和王文京（2019）指出，提供事后、事中、事前三个时态，展现、分析、控制、决策与创新五个层级，覆盖企业业务与资产经营全过程的更高价值的全面数据服务，将是“事项法”会计革命的产物。笔者认为，在提供全面数据服务的同时，深度参与决策管理将是新经济时代管理会计的核心价值所在。

信息通信技术的迅猛发展促进了信息流、资金流和物流的高效流动，在降低交易成本的同时，也加剧了市场的波动性，旧经济时代相对稳定、可预期的市场环境逐渐被新经济时代动态多变、难以预测的市场环境所取代，熊彼得所说的破坏性创新成为新常态，企业随时都可能因为新技术或新商业模式的出现而被无情淘汰。面对新经济时代动态多变的市场环境，实时反应、高效决策变得尤为重要。2002 年，麦肯锡咨询公司提出了“现时经济”（Now Economy）或“实时经济”（Real - time Economy）的概念，指出企业应当借助信息通信技术建立实时报告（Real - time Reporting）系统，在决策过程中以零时滞的方式对内外环境变化做出反应。Belfo 等（2015）指出，信息通信技术的颠覆性创新使实时报告和实时会计（Real - time Accounting）成为可能，并由此导致财务会计、财务管理和管理会计的重大变革，如图 1 所示。

从管理会计的角度看，实时报告和实时会计将促使管理会计在业务流程优化、数据时效提升、内外数据共享、决策智能化、企业架构整合等方面发挥更重要的作用，日趋数字化和智能化的管理会计将以更加高效、更加精细、更加动态的方式参与战略规划、预算编制、决策执行、业务控制和绩效评价等管理决策。

在大数据时代，管理会计与数据分析的融合将日益紧密，首席财务官（CFO）、首席信息官（CIO）和首席架构官（CAO）的角色交叉、互为依赖成为常态化。在管理会计师向大数据分析师转变的趋势下，管理会计队伍的

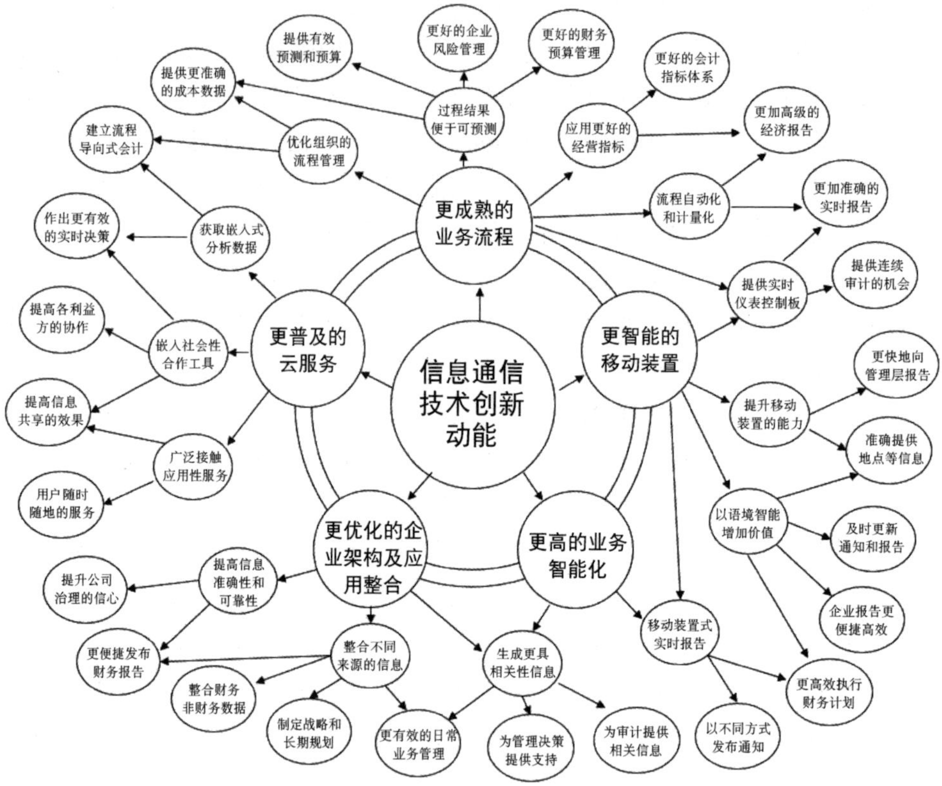

图1　信息通信技术对实时会计和管理变革的影响

资料来源：Belfo 等（2015）。

人才结构和知识背景将发生深刻变化，不仅需要精通会计的专业型人才，更需要谙熟信息技术、工程、业务和市场等方面的复合型人才。单一知识背景的低端管理会计岗位将大面积被信息技术所替代，复合知识背景的高端管理会计岗位将备受青睐。唯有不断优化人才结构，合理搭配知识背景，管理会计才能顺利实现数字化转型，以应对 VUCA（易变形、不确定性、复杂性、模糊性）时代的挑战。

（原载于《中国管理会计》2020 年第 2 期，《中国社会科学文摘》2020 年第 11 期重点转载）

参考文献：

黄世忠，2015. 移动互联网时代财务与会计的变革与创新［J］. 财务与会计，11：3-9.

张为国，王文京，2019. 从帕乔利到正在发生中的深刻会计革命——纪念乔治·H. 索特的《会计理论的“事项法”》发表50周年［J］. 财务与会计，24：1-8.

BELFO F，TRIGO A，Estebanez，2015. Impact of ICT Innovative Momentum on Real - Time Accounting［J］. Business Systems Research. Vol. 6 No. 2：1-17.

HASKEL J，WESTLAKE S，2018. Capitalism without Capital：the Rise of the Intangible Economy［M］. Princeton：Princeton University Press.

MAYERS S C，MAJLUF N S，1984. Corporate Financing and Investment Decisions When Firms Have Information That Investors Do Not Have［J］. Journal of Financial Economics：9-17.

STEWART T A，1998. Intellectual Capital：The New Wealth of Organizations［M］. New York：Crown Business.

解码华为的“知本主义”

——基于财务分析的视角

黄世忠

【摘要】华为作为知识密集型的高科技企业，知识资本是其提升核心竞争力和价值创造能力的关键驱动因素。本文基于财务分析的视角，用会计数据说话，首先介绍华为非凡的价值创造能力，其次剖析华为价值创造的关键驱动因素，再次分析知识资本在华为价值分配中的核心地位，最后是初步结论与启示，以期解读造就华为辉煌的“知本主义”价值分配机制。

【关键词】价值创造　价值分配　知识资本　知本主义　财务分析

华为成功的秘密何在？答案众说纷纭。有人将华为的成功归因于任正非远见卓识的企业家精神，有人将其归因为华为对研发和创新的执着追求，也有人认为是华为独特的企业文化铸就了华为的辉煌，还有人坚称价值分配的创新性实践成就了华为的高质量发展。这些看法都不无道理。从财务分析的角度看，笔者比较认同价值分配观。价值分配是财务会计的三大功能之一（其余两大功能为投资信贷决策和受托责任评价），财务报表捕捉了价值评价和价值分配信息，映射出企业的价值分配观。

《华为公司基本法》起草人之一杨杜教授 2017 年撰写了一篇文章，从“知本主义”企业机制的角度，深刻剖析了华为获得巨大成功的秘密。他根据任正非的“三不依赖”观点（即企业只有摆脱对人才的依赖、对资金的依赖、对技术的依赖，才能从必然王国走向自由王国），提出知识资本化机制是华为获取成功的关键。华为通过精心构建的“知识资本平台”，汇集行业精兵良将，利用这个平台将知识转化为价值。离开了这个平台，这些人才不一定有所发展，即使有所发展，也不一定比在华为这个平台发展得好。该文接着介绍华为在价值评价和价值分配方面的创新思维和实践，得出不断完善的“知本主义”企业机制才是造就华为基业长青的根本原因的结论。

本文基于财务分析的视角，用会计数据解码华为的“知本主义”。必须说明的是，本文使用的“知本主义”不同于“智本主义”。“智本主义”强调的是智慧资本（Intellectual Capital），而“知本主义”强调的是知识资本（Knowledge Capital）。智慧资本包括人力资本（Human Capital）、结构资本（Structural Capital）和关系资本（Relation Capital），其中的人力资本相当接近于知识资本，可见，知识资本只是智慧资本的一个组成部分。知识资本的使用成本和价值分配，目前已经在财务会计的反映范畴之内，数据可以获取，便于量化分析，而结构资本和关系资本迄今尚无公认的量化方法，在财务会计中难寻踪影。

一、华为非凡的价值创造能力

企业的价值创造可以从多个维度评价。传统上，对价值创造的评价侧重于利润，但华为对价值创造的评价则强调收入、利润和现金流并重。任正非早在 2006 年就指出：“考核要关注销售收入、利润和现金流，三足鼎立，支撑起公司的生存发展。单纯的销售额增长是不顾一切的疯狂，单纯地追求利润会透支未来，不考核现金流将导致只有账面利润。光有名义利润是假的，没现金流就如同没米下锅，几天等不到米运来就已经饿死了。”这种三足鼎立的价值评价体系，强调的是高质量发展和可持续发展，统筹兼顾了当下与未来、数量与质量、速度与高度的辩证关系，值得学习借鉴。正因为有了这种正确的价值评价导向，华为过去十年的营业收入、税后利润和现金流量在规模和增速上堪称完美，如图 1 和图 2 所示。

从图 2 可以看出，华为过去十年经营活动创造的现金净流量无一例外地均高于其税后利润，表明其盈利质量非常高，没有水分，绝非纸面富贵，而是有真金白银加以背书。

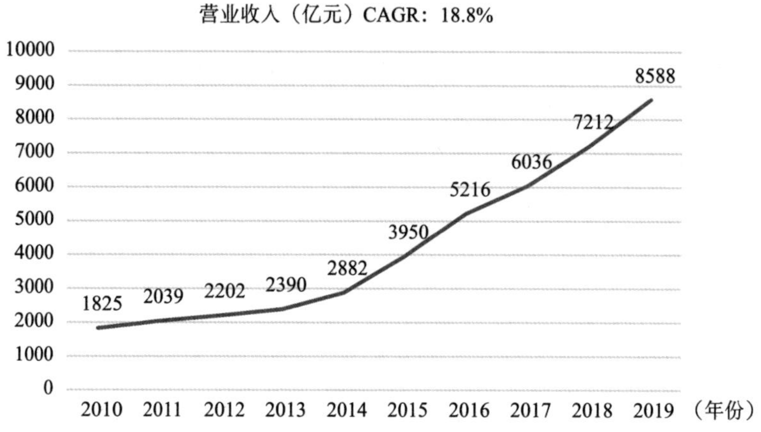

图1 华为创造的营业收入和年均复合增长率

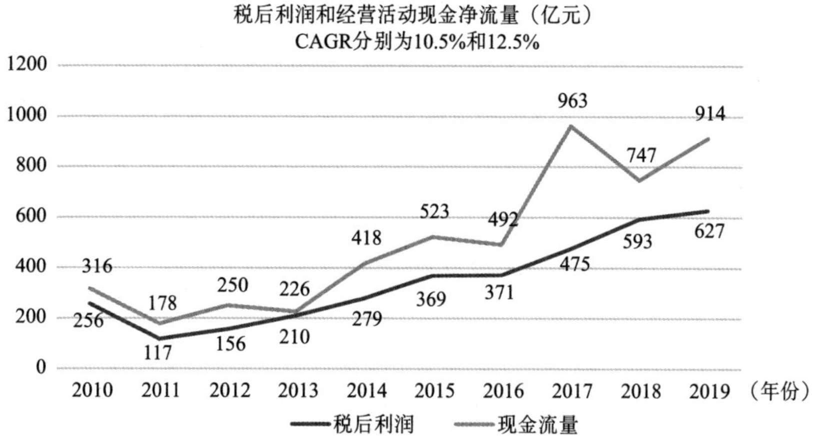

图2 华为创造的税后利润和经营性现金流量以及年均复合增长率

与会计学不同，经济学认为净利润并不代表企业为股东创造了价值，因为净利润没有扣除股权资本成本。因此，经济学约定俗成的看法是，只有EVA（经济增加值）大于零，才代表价值创造；EVA小于零，代表价值毁损。EVA的计算方法有很多，基于成本效益的考虑，笔者历来主张采用以下的简易计算方法：

EVA＝净利润－股权资本成本

EVA＝净利润－（年末股东权益－当年税后利润）×股权资本成本率

股权资本成本率可通过中长期银行贷款利率略微上浮的方式确定，假定过去十年华为的股权资本成本率为6%，则华为的EVA如表1所示。

表 1　　华为 EVA 测算表　　单位：亿元

年度	股东权益余额	当年税后利润	当年占用股东资金	按 6% 测算资本成本	经济增加值（EVA）	EVA 占税后利润比
2010	694	256	438	26	230	92%
2011	662	117	545	33	84	72%
2012	750	156	594	36	120	77%
2013	863	210	652	39	171	81%
2014	1000	279	721	43	236	85%
2015	1190	369	821	49	320	87%
2016	1401	371	1039	62	309	83%
2017	1756	475	1281	77	398	84%
2018	2331	593	1738	104	489	82%
2019	2955	627	2328	140	487	78%
合计	—	3453	—	609	2844	82%

从表 1 可以看出，在过去十年里，华为的 EVA 每年均显著大于零，表明其具有非凡的价值创造能力，EVA 占税后利润的平均比例高达 82%，从另一个侧面印证了华为盈利的高质量。该比例越高，说明税后利润受会计不合理规则（计算税后利润时假设股权资本零成本）的影响越小，越能够彰显企业管理层为股东创造的真实价值。

较之于华为，2019 年三大电信公司和三大石油公司的 EVA 占税后利润的比例相形见绌，如图 3 所示。联通、中石油和中石化的 EVA 占比均为负数，说明这三家公司 2019 年并没有为股东创造价值。移动、电信和中海油的 EVA 占比虽然为正，但比例远低于华为。以移动为例，38% 的 EVA 占比说明每实现 100 元的税后利润，有 62 元是因为会计上确定利润时假定股权资本成本为零的不合理、不科学造成的，与管理层的贡献无关，管理层的贡献只有 38 元。

对于华为这类高科技公司而言，利润和 EVA 的高低深受研发费用（R&D）这一斟酌性支出（英文为 Discretionary Expenditure，指企业管理层具有很大自由裁量权的支出，是否支出、支出多少、何时支出由管理层说了算，故有时成为企业调节利润的手段）的影响。表 2 列示了华为过去十年研发费用及其占营业收入和净利润的比例。

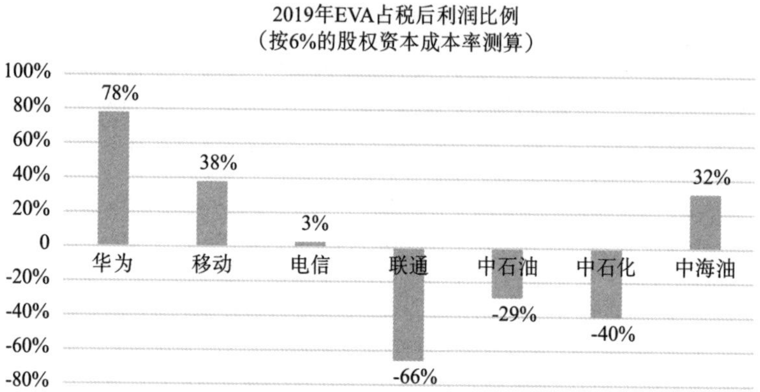

图3　华为与三大电信公司和三大石油公司EVA占比

表2　华为研发费用及其占比　　单位：亿元

年份	研究开发费用	营业收入	研发费用占营业收入比	税后利润	研发费用占税后利润比
2010	166	1825	9.10%	256	67.21%
2011	237	2039	11.62%	117	204.31%
2012	297	2202	13.49%	156	192.86%
2013	316	2390	13.22%	210	150.48%
2014	408	2882	14.16%	279	146.24%
2015	586	3950	14.84%	369	158.81%
2016	764	5216	14.65%	371	205.93%
2017	897	6036	14.86%	475	188.84%
2018	1015	7212	14.07%	593	171.16%
2019	1317	8588	15.34%	627	210.05%
合计	6003	42340	14.18%	3453	173.85%

从表2可以看出，过去十年华为的平均研发投入强度高达14.18%，研发费用占税后利润的平均比例高达173.85%。这两个比例如此之高，一方面说明华为的账面利润严重低估了其价值创造能力，另一方面说明华为不存在片面追求利润而透支未来的短期行为。恰恰相反，华为基于长远发展的考虑，过去十年投入了6003亿元的研发费用，在全球形成了8.5万多件的技术专利，专利数中国第一，世界领先，为华为的可持续发展奠定了坚实的技术基础。

必须说明的是，以上的价值创造评价仍然停留在微观层面，严重低估了华为真实的价值创造能力。华为的薪酬体系包括工资、奖金、TUP（时间单位计划）和虚拟股份分红4部分，考虑到会计上的账面净利润不能反映价值创造的全貌，华为的奖金不是按照账面净利润计算的，而是按虚拟利润法计算，虚拟利润的计算公式如下：

虚拟利润＝实发工资奖金总额＋增支的投资性费用×（1－所得税税率）＋经济增加值

可见，工资和投资性费用（如研发费用）已成为价值创造评价的干扰项，只有予以还原，才能更加准确地反映价值创造的原貌。

笔者认为，要全面反映华为的价值创造能力，必须诉诸宏观利润表。这将在第三部分做进一步的介绍。该部分的数据显示，华为过去十年为社会创造的价值（13840亿元）远远大于其为股东创造的价值（3453亿元）。

二、华为价值创造的驱动因素

以上分析表明，华为具有非凡的价值创造能力。接下来的问题是，驱动华为卓越价值创造能力的关键因素是什么？传统上，经济学理论认为土地、劳动力和资本是最重要的生产要素，是价值创造的源泉。进入知识经济时代，我们才意识到，知识才是价值创造的关键驱动因素。华为《基本法》第十六条明确指出，劳动、知识、企业家和资本创造了公司的全部价值。这种价值创造观折射出华为知识密集的特点。2019年年报显示，华为现有19.6万名员工，9.6万人从事研究开发，占总人数的49%，其中约1.5万人从事基础研究，包括700多位数学博士、200多位物理和化学博士、5000多位工学博士，加上其他岗位的，博士过万名，有硕士学位的更是不计其数。这种高学历、高素质的员工队伍结构，决定着他们从事的主要是复杂的知识劳动，生产人员只占15%，真正在流水线上完成作业功能的不到10%（黄卫伟，2014）。因此，劳动、知识、企业家和资本等四个因素，实际上可简化为知识和资本这两个关键驱动因素。换言之，华为的员工可分为两大类：“出知者”和“出资者”。华为实行员工持股计划，104572名员工持有华为100%的股权，占全部员工的53%，可见，华为的“出知者”与“出资者”高度重叠。

华为的会计信息显示，价值创造的最大贡献者是“出知者”，而不是

“出资者”。如表2所示，过去十年EVA占税后利润的平均比例高达82%。这意味着，华为每创造100元的价值，“出资者”的贡献仅占18%，而“出知者”的贡献高达82%。值得说明的是，计算EVA和税后利润时，已经扣除了利息费用，因此，即使考虑债权资本因素，也不会改变“出知者”才是华为价值创造最大贡献者这一事实，知识是华为价值创造的关键驱动因素毋庸置疑。

正是认识到知识在华为价值创造中的核心作用，华为《基本法》第九条提出：我们强调人力资本不断增值的目标优先于财务资本增值的目标，核心是知识资本的增值。这在华为的会计信息中得到了体现，如表3所示。从表3可以看出，华为过去十年为知识资本支付的成本（在会计上体现为工资福利）高达9205亿元，比财务资本成本（债权资本和股权资本成本之和）多出7.23倍，知识资本成本占营业收入的平均比例比财务资本成本占营业收入的平均比例高出7.35倍。这两组数字再次说明：知识资本才是华为价值创造的决定性驱动因素，财务资本在华为的价值创造中仅仅扮演着次要的角色，华为的核心竞争力和价值创造能力来自“知本家”，而非“资本家”。

表3　　华为知识资本成本与财务资本成本对照表　　单位：亿元

年份	知识资本成本	知识资本占营业收入比	债权资本成本	股权资本成本	财务资本成本合计	财务资本占营业收入比
2010	314	17.2%	28	26	54	3.0%
2011	394	19.3%	67	33	100	4.9%
2012	474	21.5%	18	36	54	2.5%
2013	525	22.0%	14	39	53	2.2%
2014	718	24.9%	47	43	90	3.1%
2015	1008	25.5%	69	49	118	3.0%
2016	1219	23.4%	81	62	143	2.7%
2017	1403	23.2%	49	77	126	2.1%
2018	1466	20.3%	63	104	167	2.3%
2019	1684	19.6%	74	140	214	2.5%
合计	9205	21.7%	510	609	1119	2.6%

三、华为尊重知识的价值分配

以上分析表明，华为本质上是知识密集型企业，而不是资本密集型企业。华为当然也不是劳动密集型企业，因为劳动密集型企业不可能人均创造438万元的营业收入和32万元的税后利润（均为2019年的数据），当然也不可能支付人均86万元的工资福利。根据知识密集的企业特点，华为探索出知识资本化和股权动态化的创新性价值分配机制，较好地实现了按“知”分配和按“资”分配的有机结合。知识资本化是指根据员工运用知识为华为创造价值的贡献享受相应回报（包括工资奖金和虚拟股份分红），股权动态化是指员工一旦不能利用其知识为华为创造价值，就必须按每股净资产将虚拟股份回售给华为，让有能力创造价值的后来者有机会参与虚拟股份计划，以保持公司活力、彰显奋斗精神。华为《基本法》第十七条提出，用转化为资本的形式，使劳动、知识以及企业家的管理和风险的累积贡献得到体现和报偿。劳动创造价值，知识也能创造价值，而且比劳动的价值创造率更高（杨杜，2017），华为的劳动大多是知识劳动，而不是一般的简单劳动。因此，华为的价值分配体现了按“知”分配为主，按“资”分配为辅的特点。这在华为的宏观利润表中得到了深刻的体现。

利润表有微观和宏观之分，前者反映企业为股东创造的价值，后者反映企业为社会创造的价值。对微观利润表进行简单移项，便可推导出能够反映价值创造和价值分配的宏观利润表。

微观利润表：收入－成本－工资费用－利息费用－税收费用＝税后利润（等式1）

宏观利润表：收入－成本＝工资费用＋利息费用＋税收费用＋税后利润（等式2）

等式2的左边，即收入减去除工资费用、利息费用和税收费用外的所有成本和费用，代表企业在一定会计期间为社会创造的价值总量，等式2的右边代表企业为社会创造的价值总量如何在人力（知识）资本提供者、债权资本提供者、公共服务提供者、股权资本提供者之间进行分配。表4列示了华为过去十年的宏观利润表。

表 4　　华为宏观利润表　　单位：亿元

	价值创造			价值分配			
	营业收入	成本费用	价值总额	工资福利	利息费用	税收费用*	税后利润
2010 年	1825	1189	636	314	28	38	256
占比	—	—	100%	49.4%	4.4%	6.0%	40.2%
2011 年	2039	1453	586	394	67	8	117
占比	—	—	100%	67.2%	11.4%	1.4%	20.0%
2012 年	2202	1526	676	474	18	28	156
占比	—	—	100%	70.1%	2.7%	4.1%	23.1%
2013 年	2390	1599	791	525	14	42	210
占比	—	—	100%	66.4%	1.8%	5.3%	26.5%
2014 年	2882	1786	1096	718	47	52	279
占比	—	—	100%	65.5%	4.3%	4.7%	25.5%
2015 年	3950	2453	1497	1008	69	51	369
占比	—	—	100%	67.3%	4.6%	3.4%	24.7%
2016 年	5216	3475	1741	1219	81	70	371
占比	—	—	100%	70.0%	4.7%	4.0%	21.3%
2017 年	6036	4023	2013	1403	49	86	475
占比	—	—	100%	69.7%	2.4%	4.3%	23.6%
2018 年	7212	4947	2265	1466	63	143	593
占比	—	—	100%	64.7%	2.8%	6.3%	26.2%
2019 年	8588	6049	2539	1684	74	154	627
占比	—	—	100%	66.3%	2.9%	6.1%	24.7%
合计	42340	28500	13840	9205	510	672	3453
占比	—	—	100%	66.5%	3.7%	4.9%	24.9%

注：*只包括企业所得税，不包括属于价外税的增值税。

从表 4 可以看出，过去十年，华为将为社会创造的 13840 亿元价值中的 9205 亿元以工资福利等形式，分配给“出知者”，占比高达 66.5%，而归属于“出资者”的税后利润仅占 24.9%。考虑到 53% 的知识员工参与持股计划，“出知者”分配的价值比例约为 79.7%（66.5% +24.9% ×53%）。

值得说明的是，华为的价值分配不局限于经济利益。华为《基本法》第十八条提出：公司可分配的价值，主要为组织权力和经济利益。前者包括股权、职权、机会等，多为“无形价值”部分，后者包括工资、奖金、津贴、红利、福利等，多为“有形价值”。可见，“出资者”享受的更多是认股权、职权和机会等无形价值。

横向比较进一步凸显出华为按“知”分配的特色，如表5所示。从表5可以看出，华为与其竞争对手爱立信和诺基亚在价值分配上均明显向“出知者”倾斜，中国石油是典型的资源垄断型的国企，其创造的价值一半以上以税收（其中消费税和资源税高达1894亿元）的方式分配给政府，工商银行信奉的显然是“资本为王”，在价值分配上偏向“出资者”（储户和股东），从事房地产开发的万科股份在价值分配上既要考虑股东的利益，也要顾及政府的利益。

表5　　　　华为与对比公司的宏观利润表

2019会计年度	价值创造		价值分配			
	营业收入	成本费用	工资福利	利息费用	税收费用	税后利润
华为（亿元）	8588	6049	1684	74	154	627
	2539		66.3%	2.9%	6.1%	24.7%
爱立信（亿克朗）	2272	1431	727	27	69	18
	841		86.4%	3.2%	8.2%	2.1%
诺基亚（亿欧元）	233	156.4	72	3	1.4	0.2
	76.6		94.0%	3.9%	1.8%	0.3%
中国石油（亿元）	25168	19750	1543	304	2631	670
	5148		30.0%	5.9%	51.1%	13.0%
工商银行（亿元）	12948	3371	1270	4312	861	3134
	9577		13.3%	45.0%	9.0%	32.7%
万科股份（亿元）	3679	2317	175	93	543	551
	1362		12.8%	6.8%	39.9%	40.5%

四、初步结论与启示

本文的分析表明，华为奉行的是契合其知识密集型特点的“知本主义”价值分配机制。知识是华为获取核心竞争力和保持价值创造力的关键驱动因素，通过把知识资本化并且在价值分配中向“出知者”倾斜，华为汇集了国内外大量优秀人才，使他们借助华为这个“知识资本平台”施展才华，创造价值、分享价值，构建了公司与知识员工休戚与共的“利益共同体”。尊重知识、尊重人才、以人为本是知识经济时代应有的信条。对此，多数企业只是喊在嘴里，挂在墙上，而华为却将其落在实处。这或许就是华为成功的最大秘密！

从按劳分配和按资分配进化到按“知”分配，这是企业因应经济社会进化而发生的价值分配革命。在农业经济时代，驱动价值创造的关键因素是土地和劳动力，在工业经济时代，驱动价值创造的关键因素是资本和劳动力，而在知识经济时代，驱动价值创造的关键因素是人才和知识。作为典型的知识密集型企业，华为的生存发展维系于知识型员工的创新和创造力，其价值创造源自“知本家”，唯有将创造的大部分价值分配给“知本家”，才能最大限度地激发他们的创新创造热情，让华为造福于社会、造福于人类。

华为“以知为本”的价值分配机制，对于知识密集、技术密集的企业具有普遍的借鉴意义。这类企业具有“知合”而不是“资合”的属性，赚钱固然重要，分钱同等重要，分钱有时甚至比赚钱还重要。《商业周刊》曾经刊登一篇题为“薪酬－心愁－新仇”的文章，指出薪酬分配体系经常让企业高管层心里发愁，因为分配不公就有可能产生“新仇大恨”，瓦解企业苦心经营的凝聚力。

在知识经济时代，如何将知识转化为价值，如何让知识贡献参与价值分配，关乎企业的可持续发展。经济发展与合作组织（OECD）将知识经济定义为“直接建立在知识和信息的生产、分配和使用基础上的经济形态”（OECD，1996）。OECD认为，知识经济属于新增长理论范畴，该理论试图诠释知识和技术促进生产力提升和经济增长的作用。与新古典理论不同，新增长理论直接将知识，特别是科技进步和研究开发外溢的知识作为经济增长和企业发展的外生变量。OECD指出，知识和科技日益成为经济发展和价值创造的重要生产要素。管理大师彼得·德鲁克在《后资本主义社会》中也认为，知识和信息已经成为财富创造的主要和最具成效的来源，取代了土地、劳动、资本和能源等传统生产要素。他指出，后资本主义社会的工人可分为两类：知识工人（Knowledge Workers）和服务工人（Service Workers），前者拥有知识、使用知识和管理知识，后者从事的工作以前者开发的知识为基础。对于华为这类知识密集、技术密集的企业而言，知识工人占据多数，如何激励这些知识工人发挥他们的聪明才智，使其知识创造价值、分享价值，无疑是企业管理的核心要义。华为经过多年艰辛探索和成功实践的“知本主义”价值分配机制，在知识经济时代具有重大的启示意义，值得总结和推广。

（原载于《财会月刊》2020 年第 9 期）

参考文献：

德鲁克，2009. 后资本主义社会［M］. 傅振焜，译. 北京：东方出版社.

黄卫伟，2014. 以奋斗者为本：华为公司人力资本管理纲要［M］. 北京：中信出版社.

杨杜，2017. 探析华为的秘密：“知本主义”企业机制的巨大成功［R/OL］. 华夏基石@洞察.

OECD，1996. The Knowledge – based Economy［R/OL］. www. oecd. org.

电商巨擘的傲人业绩与分析困惑

黄世忠

【摘要】 阿里巴巴公布的年报总是引人注目。2020 年 5 月 22 日晚 7 时，阿里巴巴发布了新冠肺炎疫情后的 2020 会计年度业绩报告。本文结合阿里巴巴 2020 会计年度的业绩报告，分析了阿里巴巴过去十年的经营业绩变动，并将其与垄断企业和传统商业企业进行横向对比，剖析了零售业冰火两重天的竞争格局及其背后虹吸现象的成因，指出了新经济企业商业模式创新给财务分析带来的诸多困惑，提出因应举措。

【关键词】 阿里巴巴　电商　商业模式创新　经营业绩　财务分析

一、傲视群雄的经营业绩

2020 年 5 月 22 日晚，阿里巴巴公布了 2020 会计年度（2019 年 4 月 1 日至 2020 年 3 月 31 日，为了便于与采用日历年度的其他公司相比，以下将阿里巴巴 2020 会计年度视同 2019 会计年度，以此类推）的经营业绩，可谓一骑绝尘，傲视群雄！商品销售总额（GMV）高达 7.053 万亿元，折合 10224 亿美元，历史性地突破万亿美元大关，比线下零售巨头沃尔玛 2020 会计年度（结束于 2020 年 1 月）5199 亿美元的营业收入多出近 1 倍。阿里巴巴过去八年 GMV 的年均复合增长率（CAGR）高达 30.8%，如图 1 所示。

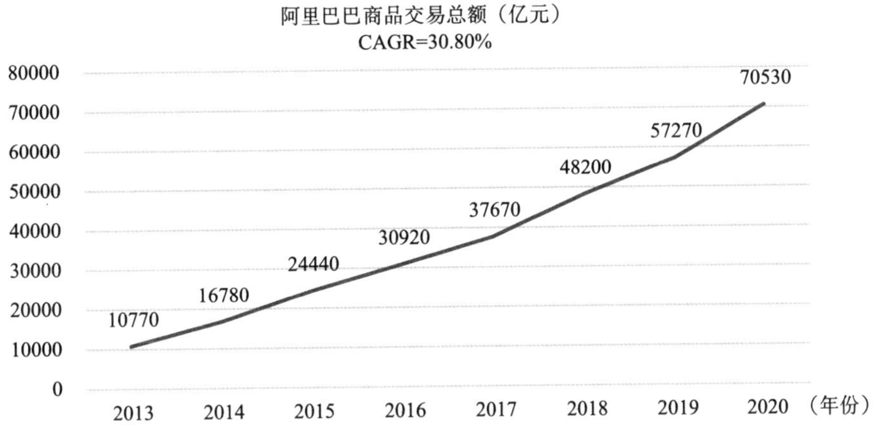

图 1　阿里巴巴 2013～2020 会计年度 GMV

阿里巴巴的营业收入从 2011 会计年度的 77 亿元增至 2020 会计年度的 5097 亿元，年均复合增长率高达 59.34%，如图 2 所示。

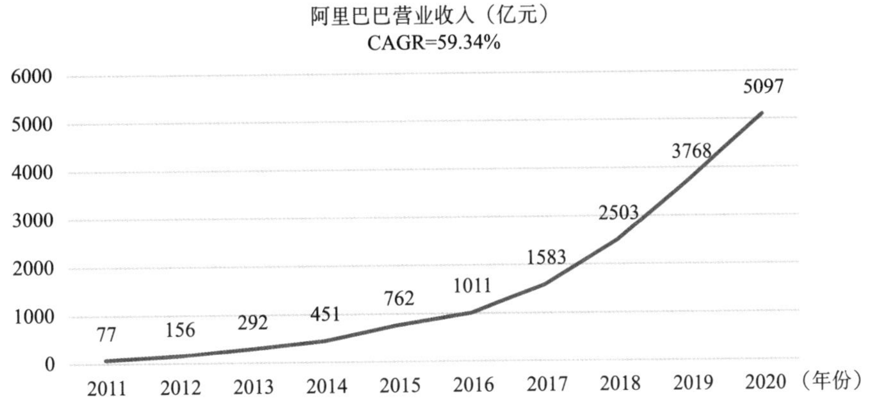

图 2　阿里巴巴 2011～2020 会计年度营业收入

伴随着营业收入猛增的是税后利润的狂飙突进，公认会计准则的税后利润（GAAP Net Income）和非公认会计准则的税后利润（Non－GAAP Net Income）从 2011 会计年度的 16 亿元和 28 亿元分别攀升至 2020 会计年度的 1404 亿元和 1325 亿元，年均复合增长率分别为 64.41% 和 53.50%，如图 3 所示。

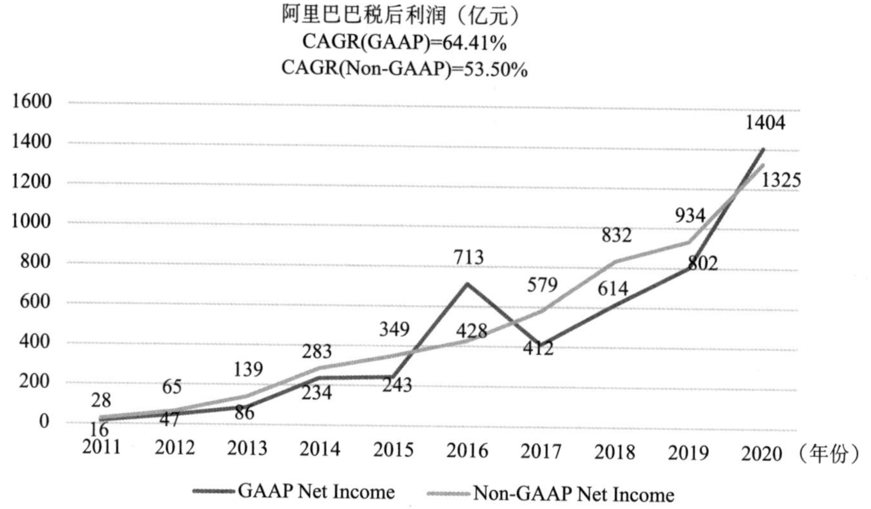

图 3　阿里巴巴 2011 ~ 2020 会计年度税后利润

与许多其他新经济公司一样，阿里巴巴的利润表也同时按两种口径披露，即以公认会计准则的税后利润为基础，剔除与经营无关和没有现金流量等损益项目，得出非公认会计准则的税后利润，便于投资者更加准确地理解阿里巴巴真实的经营业绩。譬如，2020 会计年度的第四季度，阿里巴巴公认会计准则的税后利润只有 3.48 亿元，同比下降 99%，但若剔除因疫情影响而发生的投资于其他相关上市公司股票价格下降的估值损失，则非公认会计准则的税后利润为 222.87 亿元，同比增长了 11%。表 1 列示了 2019 会计年度和 2020 会计年度这两种不同口径税后利润的调节情况。

表 1　　阿里巴巴不同口径税后利润调节表　　单位：亿元

年度	2019	2020
基于公认会计准则的税后利润	802.34	1403.50
加：股票期权费用	374.91	317.42
无形资产摊销和减值	107.27	133.88
商誉和长期投资减值	113.60	256.56
减：投资估值的推定处置和已处置利得（损失）	(475.25)	(47.64)
加：美国联邦集体损失和解费用	16.79	—
减：受让蚂蚁金服 33% 权益利得	—	(715.61)
加：重组蚂蚁金服商业安排应收超额价值摊销	2.64	0.97
减：非公认会计准则调整项目税收影响	(8.23)	(24.29)
基于非公认会计准则的税后利润	934.07	1324.79

横向比较看，阿里巴巴的税后利润在我国 2019 年十大最赚钱公司中位居第六，在非金融机构的上市公司中位居榜首，如图 4 所示。

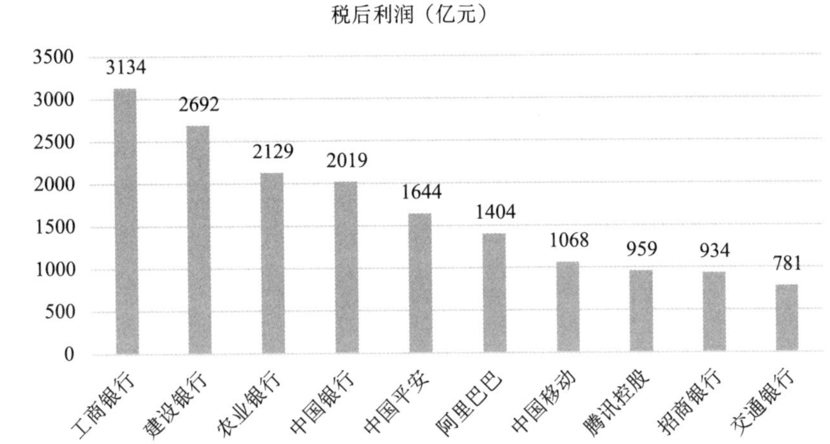

图 4　2019 年十大最赚钱公司税后利润

传统上，三大石油公司和三大电信公司是非金融类上市公司中最赚钱的公司，但过去十年，这些垄断性公司风光不再，营业收入和盈利能力徘徊不前，如图 5 至图 8 所示。

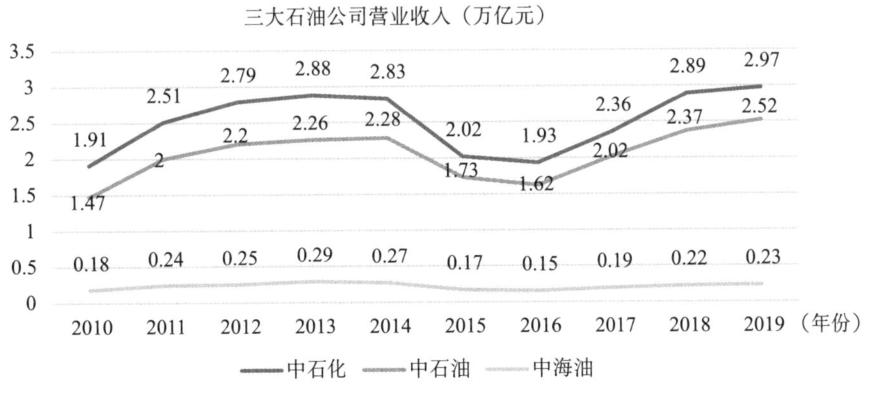

图 5　三大石油公司 2010～2019 年营业收入

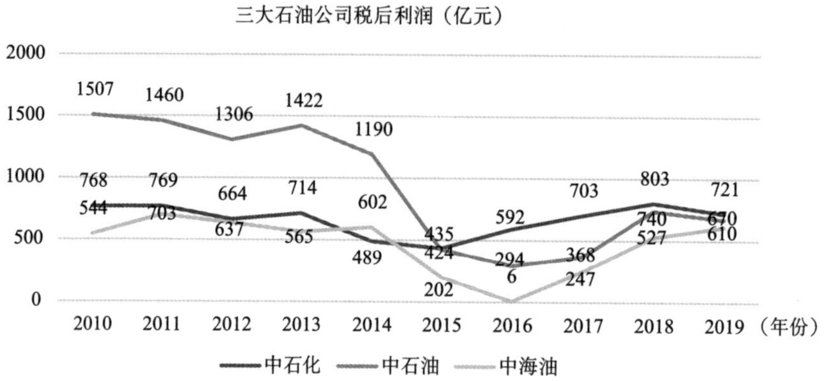

图6　三大石油公司2010～2019年税后利润

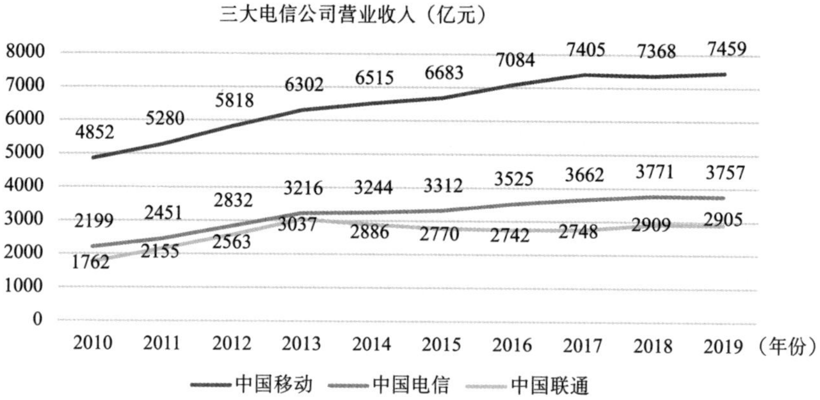

图7　三大电信公司2010～2019年营业收入

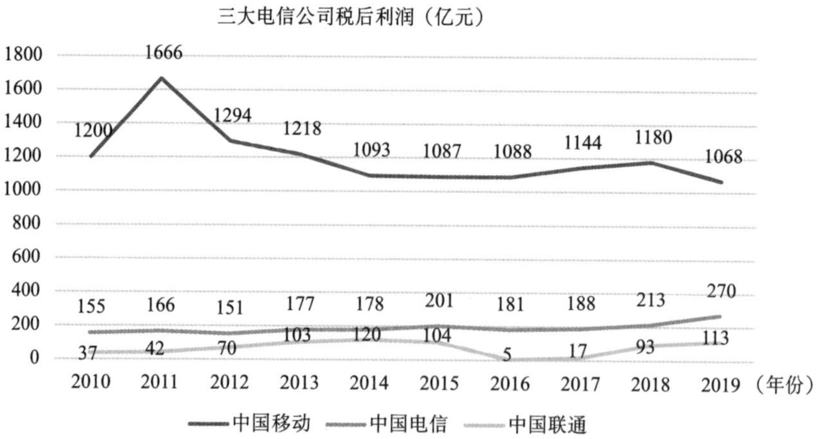

图8　三大电信公司2010～2019年税后利润

将图5至图8与图2和图3进行比较，可以发现三大石油公司和三大电信公司的颓势与阿里巴巴的勃兴所形成的巨大反差，图9列示了过去十年这些公司营业收入和税后利润的年均复合增长率。

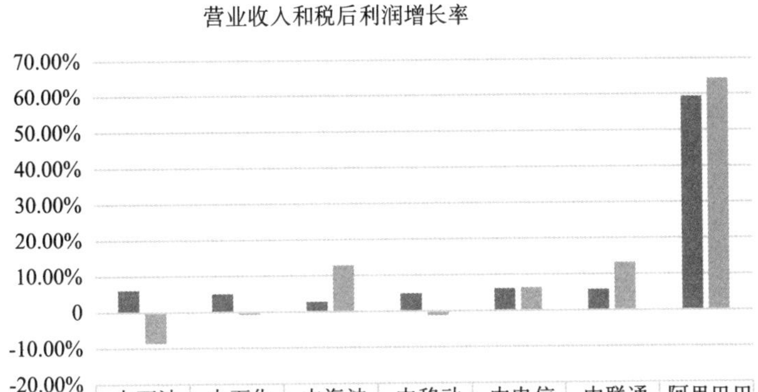

	中石油	中石化	中海油	中移动	中电信	中联通	阿里巴巴
■营业收入-CAGR	6.17%	5.03%	2.76%	4.89%	6.13%	5.71%	59.34%
■税后利润-CAGR	-8.61%	-0.70%	12.81%	-1.29%	6.36%	13.21%	64.41%

图9　三大石油公司、三大电信公司和阿里巴巴2010～2019年年均复合增长率

由于投资者看好阿里巴巴营业收入和税后利润非凡的成长性，其股票市值不断飙升，2020年5月22日，阿里巴巴的股票市值稳居中国上市公司榜首，傲视群雄，如图10所示。

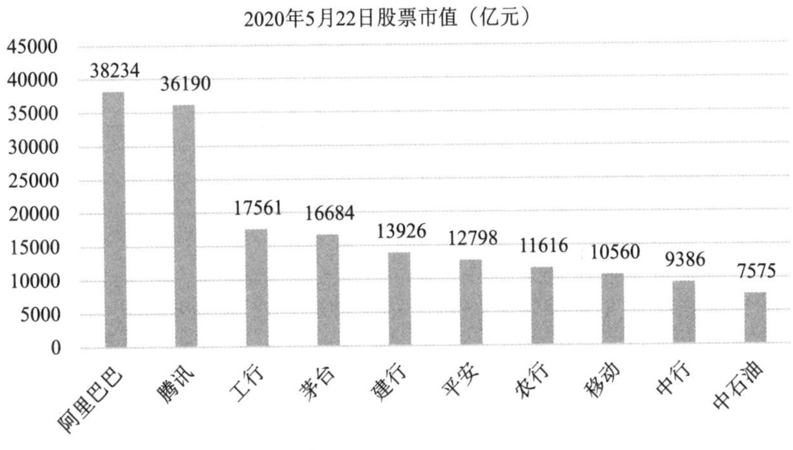

图10　十大市值最大的上市公司

更不可思议的是，2020 年 5 月 22 日阿里巴巴的股票市值分别是三大石油公司和三大电信公司的 2.02 倍和 2.75 倍，如图 11 所示。

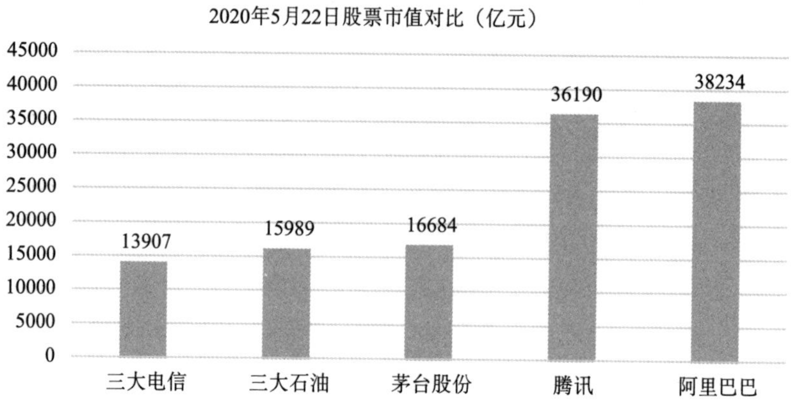

图 11　上市公司股票市值对照

阿里巴巴与三大石油公司和三大电信公司在经营业绩和股票市值方面形成的巨大反差，印证了时势造英雄的道理，彰显了新经济与旧经济的天壤之别。如果十年前有人告诉我们，总有一天阿里巴巴的税后利润和股票市值将超过中国石油和中国移动，我们一定当作痴人说梦，但新经济、新时代让阿里巴巴圆梦了。按照这种发展趋势，谁又能保证四大银行就一定不会重蹈三大石油公司和三大电信公司的覆辙。

二、日益分化的竞争格局

如果说阿里巴巴的强势崛起只是让三大石油公司、三大电信公司和四大银行感到震撼和紧迫，那么阿里巴巴的野蛮生长一定让百货公司、大卖场和超市等传统零售业深感切肤之痛，甚至茫然失措。传统零售业者想必为生在阿里巴巴时代而懊悔不已，甚至对阿里巴巴等电商们恨之入骨，其心情可能与 100 多年前纽约马车经营者面对出租车冲击的感受相差无几。

笔者查阅了 Wind 数据库，将阿里巴巴的营业收入与重庆百货等 41 家百货商店类上市公司、百联股份等 13 家大卖场和超市类上市公司，以及苏宁易购等 4 家电脑与电子产品零售类上市进行比较，发现这些行业的上市公司受到阿里巴巴严重“摧残”，被口里夺食的愤怒程度可想而知。图 12 列示了阿里巴巴过去十年营业收入与这 58 家传统零售业上市公司的比较。必须指出的是，如果采用商品销售总额（GMV）而不是营业收入，则阿里巴巴与传统零售业的差距就达到指数级别了。

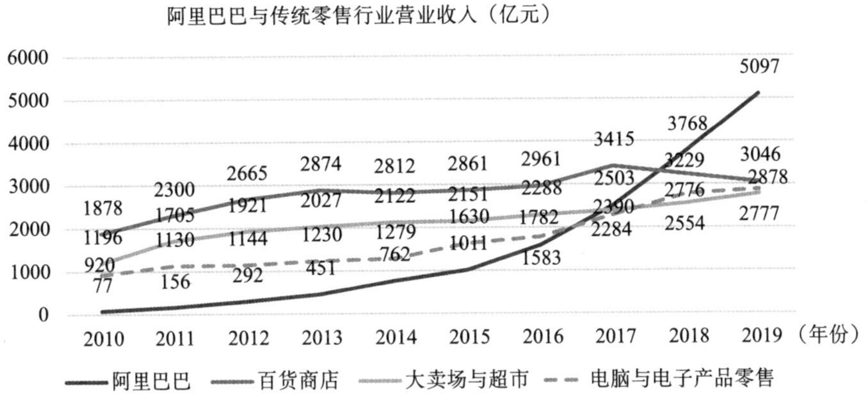

图 12　阿里巴巴与传统零售业上市公司 2010 ~ 2019 年营业收入对比

过去十年，阿里巴巴营业收入的年均复合增长率高达 59.34%，彻底碾压了传统零售业的上市公司，如图 13 所示。

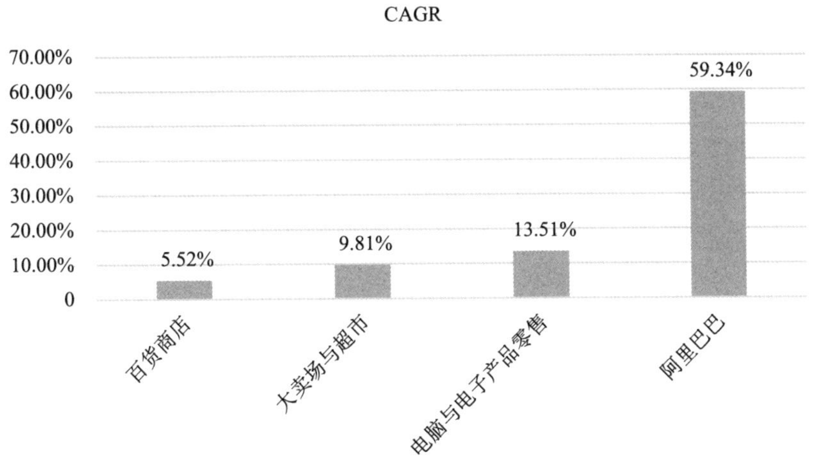

图 13　阿里巴巴与传统零售企业营业收入年均复合增长率对比

比营业收入被不断蚕食更惨的是税后利润的巨大反差，最近一个会计年度，上述 58 家传统零售业上市公司的税后利润仅占阿里巴巴的 16.88%，如图 14 所示。

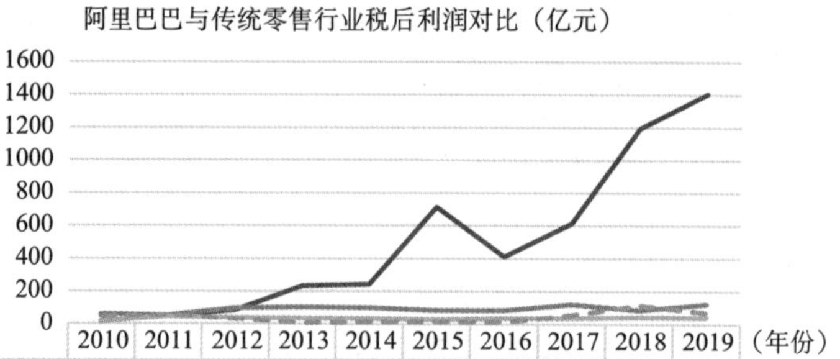

（年份）	2010	2011	2012	2013	2014	2015	2016	2017	2018	2019
阿里巴巴	16	47	86	234	243	713	412	614	1196	1404
百货商店	62	53	99	104	101	85	84	121	87	124
大卖场与超市	18	44	39	36	35	29	37	39	45	42
电脑与电子产品零售	44	53	30	6	13	14	13	55	116	71

图 14　阿里巴巴与传统零售业企业盈利能力对比

过去十年，阿里巴巴税后利润的年均复合增长率与传统零售业上市公司的差距如图 15 所示。

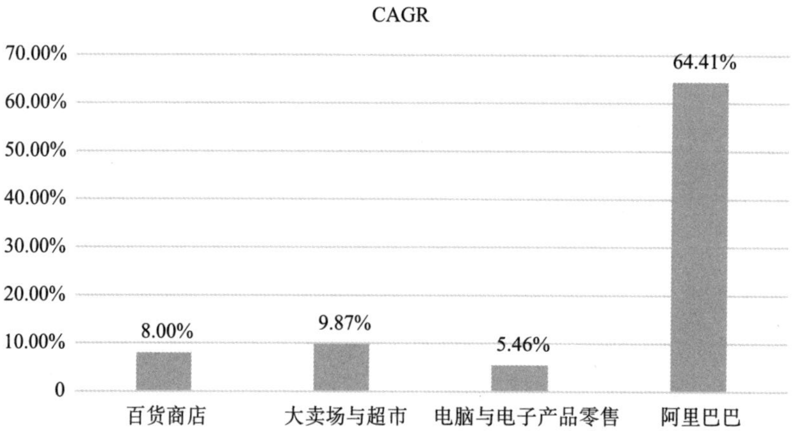

图 15　阿里巴巴与传统零售业企业税后利润年均复合增长率对比

在零售业里，阿里巴巴正在展示着强大的虹吸效应。这种虹吸效应并非特例，在以数字平台（Digital Platform）为代表的新经济时代司空见惯。得益于新经济时代赋予的天时地利，阿里巴巴等数字平台野蛮生长，已经发展成为令人生畏的超级物种。数字平台通过构筑“技术护城河”，不断提高市场集中度，产生十分惊人的虹吸效应，构成实质性的垄断。新经济高市场集中度的现象，在中美两国尤其明显。谷歌的互联网搜索市场份额超过 90%，脸书在社交媒体的市场份额高达 66%，亚马逊在线零售和云服务市场份额均超过1/3，阿里巴巴的支付宝和腾讯的微信钱包在中国占据了几乎100%的移动支付市场，滴滴和神州、优步和力夫特（Lyft）几乎垄断了中美两国的网约车市场，谷歌和脸书占据了全世界广告市场66%的份额。在盈利能力方面，美国的数据平台2015年实现的利润超过全世界50家数据平台80%的利润总额，而整个欧洲的数据平台实现的利润仅占5%左右。

数字平台的虹吸效应，源自三大因素。一是网络效应（Network Effects），越多的用户使用数字平台，数字平台的价值越大。越多的朋友、家人和同事使用社交平台，脸书、推特、微信、微博等就会成为日益重要的社交和连接平台。同样地，越多的出行者使用优步、力夫特、滴滴、神州，就可吸引越多的驾驶员加入这些平台，从而提高平台的出行匹配效率，这反过来又吸引更多的出行者更加频繁地使用平台；二是数据能力（Data Ability），数字平台的规模越大，其挖掘和积累的数据越多，新经济企业利用大数据技术分析和利用数据的能力越强，不断筑牢信息技术护城河，在一定程度上遏制潜在的进入者；三是转换成本（Switching Costs），使用者一旦长期使用特定数字平台，就会形成路径依赖（Path Dependence），从而提高转换成本。譬如，使用者过去长期使用微信，如果改用脸书或推特，则其储存在微信的通讯录、照片等资料就得重新更换。

由于网络效应、数据处理和转换成本等技术因素短期内不可能发生重大变化，数字平台威力强大的虹吸效应预计在未来10年至20年也不会消失，强者恒强、弱者恒弱的马太效应现象仍将延续。阿里研究院预测，未来20年，阿里巴巴平台将成为全球“第五大”经济体，支持全球1000万家小企业营业和发展、服务全球20亿名消费者，创造1亿个就业机会。未来30年，80%的全球贸易将由小企业和个人借助数字平台开展。当然，这并不意味着不会产生其他新兴的数据平台，近年来快速发展的抖音、拼多多、字节跳动，足以说明个性化、差异化、特色化的新兴数据平台仍可在现有数字平台巨大的夹缝中找到生存发展的空间。

针对数字平台的垄断现象，存在着两种极端的观点。一种观点认为这种垄断来自信息技术和商业模式的创新，应当予以保护，否则会严重挫伤创新的积极性。另一种观点则认为这种垄断应当予以抑制，否则有违公平竞争原则，不利于中小微企业的生存发展，甚至可能导致强大的数据平台绑架整个经济社会的发展。两种观点孰对孰错，没有定论。这是新经济遇到的新问题和新挑战，考验着立法和行政监管部门，解决这些问题、化解这些挑战，需要新思维、新智慧。

笔者认为，应辩证看待数字平台对中小微企业影响的两面性。一方面，数字平台可能危及中小微企业的生存与发展，众多传统的中小零售批发企业和广告商可能因为数字平台的强势而消失，展现出了数字平台的负面性。另一方面，数字平台的发展又为中小微企业提供了与大型企业同台竞争的机会。在旧经济时代，单个中小微企业犹如蚂蚁，势单力薄，无法与体量庞大的大象公司相匹敌，而在新经济时代，借助于强大数字化平台的赋能，中小微企业利用平台提供的信息技术、交易规则、海量数据、价值链等商业基础设施的赋能，结伴而行，分工合作，就有能力与大象公司同台竞争，各领风骚，如图 16 所示。

图 16　新旧经济时代竞争格局的变迁

资料来源：阿里研究院《2018 全球数字经济发展指数》。

以阿里巴巴为例，其在对传统零售企业和现代中小零售企业产生挤出效应的同时，也为中小企业和个人创造了商业机会和就业机会。中国人民大学劳动人事学院（2019）发布的《阿里巴巴零售平台就业机会测算与平台就业体系研究报告》显示，阿里巴巴零售平台 2018 年为我国创造了 4082 个就业机会，其中包括 1558 个交易型就业机会，2524 个带动型就业机会。

当然，以阿里巴巴为代表的数字平台也带来了税收是否公平的极大争议。联合国（2019）的研究报告也从跨国的角度呼吁关注数字化平台的税收不公平问题。该报告以脸书和谷歌这两个数字平台的经营业绩与税收缴纳的不对称性分布为例，指出了国与国之间十分突出的税收不公平问题，如表 2 所示。

表 2　　脸书、谷歌 2017 年经营业绩与税收缴纳的不对称性分布　单位：亿美元

		来自外国	来自美国	合　计	外国占比	美国占比
脸书	营业收入	229.19	177.34	406.53	56%	44%
	利润总额	135.15	70.79	205.94	66%	34%
	缴纳税收	3.89	46.45	50.34	8%	92%
谷歌	营业收入	584.06	524.49	1108.55	53%	47%
	利润总额	165.00	106.93	271.93	61%	39%
	缴纳税收	17.46	126.08	143.54	12%	88%

资料来源：UN Digital Economy Report 2019。

三、令人困惑的财务分析

严格地说，以上的总括性财务分析并不十分严谨。更严谨的财务分析需要结合行业因素进行更加深入细致的横向比较，但横向比较存在诸多困惑和困难。

横向比较离不开对标，但对标必须考虑可比性问题。首先，将阿里巴巴等现代零售企业与传统零售企业进行对比，有可比性吗？答案恐怕是否定的。譬如，零售行业十分重视存货周转率、毛利率、销售利润率以及净资产收益率等财务指标。将阿里巴巴的上述指标与传统零售企业进行对比，不是不可能，就是没意义。一是因为阿里巴巴的存货历来为零，无法计算存货周转率。二是阿里巴巴采用净额法确认营业收入，而传统零售企业通常采用总额法确认营业收入，收入确认基础不同，毛利率、销售利润率的差异难以进行有意义的解释。三是阿里巴巴有大量的表外资产，如平台资产、数字资源（包括大数据、算法和算力）、研发能力、网络效应、智慧资本（包括人力资本、结构资本和客户资本）等大量的无形资产，因为不符合会计上严苛的确认标准或者难以计量而没有在财务报表上确认，使其净资产被严重低估，而传统零售企业通常不存在这方面的问题。同时，阿里巴巴为创新投入的研发资源金额巨大（过去十年累计 1586 亿元，如图 17 所示），这些资本性支出基于稳健考虑往往费用化，低估了其盈利能力。这些缺陷必定扭曲阿里巴巴的净资产收益率，将其与传统零售企业进行对比，缺乏经济意义。

图 17　阿里巴巴过去十年研发费用

既然将阿里巴巴与传统零售企业进行横向对比分析缺乏可比性，那么，将阿里巴巴与亚马逊和京东等电商巨头进行对比分析，是否就有可比性？遗憾的是，答案同样是否定的。首先，阿里巴巴的商业模式与亚马逊和京东的商业模式存在重大差异，导致收入确认方法迥异。最近的年报显示，亚马逊、京东的营业收入分别为 2805 亿美元（折合人民币 19350 亿元）和 5769 亿元，高于阿里巴巴的 5097 亿元营业收入，但税后利润分别为 116 亿美元（折合人民币 800 亿元）和 119 亿元，均低于阿里巴巴的 1404 亿元税后利润。这主要是由于亚马逊和京东采用的是自营型商业模式，扮演着主要责任人（Principal）的角色，对商品销售和服务提供承担主要责任、负责定价政策、承担存货和信用风险，因而按总额法确认营业收入，而阿里巴巴采用的则是平台型商业模式，扮演着代理人（Agent）而不是主要责任人的角色，故按净额法确认营业收入，其主要收入来自商品推介费（即广告费）和佣金等。收入确认基础不同，毛利率和销售利润率必然存在重大差异，这种盈利能力的差异是由会计方法而不是业务本身造成的，将其直接对比缺乏经济意义。其次，阿里巴巴只是为在淘宝和天猫上开网店的业主们提供一个高效率的交易撮合平台，对在平台上销售的存货不承担与所有权相关的风险，因而无须确认存货，资产负债表上的存货为零，而亚马逊和京东资产负债表上反映的存货余额则高达 205 亿美元（折合人民币 1431 亿元）和 579 亿元，此时对比分析这 3 家公司的存货周转率显然不切实际。最后，3 家公司的营业收入和经营利润来源存在重大差异。分部报告显示，2019 年亚马逊的云计算收入高达 747 亿美元，占营业收入的 26.63%，云计算的经营利润为 92 亿美元，对经营利润总额的贡献率高达63.44%。相比之下，阿里巴巴2020会计年度来自云计算的营业收入只有400亿元，占营业收入的比例仅为7.85%，云计算亏损70亿元，拖累了经营业绩。相比之下，京东88.54%的营业收入来自商品销售，云计算贡献的营业收入和经营利润微乎其微。

Wind等数据库的行业分类往往名不副实，譬如，谷歌和百度虽然分类为搜索引擎行业，但从营业收入来源看，谷歌是全球的最大广告商，百度是中国的最大广告商，脸书和腾讯虽然分类为社交媒体，但脸书其实是全球的第二大广告商，而腾讯则是全球最大的游戏提供商。可见，严谨的财务分析不应满足于这些名实不符的行业分类，而应借助分部报告的信息披露，选择合适的对标对象，唯有如此，才能得出令人信服的结论。

[原载于《云顶财说（第二辑）》，中国财政经济出版社，2020年12月]

参考文献：

中国人民大学劳动人事学院课题组，2019. 阿里巴巴零售平台就业机会测算与平台就业体系研究报告 [R/OL].

United Nations，2019. Digital Economy Report 2019. Value Creation and Capture：Implication for Developing Countries [R/OL]. www. unctad. org.

新经济时代财务分析的可比性问题研究

——以腾讯为例

黄世忠

【摘要】 新经济时代商业模式创新层出不穷，现有行业分类方法罔顾不同企业之间的商业模式差异，极大削弱了财务分析的可比性和有效性。本文通过腾讯与三大电信公司、脸书和微博的横向对比分析，探讨新经济时代财务分析的可比性和有效性问题，指出倚重商业模式和分部报告的穿透分析，以营业收入、经营利润和现金流量的相似性作为对标分析的基准，可显著提高财务分析质量，但穿透分析的运用需要对会计准则和信息披露进行改革和完善。

【关键词】 财务分析　可比性　有效性　行业分类　商业模式

旧世界诞生的新物种，时常处于尴尬境地，因为旧世界习惯于用旧思维、旧方法评判新物种，使其显得不合时宜，甚至格格不入。生物学如此，公司界亦然。进入新经济时代，新技术和新模式催生了一大批与众不同的新公司，其收入来源、盈利模式、资产结构别具一格，特色鲜明。此时，试图采用基于传统理论和方法的旧标尺去衡量这些新公司，不是困难重重，就是徒劳无益。诞生于新经济时代的腾讯就是一个典型的案例。本文在对比分析腾讯与中国移动、中国电信和中国联通三大电信公司过去十年经营业绩的基础上，指出商业模式之间的重大差异不仅降低了新经济企业与旧经济企业横向分析的有效性，而且也使同一行业新经济企业之间的对比分析失去意义，由此提出穿透分析可以去伪存真，显著提高财务分析的可比性和有效性，但穿透分析的运用需要对会计准则和信息披露进行配套改革和完善。

一、迥然不同的业绩图像

按照《全球行业分类标准》（GICS），腾讯与三大电信公司同属通信服务业①。这四家公司过去十年的财务报告，映射出腾讯的强势崛起和电信的不断式微，见证了生活和工作方式嬗变引发的竞争格局重构，如表 1 和图 1 所示。过去十年，腾讯的营业收入和税后利润的年均复合增长率分别高达 38.9% 和 31.6%，与三大电信公司徘徊不前的业绩图像形成强烈的反差。2019 年，腾讯的营业收入首次超过中国电信，税后利润十分接近中国移动，超越指日可待，其税后利润是中国电信和中国联通税后利润之和的 2.84 倍。经营业绩成长性的巨大悬殊，在股票市值上得到充分的反映。2020 年 5 月的最后一个交易日，腾讯的股票市值高达 36066 亿元，而三大电信公司股票市值总和只有 13642 亿元，仅相当于腾讯股票市值的 37.83%，如图 2 所示。

表 1　　腾讯与三大电信公司经营业绩　　单位：亿元

年份	腾讯控股		中国移动		中国电信		中国联通	
	营业收入	税后利润	营业收入	税后利润	营业收入	税后利润	营业收入	税后利润
2010	196	81	4852	1200	2199	155	1762	38
2011	285	102	5280	1666	2451	166	2156	42
2012	439	128	5818	1294	2832	151	2563	70
2013	604	156	6302	1218	3216	177	3037	103
2014	789	229	6515	1093	3244	178	2886	120
2015	1029	291	6683	1087	3312	201	2770	104
2016	1519	414	7084	1088	3525	181	2742	5
2017	2378	725	7405	1144	3662	188	2748	17
2018	3127	800	7368	1180	3771	213	2909	93
2019	3773	959	7459	1068	3757	207	2905	113

① 如下文所述，将腾讯与三大电信公司都划分为通信服务业并不令人信服，笔者认为腾讯与三大电信公司属于关联行业。

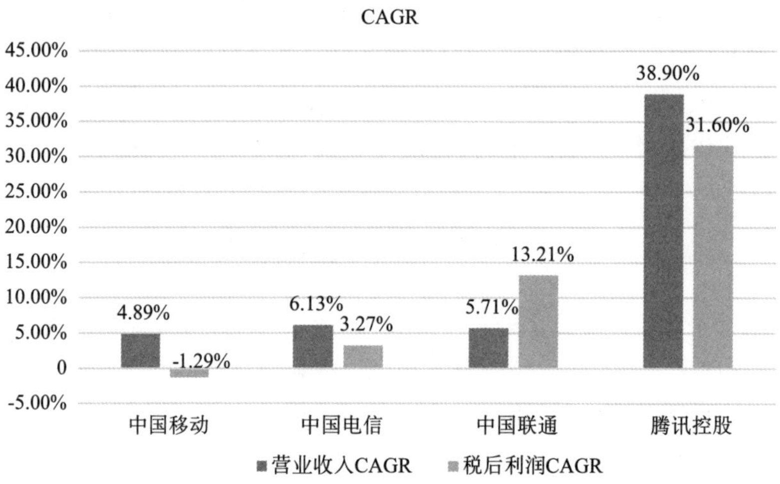

图 1　腾讯与三大电信公司营业收入和税后利润年均复合增长率对比（2010～2019 年）

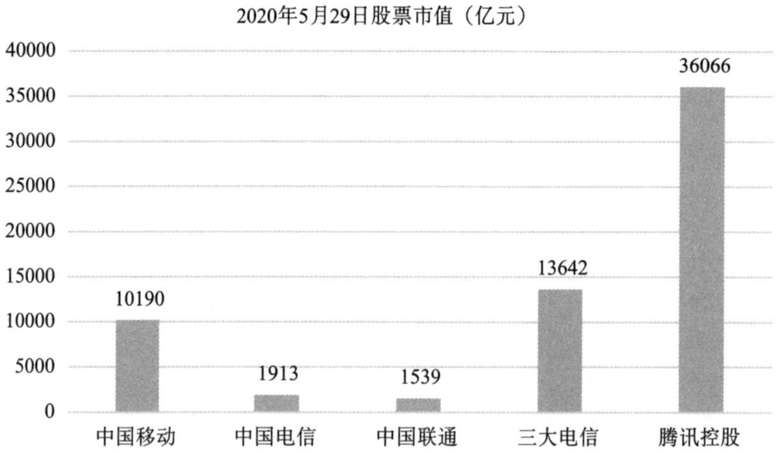

图 2　腾讯与三大电信公司股票市值对比

腾讯与三大电信公司之间既有此消彼长的零和博弈关系，也有一荣俱荣的相互依存关系。腾讯 2011 年推出微信后，免费的通话、短信和视频一方面对三大电信公司的语音业务造成灾难性冲击，导致其语音业务收入逐年下降，另一方面却创造了巨大的数据流量需求，为三大电信公司带来了日益攀升的数据服务收入，促使它们从话务提供商转型为数据服务商，如图 3 至图 5 所示。

图 3　中国移动语音业务与数据业务的收入变动趋势

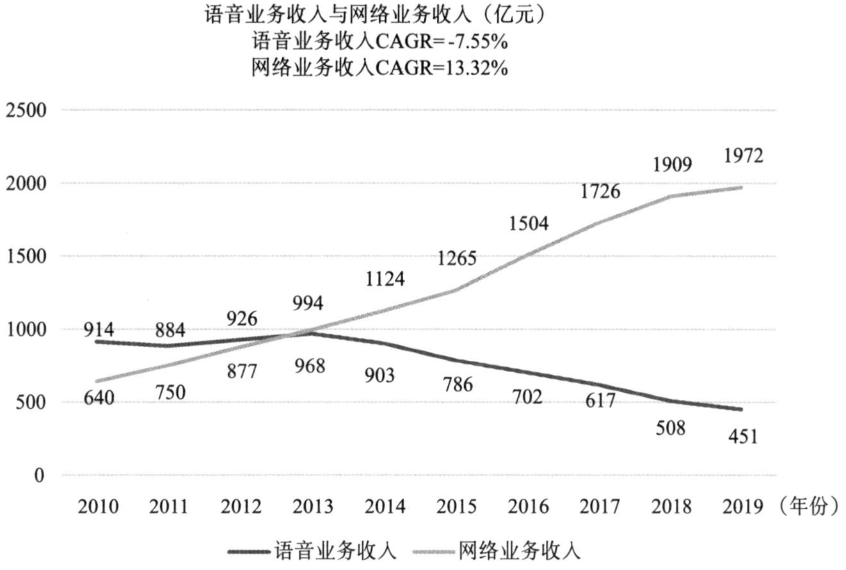

图 4　中国电信语音业务与网络业务的收入变动趋势

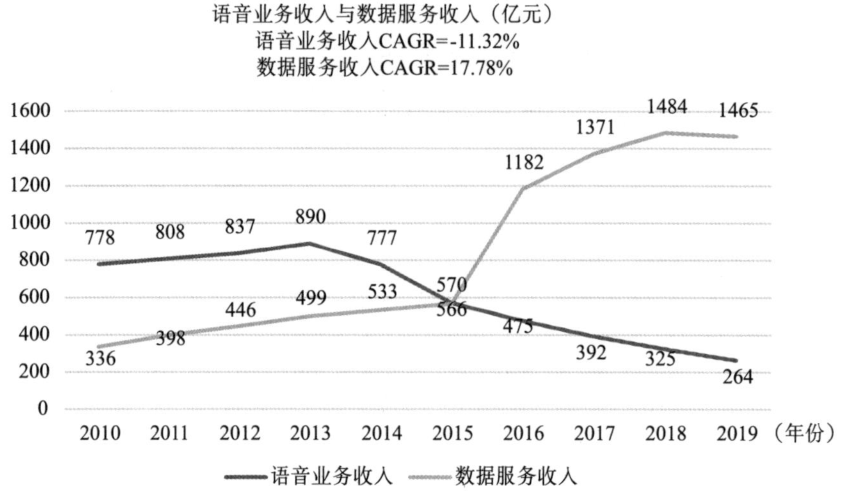

图5　中国联通语音业务与数据服务的收入变动趋势

二、大相径庭的商业模式

虽然借助于货币计量，我们可以将不同行业、关联行业和相同行业的经营业绩、财务状况和现金流量进行对比分析，但分析的可比性和有效性往往受到商业模式的重大影响。腾讯与三大电信公司尽管属于关联行业，但商业模式却截然不同，盈利模式更是相去甚远。作为中国最大的社交平台，腾讯通过微信和 QQ 免费模式提供语音、短信和视频服务，从三大电信公司抢走了 12.025 亿用户（截至 2020 年 3 月 31 日微信及 WeChat 的合并月活跃账户数），然后与游戏开发商和广告提供商进行合作，导引这些海量用户玩游戏、看广告，据以赚取巨额的游戏收入和广告收入，如图 6 所示。

腾讯 2019 年度的分部报告显示，增值服务收入为 2000 亿元，其中网络游戏收入高达 1147 亿元，增值服务的直接成本为 941 亿元，增值服务经营利润高达 1059 亿元。腾讯未披露网络游戏的直接成本，但按网络游戏占增值服务收入的比例推算，网络游戏的经营利润约为 607 亿元，加上网络广告 335 亿元的经营利润，仅这两项收费业务 2019 年度就为腾讯贡献了 942 亿元的经营利润，占其全部经营利润的 56.24%。免费让 12 亿多用户使用微信，换来的是不菲的经营利润，这就是腾讯的高明之处，可见，免费是为了更好地收费。正因如此，腾讯的免费商业模式才被揶揄为“羊毛出在狗身上，猪

埋

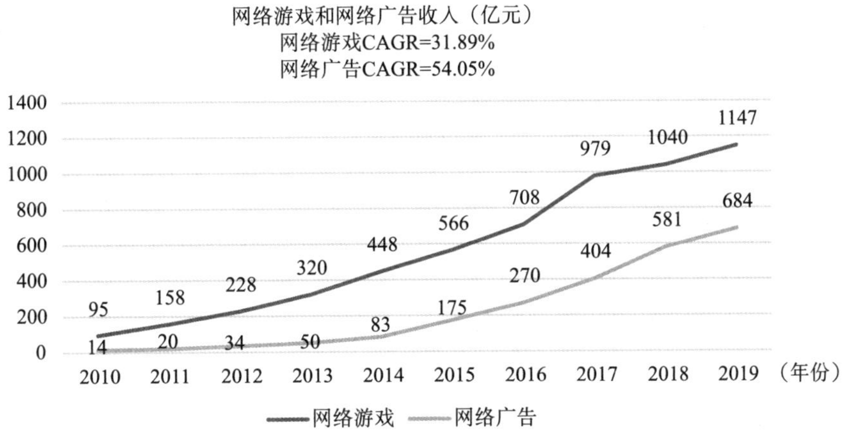

图 6　腾讯网络游戏和网络广告收入变动趋势

单，猪狗都赚钱”。腾讯通过商业模式创新，实现了其与用户、客户、游戏商和广告商多方共赢的局面。对于采用免费商业模式的企业而言，客户是上帝，用户也是上帝，不付费的海量用户即使不比付费的少量客户更加重要，也至少同等重要。

相比之下，三大电信公司的商业模式创新动力不足。事实上，三大电信公司比腾讯更早涉足互联网服务，但由于它们只有客户观念，没有用户意识，凡事均要收费，结果把大量用户拱手送给腾讯。迄今为止，三大电信公司仍停留在通过硬件设施提供电信和数据服务的传统商业模式阶段。这种商业模式具有高投入低产出的特点，长此以往，三大电信公司有沦为替 BAT 等新经济企业打工之虞。就是说，三大电信公司通过投资数以万亿元计的光纤传输等电信基础设施，借助百度、阿里巴巴和腾讯等创新型平台企业无所不在的商业场景（Business Scenario）所派生的线上流量需求赚取流量费。这种高投入低产出的商业模式，导致三大电信公司成为资本密集型的重资产公司，而 BAT 等新经济企业选择低投入高产出的商业模式，逐渐发展成为创新密集型的轻资产公司。表 2 列示了 2019 年腾讯与三大电信公司的资产结构以及总资产回报率和净资产回报率的差异。

表 2　腾讯与三大电信公司的资产结构和盈利能力　　单位：亿元

	腾讯控股	中国移动	中国电信	中国联通
固定资产*	507.59	7428.10	4692.14	3561.96
资产总额	9539.86	16292.40	7031.31	5651.18

续表

	腾讯控股	中国移动	中国电信	中国联通
固定资产占比①	5.32%	45.59%	66.73%	63.03%
总资产回报率**	11.43%	6.75%	3.03%	2.00%
净资产回报率**	22.70%	9.87%	5.92%	3.48%

注：* 含在建工程。

** 计算这两个财务指标时，总资产和净资产采用年初余额和年末余额的简单平均数。

三大电信公司固定资产的金额和占比远高于腾讯，导致其总资产和净资产回报率大幅低于腾讯。此外，随着信息通信技术加速迭代，电信业的产品生命周期越来越短，居高不下的固定资产不仅使三大电信公司面临着更大的资产减值风险，而且迫使它们不得不将经营活动产生的现金流量源源不断投入固定资产的更新改造，降低了其财务弹性，表现为自由现金流量（可用于扩大经营规模和还本付息的现金流量）占经营活动现金净流量的比例大幅低于腾讯，如表 3 所示。

表 3　腾讯与三大电信公司财务弹性　单位：亿元

	腾讯控股	中国移动	中国电信	中国联通
经营活动现金净流量	1485.90	2475.91	1126.00	962.08
自由现金流量	1258.24	817.13	217.25	397.90
自由现金流量占比	84.68%	33.00%	19.29%	41.36%

上述分析表明，腾讯与三大电信经营业绩差异悬殊，但这主要是由不同的行业属性和商业模式造成的。严格地说，这种横向对比分析的可比性并不高。从财务分析的角度看，可比性越高，分析有效性越强，反之亦然。可比性的影响因素很多，商业模式和行业地位（如头部企业与尾部企业的差异）是其中的两大因素。商业模式的差异并不局限于不同行业或关联行业，即使是同一个行业的不同企业也可能采用不同的商业模式，进而影响财务信息的可比性和财务分析的有效性。

将腾讯与三大电信公司进行对比，可比性和有效性因商业模式的巨大差

① 2014 年 7 月，三大电信公司发起设立了中国铁塔股份公司，将发射塔等电信设施剥离注入新成立的铁塔公司，导致固定资产占比大幅下降。以 2013 年为例，中国移动、中国电信和中国联通的固定资产分别为 5642 亿元、4185 亿元和 4279 亿元，固定资产占比分别为 48.33%、77.04% 和 80.52%。

异而大打折扣。如果将同属社交平台行业的腾讯和脸书进行比较，分析的可比性和有效性是否可以免受商业模式差异的影响？

表 4 列示了腾讯 2019 年度的分部收入和分部利润及其占比。

表 4　　腾讯 2019 年度分部报告　　单位：亿元

	分部收入		分部成本		分部经营利润	
	金额	占比	金额	占比*	金额	占比
增值服务	2000	53.01%	941	47.05%	1059	63.22%
其中：网络游戏	1147	30.40%	n.a	n.a	607**	36.24%
金融科技及企业服务	1013	26.85%	738	72.85%	275	16.42%
网络广告	684	18.13%	349	51.02%	335	20.00%
其他	76	2.01%	70	92.11%	6	0.36%
合　计	3773	100%	2098	—	1675	100%

注：* 占分部收入的比例。

** 按网络游戏占增值服务比例推算。

资料来源：根据腾讯 2019 年年报管理层的分析与讨论整理。

从表 4 可以看出，腾讯是一家主营网络游戏等增值服务，兼营金融科技及企业服务、网络广告的公司。相比之下，脸书本质上是一家网络广告公司，2019 年度其广告收入高达 696 亿美元，仅次于谷歌的 1348 亿美元，成为世界上第二大广告公司，广告收入占全部营业收入的比例高达 98.53%，经营利润几乎都来自广告业务。显而易见，将主营网络游戏的腾讯与主营网络广告的脸书直接对比，并不具可比性，难以得出令人信服的结论。

同样地，将腾讯与新浪微博这两个我国数一数二的社交平台进行对比分析，也存在着因商业模式和行业地位的差异而带来的可比性问题。2019 年，新浪微博的营业收入为 17.67 亿美元（折合人民币 121.89 亿元），其中广告收入为 15.30 亿美元（折合人民币 105.55 亿元），占全部营业收入的比例高达 88.85%，而腾讯的广告收入占比只有 18.13%。此外，由于无形投资具有显著的扩展性（Scalability），赢家通吃效应在新经济时代普遍存在，市场份额高度集中于行业最大的企业。腾讯和新浪微博尽管是我国社交平台的两家头部企业，但实力悬殊，犹如脸书与推特一样，如表 5 所示。

表 5　　中美社交平台头部企业 2019 年实力对比

	美国社交平台		中国社交平台	
	脸书	推特	腾讯	新浪微博
活跃用户*（亿）	16.6	1.52	11.65	5.16
营业收入（亿美元）	706.97	34.59	546.93	17.67
税后利润（亿美元）	184.85	14.66	139.02	4.93
股票市值**（亿美元）	6416.80	243.00	5058.29	69.68

注：* 脸书和推特为日活跃用户数，腾讯和新浪微博为月活跃用户数。

** 按 2020 年 5 月 29 日的收盘价计算。

在实力如此悬殊的情况下，即使不考虑商业模式的差异，将腾讯与新浪微博或脸书与推特的财务业绩直接进行对比，可比性也令人生疑，因为这涉及规模报酬递增（Increasing Returns to Scale）问题。在“流量为王”的新经济时代，不同经营规模带来迥异的报酬递增，对盈利能力产生重大影响，这是新经济时代财务分析不容忽视的问题。

三、去伪存真的穿透分析

以上将腾讯的经营业绩与三大电信公司、脸书和新浪微博进行对比，凸显了新经济时代财务分析的可比性问题。可比性缺失，既与企业之间商业模式和行业地位存在巨大差异有关，也与旧经济时代的行业分类方法导致名不符实有关。现有的行业分类标准迥异，分类结果五花八门。譬如，按照全球行业分类标准，腾讯属于通信服务行业，按照申万行业指数分类标准，腾讯与百度、网易同属传媒行业，而按照证监会或其他行业分类标准，腾讯则被划分为信息技术行业或电子计算机行业。

为了提高财务分析的可比性和有效性，行业分类方法亟待改革和完善。新经济企业提供的产品和服务与其获取营业收入的主要来源往往大相径庭，行业到底应按业务性质（提供的产品或服务）划分，还是按商业模式（获取收入、利润和经营性现金流量的方式）划分，是个颇费思量的问题。我国的行业分类标准更侧重于按业务性质分类，而全球行业分类标准和富时全球分类系统（FTSE）主要按商业模式划分，如全球行业分类标准首先考虑企业的收入占比，然后再考虑利润占比，富时全球分类系统则以企业各项业务税前利润占比作为划分依据。以业务性质作为行业的划分标准，尽管具有约定俗成、便于理解、认可度较高等优点，缺点是形式重于实质、名实脱节，不利于财务分析。譬如，谷歌和百度提供搜索服务，但其收入、利润和经营性现金流量却来自广告业务。脸书、推特、腾讯和新浪微博尽管提供的都是社交服务，但腾讯与其他三大社交平台的商业模式却存在重大差异。亚马逊、京东和阿里巴巴虽然都被划分为电商行业，但阿里巴巴的平台型商业模式明显有别于亚马逊和京东的自营型商业模式。由此带来的一个问题是：商业模式存在重大差异的企业，能否划分为同一个行业?

另外，以商业模式作为行业的划分标准，虽然可以缓解名不符实的问题，大幅提高财务分析的可比性和有效性，但这种划分缺乏唯一性，面对同时拥有多种商业模式的企业，难以操作。譬如，网络游戏、金融科技和网络广告是腾讯获取收入、利润和经营性现金流量的三大来源，如何进行行业划分？是按收入主要来源将其划分为游戏行业，还是按收入比例将其划分为三个行业?

行业分类涉及统计数据的编制、收集和报送，改变行业分类方法阻力重重。在行业分类方法短期难以改变的情况下，唯有采用去伪存真的穿透分析，才能提高财务分析的可比性和有效性。这里所说的穿透分析，是指摆脱传统行业分类的束缚，透过商业模式和分部报告，以收入、利润和经营性现金流量的获取方式作为对标分析（Benchmarking）的基准以提高可比性和有效性的财务分析方法。按照穿透分析法，脸书、推特、谷歌、百度、新浪微博之间具有较高的可比性，这五家公司 2019 年广告收入占比分别为 98.53%、86.53%、83.29%、72.70% 和 88.85%，腾讯的广告收入占比只有 18.13%，与这五家公司的可比性极低，而与索尼、任天堂、微软、网易、动视暴雪（ATVI）等电子游戏巨头更具可比性。同样地，亚马逊、京东与沃尔玛的收入主要来自商品买卖，其经营业绩具有很高的可比性，与收入主要来自商品推介费、手续费和佣金的阿里巴巴没有太大的可比性。

现阶段运用穿透分析实属不易，主要是信息披露质量参差不齐。穿透分析要得到有效实施，必须对会计准则和信息披露进行相应的配套改革和完善。

（1）修改合并报表准则。在提供合并报表的基础上，对于收入占比超过一定比例（如 20%）的子公司或业务，还应以附件的方式提供这些子公司或业务的单独报表，便于投资者就收入成长性、毛利率、销售利润率、研发强度、资产周转率、负债率、总资产和净资产回报率等财务指标进行横向对比分析。从财务分析的角度看，个别报表的信息含量更多，将横跨多个行业、从事不同业务的个别报表合并，在增强合并主体经营业绩总括性和整体性的同时，也降低了财务分析的可比性和有效性。增加重要子公司或业务个别报表的披露，可在一定程度上弥补合并报表信息可比性不高的缺陷。

（2）完善分部报告准则。细化分部信息披露的颗粒度，要求企业参照三大报表的格式，更加充分地披露主要分部的财务状况、经营业绩和现金流量。对于采用免费商业模式的企业（如脸书和腾讯、谷歌和百度等），提供免费社交、免费搜索等服务发生的费用，应视同获客成本，分摊至各个收费服务项目，以便更准确地反映收费服务项目的盈利能力。

（3）修订研发费用准则。适当放松研发费用资本化的严苛要求，避免新经济企业在研发投入阶段低估盈利能力，在研发产出阶段高估盈利能力，从而影响处于不同研发阶段企业的盈利信息可比性。研发费用是否资本化涉及研发成功率，目前成功率的判断和评估通常以单个研发项目为主，容易低估研发的成功率，应鼓励企业以研发项目组合为基础评估成功率。

（4）实行成本费用双重披露。要求企业严格遵循会计准则的规定，同时按功能和性质对成本费用进行双重披露。新经济企业具有知识密集的特点，智慧资本特别是人力资本，是其保持竞争力和价值创造力的关键，按性质披露人工成本有助于投资者了解和评估企业对人力资本的投入力度。

（5）强化商业模式信息披露。有效的财务分析离不开对企业商业模式的深度了解，因为会计分类、确认、计量、列报和披露均受到商业模式的影响（黄世忠、黄晓薇，2018），加大商业模式的披露力度，可提高财务信息的可理解性，进而增强财务分析的可比性和有效性。

（6）增加关键经营要素披露。获客成本、客户黏性、行业地位、用户数量、信息资源、创新能力、技术专利、人力资本、信息系统、平台资产等，都属于新经济企业的关键经营要素。这些关键经营要素对于评估新经济企业的核心竞争力和价值创造能力至关重要（黄世忠，2018），其重要性毫不逊色于财务信息。上述关键经营要素涉及大量的无形投资，但由于不符合现行确认、计量和报告标准，未能在财务报表上体现，增加这些非财务信息的披露，显然有助于提高财务分析的可比性和有效性。

（原载于《财会月刊》2020 年第 13 期）

参考文献：

黄世忠，黄晓薇，2018. 商业模式的角色地位亟待明确［J］. 商业会计(11)：6－8.

黄世忠，2018. 旧标尺衡量不了新经济：论会计信息相关性的恶化与救赎［J］. 当代会计评论，11（4）：1－23.

创新型企业财务分析的困惑与解惑

——以蚂蚁集团为例

黄世忠

【摘要】本文以蚂蚁集团的招股说明书为基础，探讨创新型企业财务分析的新问题，提出新思路。第一部分指出以技术特征为基础的行业分类，导致蚂蚁集团的行业属性含混不清、名不符实，在横向对标分析时造成诸多困惑，严重削弱财务分析的可比性。第二部分提出，基于商业模式的行业分类和财务分析可以解开基于行业属性的财务分析所带来的困惑，破解对标问题，提高财务分析的可比性。第三部分分析蚂蚁集团的三大战略、比较优势和潜藏风险，包括联盟战略的协同优势与关联交易风险、平台战略的成本优势与垄断经营风险、生态战略的场景优势与隐私侵权风险。

【关键词】行业属性　商业模式　竞争战略　财务分析　对标选择　可比性

2020年8月25日，蚂蚁科技集团股份有限公司（以下简称蚂蚁集团）发布了招股说明书。相信投资者阅读招股说明书之后，无不对其深厚的科技实力，独特的商业模式，傲人的经营业绩印象深刻。但要从招股说明书中读懂蚂蚁集团纷繁复杂的财务报表，却颇具挑战性。为了帮助投资者更好地理解蚂蚁集团的财务状况、经营业绩和现金流量，本文以招股说明书为基础，从行业属性、商业模式和竞争战略等三个角度，对蚂蚁集团的财务报表进行解读和分析，希望能够为投资者释疑解惑。

一、基于行业属性的财务分析与困惑

蚂蚁集团的财务报表之所以费解，一个重要原因是蚂蚁集团行业属性非常特殊，难以界定。招股说明书第六节指出，根据证监会《上市公司行业分类指引》（2012 年修订）和《2017 年国民经济行业分类（GB/T 4754—2017)》，蚂蚁集团所属行业为“信息传输、软件和信息技术服务业”中的“互联网和相关服务”，因此蚂蚁集团将自己界定为一家科技公司，致力于推动包括金融服务业在内的全球现代服务业的创新和数字化升级，携手合作伙伴为消费者和小微企业提供普惠、绿色、可持续的服务。这种行业分类虽然不能说不正确，但显然不精细，未能反映出蚂蚁集团行业属性的特点。事实上，不管是蚂蚁集团自己的文宣，还是财经媒体的看法，蚂蚁集团都是一家金融科技企业，其通过 BASIC（B 代表 Block Chain 即区块链，A 代表 Artificial Intelligence 即人工智能，S 代表 Security 即信息安全，I 代表 Internet of Things 即物联网，C 代表 Cloud Computing 即云计算）为金融机构、消费者和小微企业提供数字化金融服务。如果蚂蚁集团确实属于信息传输、软件和信息技术服务业或金融科技业，那么，它在信息披露中理应选择企业类的报表格式，而不应选择金融机构的报表格式。

蚂蚁集团之所以选择金融机构的报表格式，表明其除了提供科技服务外，还直接从事金融服务，这从合并资产负债表中的拆出资金、应收保费、发放贷款与垫款、应付客户备付金、应付分保账款、保险合同准备金等项目就可窥见一斑。事实上，蚂蚁集团的前身分别为 2004 年成立的支付宝和余额宝等，2014 年更名为蚂蚁金服，直至 2020 年 7 月才更名为蚂蚁科技集团。不管公司名称如何变更，蚂蚁集团一直从事金融服务却是不争的事实，包括直接从事小额贷款、与其他金融机构合作开展理财、保险和结算等金融业务。可见，蚂蚁集团既是一家金融科技公司，也是一家科技金融公司（通过科技开展金融业务），其财务报表要同时反映科技服务和金融服务，导致其财务报表在格式和内容上既有别于科技公司，也不同于金融机构（其利润表格式与金融机构相去甚远）。这种“不伦不类”的报表格式，折射出蚂蚁集团行业归属的多重性。

报表格式关乎可比性问题，直接影响到横向分析的对标选择。分析蚂蚁集团财务报表产生的最大困惑就是对标选择，到底是将蚂蚁集团与科技企业对标，还是与金融机构对标？表1列示了蚂蚁集团的相关经营业绩指标。

表1　　　　蚂蚁集团相关业绩指标　　　　单位：亿元

	2017年度	2018年度	2019年度	2020年1~6月
营业收入	653.96	857.22	1206.18	725.28
营业成本	237.26	409.09	605.15	300.44
研发费用	47.89	69.03	106.05	57.20
研发强度	7.32%	8.05%	8.79%	7.89%
税后利润	82.05	21.56 *	180.72	219.23
资产总额	1337.30	2371.48	2715.58	3158.98
负债总额	683.62	847.65	819.90	1009.67
净资产	653.68	1523.84	1895.68	2149.31
毛利率	63.72%	52.28%	49.83%	58.58%
净利润率	12.55%	2.52%	14.89%	15.12%
负债率	51.12%	35.74%	30.19%	31.96%
净资产收益率	12.74%	0.63%	10.43%	5.43%

注：* 2018年税后利润大幅下降，主要是因为蚂蚁集团在推广及广告费用方面进行了较大规模的主动投入，该年度销售费用高达456.94亿元，远高于2017年的139.37亿元和2019年的161.66亿元。但该年度因丧失重大影响或共同控制后剩余股份改按公允价值重新计量的利得高达228.68亿元，部分抵销了销售费用大幅增长对税后利润的影响。剔除重估利得等非经常性损益后，蚂蚁集团2018年的税后利润为-182.74亿元。

从表1可以得出，2017~2019年蚂蚁集团营业收入的年均复合增长率高达35.81%，这更像是高成长性的科技企业（2019年规模以上互联网和相关服务业营业收入增长率为21.4%），而不像低成长性的金融机构（2019年A股上市银行营业收入增长率为10.21%，其中国有银行营业收入增长率只有8%左右）。从毛利率看，蚂蚁集团具有高附加值的科技企业特点，与互联网行业三巨头旗鼓相当（2019年苹果、微软和谷歌的毛利率分别为37.73%、67.78%、55.58%），而金融机构按照惯例既不计算也不披露毛利率。从研发强度看，蚂蚁集团也比较接近科技企业（2019年苹果、微软和谷歌的研发强度分别为6.23%、13.47%和16.07%），而金融机构通常不披露研发费用，研发投入强度无从计算。从负债率看，蚂蚁集团与高度依赖于举债经营的金融机构相去甚远（2019年“工农中建”的负债率分别为91.07%、

92.12%、91.30%和91.19%），与“不差钱”的互联网三巨头颇为相似（2019年苹果、微软和谷歌的有息负债率分别为31.92%、21.02%和1.65%）。从净资产收益率看，除2018年外，蚂蚁集团比较接近于金融机构（2019年“工农中建”的净资产收益率分别为13.05%、12.43%、12.24%和13.18%），但明显逊色于互联网三巨头（2019年苹果、微软和谷歌的净资产收益率分别为55.92%、40.14%和18.12%）。

上述分析表明，蚂蚁集团的科技属性明显强于金融属性，选择金融机构的报表格式能否反映其行业属性存在很大疑问。笔者认为，蚂蚁集团选择企业的报表格式更加符合其战略定位和业务特点，对于为数不多的自营型金融业务所涉及的资产和负债，可以归入其他资产和其他负债项目，并在报表附注中予以披露。

必须指出，行业分类含混不清或名不符实的现象绝不是蚂蚁集团所独有，而是在以商业模式创新著称的新经济时代普遍存在。以技术特点作为行业分类的标准，容易造成新经济企业财务分析的困惑，在一定程度上降低了财务信息的决策有用性。这是新经济时代遇到的亟待破解的难题。

二、基于商业模式的财务分析与解惑

如何破解新经济时代以技术特点作为行业分类标准所带来的名不符实及其衍生的财务分析困惑难题呢？以商业模式作为新经济企业的行业划分标准，或许是破解这一难题的出路，值得探索。

以商业模式作为行业分类标准，最大障碍是商业模式缺乏权威的定义，学术界和实务界基于不同视角对商业模式进行界定，形成五花八门的定义。尽管这些定义各有其合理基础，但大多与财务报告及其分析的关联性不大。欧洲财务报告咨询组（EFRAG）认为，从价值创造和现金流量的角度定义商业模式，可以避免商业模式边界无限扩大化（EFRAG，2015）。基于财务报告决策有用性目标，本文将商业模式定义为报告主体通过其核心经营活动创造价值和现金流量的主要方式，这里的价值创造主要指收入和利润的获取方式。

笔者认为，以商业模式作为行业分类标准，有助于财务信息使用者了解新经济企业如何为客户创造价值，便于他们评估新经济企业在为客户创造价值的过程中如何获取收入、利润和现金流量。譬如，腾讯和脸书若按技术特点划分，同属社交平台，但腾讯的主要收入、利润和现金流量来自网络游戏，而脸书的绝大部分收入、利润和现金流量则来自网络广告，两者的商业模式迥异，财务信息的可比性不高。

就蚂蚁集团而言，从商业模式的角度分析其财务报表，便可解开以技术特点作为行业分类标准给财务分析带来的困惑。根据其招股说明书的介绍，蚂蚁集团的业务可分为三大板块：数字支付及商家服务、数字金融科技平台、创新及其他服务。由于创新及其他服务（主要向各类企业和合作伙伴提供区块链和数据库服务）创造的收入占比不足1%，以下着重分析数字支付和商家服务以及金融科技平台的商业模式。

Osterwalder 等在《商业模式新生代》一书中提出，商业模式由九大要素组成（Osterwalder et al.，2010），并提出了著名的商业模式画布（Business Model Canvas）这一识别不同商业模式的实用工具。根据商业模式画布，蚂蚁集团数字支付及商家服务的商业模式和数字金融科技平台的商业模式可描绘成图1和图2。

<table>
<tr>
<td rowspan="2">8. 关键合作伙伴
（Key Partnerships）
阿里巴巴集团
8000多万户月度活跃商家
2000多家金融机构</td>
<td>7. 关键活动
（Key Activities）
提供数字支付服务</td>
<td rowspan="2">2. 价值主张
（Value Propositions）
让天下没有难做的生意</td>
<td>4. 客户关系
（Customer Relation-ships）
通过构建生态网维护客户关系</td>
<td rowspan="2">1. 客户细分
（Customer Segments）
超过10亿个支付宝活跃用户
8000多万户月度活跃商家
淘宝、天猫等交易平台</td>
</tr>
<tr>
<td>6. 关键资源
（Key Resources）
支付宝等支付平台
与阿里巴巴共享的商业场景
管理和技术团队</td>
<td>3. 渠　道
（Channels）
线上获客
线上服务
口碑营销</td>
</tr>
<tr>
<td colspan="3">9. 成本结构（Cost Structure）
支付平台开发和维护费用；职工薪酬；折旧费用；市场推广费用；向金融机构和商家支付的费用；其他费用</td>
<td colspan="2">5. 收入来源（Revenue Streams）
按照交易规模的一定百分比向商家和平台收取的交易服务费；就跨境交易收取服务费；就金融交易和个人交易收取服务费；向商家收取服务费</td>
</tr>
</table>

图1　数字支付及商家服务商业模式构成要素

资料来源：根据蚂蚁集团招股说明书整理。

<table>
<tr>
<td rowspan="2">8. 关键合作伙伴
(Key Partnerships)
阿里巴巴集团
100 家提供微贷的商业银行
170 家提供理财服务的资产管理公司
90 家提供保险服务的保险公司</td>
<td>7. 关键活动
(Key Activities)
为合作伙伴开展的信贷、理财和保险业务提供技术服务</td>
<td rowspan="2">2. 价值主张
(Value Propositions)
让天下没有难做的生意

让每一个个体可以享受普惠、绿色金融服务</td>
<td>4. 客户关系
(Customer Relation-ships)
通过蚂蚁生态圈维护客户关系</td>
<td rowspan="2">1. 客户细分
(Customer Segments)
7.29 亿数字金融服务用户</td>
</tr>
<tr>
<td>6. 关键资源
(Key Resources)
微贷科技平台
理财科技平台
保险科技平台
管理和技术团队</td>
<td>3. 渠　道
(Channels)
线上获客
线上服务
口碑营销</td>
</tr>
<tr>
<td colspan="3">9. 成本结构(Cost Structure)
支付平台开发和维护费用；职工薪酬；折旧费用；市场推广费用；向金融机构支付的费用；其他费用</td>
<td colspan="2">5. 收入来源(Revenue Streams)
按照合作金融机构通过微贷平台获取的利息收入的一定百分比收取技术服务费；按照理财平台促成合作金融机构实现资产管理规模的一定百分比收取技术服务费；按照保险平台促成合作金融机构收取保费的一定百分比收取技术服务费</td>
</tr>
</table>

图 2　数字金融科技平台商业模式构成要素

资料来源：根据蚂蚁集团招股说明书整理。

招股说明书显示，蚂蚁集团通过上述三大业务板块获取的收入如表 2 所示。

表 2　　蚂蚁集团三大业务板块创造的收入及其占比　　单位：亿元

	2017 年		2018 年		2019 年		2020 年 1 ~6 月	
	金额	占比	金额	占比	金额	占比	金额	占比
数字支付及商家服务	358. 90	54. 88%	443. 61	51. 75%	519. 05	43. 03	260. 11	35. 86%
数字金融科技平台	289. 93	44. 33%	4061. 16	47. 38%	677. 83	56. 20	459. 72	63. 39%
创新及其他业务	5. 13	0. 79%	7. 45	0. 87%	9. 30	0. 77%	5. 45	0. 75%
合　计	653. 96	100. 00%	857. 22	100. 00%	1206. 18	100. 00%	725. 28	100. 00%

解构了蚂蚁集团的商业模式和业务特点后，对其财务报表的理解和分析就变得直截了当，对标困惑便可迎刃而解。进行横向对比的财务分析时，将

互联网及相关服务企业作为蚂蚁集团的对标参照系显失合理性，将蚂蚁集团与从事数字支付业务和提供金融科技服务的企业直接对标分析更具可比性，更有可能得出有意义的结论。

笔者认为，2015 年从易贝公司（以下简称 eBay）分拆出来并独立上市的支付巨擘贝宝公司（以下简称 PayPal）公司在业务特点和商业模式上与蚂蚁集团最具可比性。PayPal 主要通过双边的支付平台向合作商家和消费者提供数字支付和其他数字金融服务，其获取收入的方式有两种。一是交易服务收入，即按照总支付规模（Total Payment Volume，简称 TPV）的一定百分比向合作商家和消费者收取服务费，二是其他增值服务收入，即向合作商家和消费者收取的合作费、订阅费、入口费和其他服务费。表 3 列示了 PayPal 的收入及其构成。

表 3　　PayPal 两大业务板块的收入及其占比　　单位：亿美元

	2017 年		2018 年		2019 年		2020 年 1～6 月	
	金额	占比	金额	占比	金额	占比	金额	占比
交易服务收入	115.01	87.83%	137.09	88.73%	160.99	90.58%	91.60	92.72%
其他增值服务收入	15.93	12.17%	17.42	11.27%	16.73	0.77%	7.19	7.28%
合　计	130.94	100.00%	154.51	100.00%	177.72	100.00%	98.79	100.00%

对比表 2 和表 3 可以看出，蚂蚁集团的主要收入来自数字金融科技服务，而 PayPal 的主要收入来自交易服务（相当于蚂蚁集团的数字支付及商家服务）。尽管如此，蚂蚁集团和 PayPal 的业务特点和商业模式总体上具有较高的可比性。表 4 对比分析了蚂蚁集团与 PayPal 的主要财务指标。

表 4　　蚂蚁集团与 PayPal 主要财务指标对比分析　　单位：亿元

		2017 年	2018 年	2019 年	2020 年上半年
营业收入	蚂蚁集团	653.96	857.22	1206.18	725.28
	PayPal*	884.08	1022.45	1226.00	700.66
毛利率	蚂蚁集团	63.72%	52.28%	49.83%	58.58%
	PayPal	48.87%	46.53%	44.94%	44.98%
研发费用	蚂蚁集团	47.89	69.03	106.05	57.20
	PayPal*	117.48	121.16	143.83	87.50
研发投入强度	蚂蚁集团	7.32%	8.05%	8.79%	7.89%
	PayPal	13.29%	11.85%	11.73%	12.49%

续表

		2017 年	2018 年	2019 年	2020 年上半年
税后利润	蚂蚁集团	82.05	21.56	180.72	219.23
	PayPal *	121.21	136.09	169.68	57.19
净利润率	蚂蚁集团	12.55%	2.52%	14.89%	15.12%
	PayPal	13.71%	13.31%	13.84%	8.17%
资产总额	蚂蚁集团	1337.30	2371.48	2715.88	3158.98
	PayPal **	2652.88	2979.29	3581.09	4471.84
负债总额	蚂蚁集团	683.62	847.65	819.89	1009.67
	PayPal **	1612.26	1921.43	2400.09	3219.89
负债率	蚂蚁集团	51.12%	35.74%	30.19%	31.96%
	PayPal	60.77%	64.49%	67.02%	72.00%
股东权益	蚂蚁集团	653.68	1523.83	1895.69	2149.31
	PayPal **	1040.62	1057.86	1118.00	1251.95
净资产收益率	蚂蚁集团	12.74%	0.63%	10.43%	5.43%
	PayPal	11.69%	13.11%	15.22%	9.33%
经营活动产生的净现金流量	蚂蚁集团	161.41	-190.50	172.60	270.13
	PayPal *	170.89	360.83	314.64	275.18
自由现金流量	蚂蚁集团	147.68	-210.46	23.15	267.38
	PayPal *	128.28	218.36	269.04	247.07

注：* 按相应会计期间美元对人民币的平均汇率折算为人民币。

** 按相应会计期间美元对人民币的期末汇率折算为人民币。

从表4 中可以看出：(1) 蚂蚁集团过去三年的年均复合增长率高达35.81%，比 PayPal 的 17.76% 年均复合增长率高出一倍多，营业收入规模已经赶超 PayPal；(2) 蚂蚁集团的毛利率一直高于 PayPal，这可能与蚂蚁集团所处市场的竞争程度较低有关；(3) 蚂蚁集团的研发投入和研发强度均明显逊色于 PayPal，发行新股募集的资金应更多投入研究开发，以进一步提高数字支付和数字金融科技的技术水平；(4) 2019 年和 2020 年上半年，蚂蚁集团的净利润超越了 PayPal，净利润率也在2019 年反超 PayPal，这在一定程度上与蚂蚁集团的研发强度较低有关；(5) 蚂蚁集团的资产和负债规模虽然小于 PayPal，但股东权益却远超 PayPal，负债率显著低于 PayPal，表明其秉持较稳健的财务政策和较保守的资本结构；(6) 蚂蚁集团的净资产收益率一直逊色于 PayPal，其净利润率高于 PayPal，总资产周转率也不逊色于 PayPal，但净资产收益却低于 PayPal，说明较保守的资本结构已经对蚂蚁集团的净资产收益率造成负面影响，新股发行后，这一问题将更加突出，优化资本结构任重道远；（7）蚂蚁集团经营活动产生的现金净流量不仅波动性较大，而且在总量上与 PayPal 仍有较大差异，2020 年上半年明显改善且基本追平 PayPal，自由现金流量也逊色于 PayPal，但 2020 年上半年明显好转。由于蚂蚁集团的负债率极低且新股发行将募集巨额资金，因此还本付息和支付股利无忧。

以上分析表明，在 2017 年至 2020 年 6 月期间，蚂蚁集团的经营规模虽然已经超过 PayPal，但在经营业绩、研发投入强度和现金流量方面仍与 PayPal 存在一定差异。值得说明的是，上述基于商业模式的财务报表分析显著提高了横向对比的可比性。蚂蚁集团和 PayPal 的商业模式具有较高的相似性，均属于平台型的商业模式，均按净额法确认收入，从而提高了毛利率和净利润率等业绩指标的可比性。因此，资本市场参照 PayPal 的股票市值（2020 年 8 月 30 日股票市值为 2399 亿美元），将蚂蚁集团的估值确定在 1500 亿美元至 2000 亿美元之间，有一定的依据。

目标企业与对标企业的商业模式存在重大差异时，毛利率、净利润率以及各种资产周转率等指标将失去可比性。譬如，2019 年亚马逊、京东和阿里巴巴的营业收入分别为 2805 亿美元（折合人民币 19350 亿元）、5769 亿元和 5097 亿元，阿里巴巴垫底，但其税后利润却高达 1404 亿元，远高于亚马逊的 116 亿美元（折合人民币 800 亿元）和京东的 119 亿元。据此计算，阿里巴巴的净利润率高达 27.55%，大幅高于亚马逊 4.13% 的净利润率和京东 2.05% 的净利润率。但是，阿里巴巴的净利润率与亚马逊和京东的净利润率是没有可比性的，因为阿里巴巴采用的是平台型的商业模式，会计准则要求其按净额法确认收入，而亚马逊和京东采用的是自营型的商业模式，会计准则要求其采用总额法确认收入。商业模式和收入确认方法的差异，导致净利润率等财务指标可比性缺失。可见，基于商业模式的财务报表分析，可避免跌入可比性陷阱。

三、基于竞争战略的财务分析与展望

尽管在招股说明书中，蚂蚁集团声称因业务结构和商业模式的独特性，其在国内外没有可比的竞争对手，但也承认未来可能面临竞争和挑战。从招股说明书中可以看出，蚂蚁集团采用的下列竞争战略为其形成了独特的竞争优势，在相当一段时间内成为抵御竞争的护城河。但这些独特的竞争优势也潜藏着一定的风险，值得长期投资者关注。

1. 联盟战略的协同优势与关联交易风险分析

与阿里巴巴系族企业、金融机构和合作商家建立联盟关系，是蚂蚁集团的一个重要发展战略，其中与阿里巴巴系族企业建立的联盟战略是重中之重。蚂蚁集团与阿里巴巴系族企业在战略层面保持了十分紧密的联盟关系，其数字支付业务和数字金融服务的发展受益于阿里巴巴系族企业提供的应用场景和消费规模。2020会计年度，淘宝和天猫等平台实现了7.053万亿元的商品交易总额（GMV），派生了巨大的资金支付和金融服务需求，为蚂蚁集团的数字支付和数字金融服务夯实了十分牢固的基础。蚂蚁集团本来就是从阿里巴巴集团分拆出来的，采用联盟战略与阿里巴巴系族企业保持密切的业务关系，可以形成协同效应优势，降低市场开拓和获客成本。

联盟战略在带来协同优势的同时，也使蚂蚁集团存在关联交易风险。2017年、2018年、2019年和2020年上半年，蚂蚁集团从与阿里巴巴集团、网商银行和其他关联方发生的经营性关联交易获得的营业收入分别为95.42亿元、141.81亿元、191.18亿元和109.80亿元，分别占各个会计期间营业收入总额的14.59%、16.54%、15.85%和15.14%。在经常性关联交易中，需要支付阿里巴巴集团、网商银行和其他关联方的费用分别为21.34亿元、35.72亿元、62.02亿元和38.58亿元，分别占各个会计期间营业成本和期间费用总额的4.78%、3.61%、6.32%和8.68%。经常性关联交易不仅影响蚂蚁集团的经营独立性，在业务上造成对阿里巴巴系族企业的依赖性，而且容易因为关联交易定价公允性而遭受合规风险和中小股东诉讼风险。

此外，再牢固的联盟关系也有可能破裂。作为两家独立的上市公司，蚂蚁集团与阿里巴巴集团的股东存在着不同利益诉求和发展理念，谁也不敢保证这两家公司不会因为利益冲突或实际控制人和关键高管人员的变动而永不分离。PayPal和eBay的殷鉴不远。PayPal在2015年从eBay中分拆上市后，双方签署了五年过渡期合作协议。2018年1月31日，eBay宣布协议到期后将终止双方的合作关系，停止使用PayPal作为其后端支付服务提供商，改由荷兰的Adyen负责处理其网站上的所有数字支付服务。

2. 平台战略的成本优势与垄断经营风险分析

平台战略是阿里巴巴取得空前成功的重要法宝，自然也被从阿里巴巴脱胎而出的蚂蚁集团奉为圭臬。蚂蚁集团的平台分为数字支付平台和数字金融服务平台两大类。在数字支付平台方面，支付宝已经成为蚂蚁集团提供数字支付、数字金融和数字生活服务的核心载体，吸附了超过10亿的用户和8000多万户商家，成为投资者对蚂蚁集团进行估值时最看重的表外资产。在数字金融服务平台方面，除了充分利用支付宝的溢出效应外，蚂蚁集团已经构建了微贷科技平台、理财科技平台和保险科技平台等三大支柱。截至2020年6月30日，通过与约100家银行合作，微贷科技平台促成了17320亿元的消费信贷和4217亿元的小微经营者信贷；通过与约170家资产管理公司合作，理财科技平台促成了40986亿元的资产管理规模；通过与约90家保险机构合作，保险科技平台促成了518亿元的保费。

蚂蚁集团选择平台战略，无疑是明智之举。首先，平台战略是一种化敌为友的高明策略，不仅避免蚂蚁集团与金融机构直接展开竞争，而且成功地将2000多家的金融机构由竞争对手转化为战略合作伙伴，将零和博弈演绎成合作共赢的局面。这种做法使蚂蚁集团扬长避短，将资源和精力聚焦在向合作金融机构提供金融科技支持和基于大数据的信用风险管理增值服务，避免到处设立营业网点和雇用大量人员。截至目前，蚂蚁集团的员工总数只有16660人，其中技术人员10464人，占比64%。2017年、2018年、2019年和2020年上半年，蚂蚁集团的人工成本分别为78.52亿元（其中股份支付31.82亿元）、106.72亿元（其中股份支付39.16亿元）、148.38亿元（其中股份支付51.36亿元）和82.28亿元（其中股份支付26.97亿元），占相应会计期间营业收入的比例分别为12.01%、12.45%、12.30%和11.34%，远低于传统银行人工成本的占比（譬如，招商银行2018年和2019年人工成本占营业收入的比例分别为18.52%和19.07%）。其次，以平台型商业模式开展数字金融服务，而不是直接从事金融服务，可避免资金占用，降低坏账风险。例如，在微贷科技平台促成的17320亿元消费信贷中，约98%的信贷余额是由合作的金融机构实际发放贷款的，蚂蚁集团自己发放的贷款仅占2%左右，2020年6月30日贷款和垫款余额只有362.42亿元，占资产总额的11.47%。最后，平台可以汇集数据流、资金流、人员流和物流，形成规模效应，降低边际成本和获客成本，确立成本优势。支付宝平台10亿级别的海量用户，汇集的数据流便于蚂蚁集团分析客户的消费偏好和资信状况，利用这些信息优势为合作金融机构提供消费信贷信用风险管理的边际成本极低，堪称一本万利的生意。

平台战略有时会造成赢家通吃（winner takes all）的局面，导致市场高度集中。招股说明书显示，蚂蚁集团的微贷技术平台、理财科技平台和保险科技平台在国内排名均位列第一，支付宝平台更是独霸天下，无人匹敌。这种一家独大的市场地位，尽管是通过信息技术创新和商业模式创新获取的，而不是依靠行政资源形成的，仍然存在着被指控为垄断经营的可能性，犹如微软曾经面临着垄断指控和被分拆的压力。特别是，如果越来越多的商家和银行形成对蚂蚁集团数字支付平台和数字金融服务平台的依赖，而蚂蚁集团又滥用这种依赖获取定价或其他好处时，被指控为垄断经营的风险就会显著增加。

3. 生态战略的场景优势与隐私侵权风险分析

生态战略是指蚂蚁集团通过与阿里巴巴系族企业的天然关系建构相互利用的业务体系，通过参股控股、收购兼并等活动与其他企业建立利益共同体，或者通过支付宝等线上技术平台打造全方位服务体系的生态圈。蚂蚁集团生态战略的理想目标是让我们的衣食住行，甚至是生老病死都离不开蚂蚁集团和阿里巴巴集团精心布设的生态圈。

支付宝是蚂蚁集团实施生态战略的锐器，数字支付、数字金融和数字生活服务构成的全方位服务平台统称为支付宝平台。支付宝 APP 已经成为全球最大的商业类 APP，连接了超过 10 亿消费者、超过 8000 万户商家和超过 2000 家金融机构合作伙伴，涵盖了超过 1000 种日常生活服务以及超过 200 万个小程序。与蚂蚁集团合作的商家和金融机构通过支付宝平台入口触达消费者，消费者将支付宝作为一站式服务平台，获取触手可及的数字支付、数字金融和数字生活服务，如图 3 所示。

蚂蚁集团之所以热衷于生态战略，是因为该战略有助于营造无所不在的商业场景（Business Scenario），而商业场景显然有助于派生出源源不断的数字支付、数字金融和数字生活服务需求，从而为蚂蚁集团单独或与合作的商家和金融机构联手提供服务机会和交易。而缺少商业场景所派生的服务和交易机会，恰恰是传统金融机构的痛点，这就是包括“工农中建”等金融机构纷纷寻求与阿里巴巴集团和蚂蚁集团合作的根本原因，不与这样的生态型企业合作，意味着服务和交易机会的流失。

生态战略的场景优势来自阿里巴巴集团与蚂蚁集团的海量信息和数据共享。而这些信息和数据主要是阿里巴巴集团和蚂蚁集团利用人工智能（包括算法）和大数据等信息技术，对数以亿计的消费者和商家在各种平台和业务场景进行交易而不断累积的海量信息进行发掘和分析形成的。这些数字资产

图3 以支付宝为中心的生态网

资料来源：蚂蚁集团招股说明书。

价值连城，创造了宝贵的服务和交易机会。这些信息和数据往往涉及消费者和商家的隐私权问题。隐私权是数字经济时代十分敏感的话题，与阿里巴巴集团一样，蚂蚁集团在享受消费者和商家提供的信息和数据好处的同时，也面临着因不当收集、存储、使用和披露而存在的信息安全和隐私侵权风险、监管风险和诉讼风险。投资者在分析和评价蚂蚁集团经营业绩时，必须充分关注数字资产所具有的报酬与风险并存的特性。

（原载于《财会月刊》2020 年第 19 期）

参考文献：

EFRAG，2015. Getting a Better Framework：Profit or Loss Versus OCI [R/OL]. www. efrag. org.

OSTERWALDER，ALEXANDER，PIGNUER YVES，SMITH ALAN，2010. Business Model Generation. Wiley.

如实反映抑或失实反映？

——基于中美十大新经济企业十年的财务分析

黄世忠

【摘要】本文以中美十大新经济企业2010～2019年年报为基础，分析研发支出和股票期权费用化对这十大新经济企业经营业绩和财务状况如实反映的影响。结果发现，将研发支出和股票期权进行费用化的会计处理，系统低估了中美十大新经济企业的经营业绩和财务状况，按照现行会计准则编制的财务报表在如实反映方面表现欠佳。由此，本文就提高新经济企业会计信息如实反映质量特征提出八点建议。

【关键词】研发支出　股票期权　费用化　资本化　如实反映

注重研究开发投入和实施股票期权激励是新经济企业的两大显著特点。现行会计准则关于研究开发支出和股票期权激励的规定，将对新经济企业经营业绩和财务状况的如实反映产生什么影响？本文基于中美十大新经济企业2010～2019年年报的财务分析表明，现行会计准则对研发支出资本化的苛刻要求和将股票期权激励费用化的不合理做法，严重低估了新经济企业的经营业绩和财务状况，如实反映有沦为失实反映之虞，值得充分关注，以寻求破解之道。

一、研发支出和股票期权费用化对经营业绩如实反映的影响分析

表1列示了中美十大新经济企业2010～2019年的经营业绩指标。

表1　　中美十大新经济企业2010～2019年经营业绩*

		营业收入	研究开发费用	股票期权费用	税后利润	经营性净现金流量
中国	华为	42340	6003	—	3453	5027
	京东	20555	444	194	-122	1156
	阿里巴巴**	16629	1665	1407	4571	6918
	腾讯	14139	1129	363	3895	5828
	百度	5570	828	187	1257	1960
合计		99233	10069	2151	13054	20889
美国	苹果	18879	782	330	4204	5805
	亚马逊	12412	1410	260	295	1398
	微软	8824	1179	283	2133	3426
	谷歌	8088	1229	535	1694	2850
	脸书	2439	485	234	765	1280
合计		50642	5085	1624	9091	14759

注：*中国五大新经济企业货币单位为亿元，美国五大新经济企业货币单位为亿美元。

**阿里巴巴的会计年度为4月1日至次年3月31日，为便于分析，本文将其2011～2020会计年度视为2010～2019年度。

从表1可以算出，中国五大新经济企业和美国五大新经济企业过去十年的研发投入强度旗鼓相当，分别为10.15%和10.04%。倘若将研发支出资本化且分五年平均摊销，不考虑所得税因素，则中国五大新经济企业和美国五大新经济企业过去十年的税后利润将分别增加3906.8亿元和1807.6亿美元，分别占对外报告税后利润的29.9%和19.8%。若再剔除股票期权费用，则中国五大新经济企业（华为不存在股票期权费用）和美国五大新经济企业过去十年的税后利润将增加6057.8亿元和3449.6亿美元，分别占对外报告税后利润的46.4%和37.9%%。研发支出和股票期权的费用化会计处理对新经济企业经营业绩的重大影响可见一斑，如表2所示。

改变研发支出和股票期权的会计处理对中美十大新经济企业各年经营业绩的具体影响详见表3至表12。

表 2　　研发支出资本化和剔除股票期权费用对税后利润的影响*

		研发支出资本化		剔除股票期权费用		合　计	
		调增利润	占报告利润比	调增利润	占报告利润比	调增利润	占报告利润比
中国	华为	2174.2	63.0%	—	—	2174.2	63.0%
	京东	225.2	**	194.0	**	419.2	**
	阿里巴巴	710.0	15.5%	1407.0	30.8%	2117.0	46.3%
	腾讯	484.2	12.4%	363.0	9.3%	847.2	21.7%
	百度	313.2	24.9%	187.0	14.9%	500.2	39.8%
合　计		3906.8	29.9%	2151.0	15.0%	6057.8	46.4%
美国	苹果	281.4	6.7%	330.0	7.8%	611.4	14.5%
	亚马逊	582.6	197.5%	260.0	88.1%	842.6	285.6%
	微软	299.4	14.0%	283.0	13.3%	582.4	27.3%
	谷歌	430.6	25.4%	535.0	31.6%	965.6	57.0%
	脸书	213.6	27.9%	234.0	30.6%	447.6	58.5%
合　计		1807.6	19.8%	1642.0	18.1%	3449.6	37.9%

注：* 中国五大新经济企业货币单位为亿元，美国五大新经济企业货币单位为亿美元。

** 京东过去 10 年税后利润合计为 -122 亿元，因此无法计算调增利润占比。

表 3　　华为 2010 ~ 2019 年经营业绩　　单位：亿元

年份	营业收入	研究开发费用（1）	研究开发费用（2）	股票期权费用	税后利润（1）	税后利润（2）	税后利润（3）	调增利润占比	经营性净现金流量
2010	1825	166	33.2	—	256	388.8	388.8	51.9%	316
2011	2039	237	80.6	—	117	273.4	273.4	133.7%	178
2012	2202	297	140.0	—	156	313.0	313.0	100.7%	250
2013	2390	316	203.2	—	210	322.8	322.8	53.7%	226
2014	2882	408	284.8	—	279	402.2	402.2	44.2%	418
2015	3950	586	368.8	—	369	586.2	586.2	58.9%	523
2016	5216	764	474.2	—	371	660.8	660.8	78.1%	492
2017	6036	897	594.2	—	475	777.8	777.8	63.7%	963
2018	7212	1015	734.0	—	593	874.0	874.0	47.4%	747
2019	8588	1317	915.8	—	627	1028.2	1028.2	64.0%	914
合计	42340	6003	3828.8	—	3453	5627.2	5627.2	63.0%	5027

注：研究开发费用（1）和税后利润（1）为报表实际数；研究开发费用（2）和税后利润（2）为将研究开发费用予以资本化并按 5 年摊销的模拟结果；税后利润（3）为调整研究开发费用和股票期权费用后的模拟结果。表 4 至表 13 同上，不再说明。

表4　　京东2010～2019年经营业绩　　单位：亿元

年份	营业收入	研究开发费用（1）	研究开发费用（2）	股票期权费用	税后利润（1）	税后利润（2）	税后利润（3）	调增利润占比	经营性净现金流量
2010	86	1	0.2	1	-4	-3.2	-2.2	—	-6
2011	211	2	0.6	1	-13	-11.6	-10.6	—	-1
2012	414	6	1.8	2	-17	-12.8	-10.8	—	14
2013	693	9	3.6	3	-0.5	4.9	7.9	—	36
2014	1085	18	7.2	42	-50	-39.2	2.8	—	129
2015	1677	29	12.8	12	-94	-77.8	-65.8	—	170
2016	2377	45	21.4	21	-34	-10.4	10.6	—	88
2017	3623	67	33.6	28	-0.5	32.9	60.9	—	269
2018	4620	121	56.0	37	-28	37.0	74.0	—	209
2019	5769	146	81.6	47	119	183.4	230.4	93.6%	248
合计	20555	444	218.8	194	-122	103.2	297.2	—	1156

表5　　阿里巴巴2011～2020年经营业绩　　单位：亿元

年份	营业收入	研究开发费用（1）	研究开发费用（2）	股票期权费用	税后利润（1）	税后利润（2）	税后利润（3）	调增利润占比	经营性净现金流量
2011	119	21	4.2	9	16	32.8	41.8	161.3%	59
2012	200	29	10.0	13	47	66.0	79.0	68.1%	93
2013	345	38	17.6	13	86	106.4	119.4	38.8%	145
2014	525	51	27.8	28	234	257.2	285.2	21.9%	264
2015	762	107	49.2	130	243	300.8	430.8	77.3%	412
2016	1011	138	72.6	161	713	778.4	939.4	31.8%	568
2017	2299	248	116.4	160	412	543.6	703.6	70.8%	803
2018	2503	228	154.4	201	614	687.6	888.6	44.7%	1258
2019	3768	374	219.0	375	802	957.0	1332.0	66.1%	1510
2020	5097	431	283.8	317	1404	1551.2	1868.2	33.1%	1806
合计	16629	1665	955.0	1407	4571	5281.0	6688.0	46.3%	6918

表6 腾讯2010～2019年经营业绩 单位：亿元

年份	营业收入	研究开发费用（1）	研究开发费用（2）	股票期权费用	税后利润（1）	税后利润（2）	税后利润（3）	调增利润占比	经营性净现金流量
2010	196	17	3.4	5	81	94.6	99.6	23.0%	123
2011	285	27	8.8	7	102	120.2	127.2	24.7%	152
2012	439	42	17.2	9	128	152.8	161.8	26.4%	217
2013	604	51	27.4	12	156	179.6	191.6	22.8%	244
2014	789	76	42.6	18	239	272.4	290.4	21.5%	327
2015	1029	90	55.2	28	291	325.8	353.8	21.6%	454
2016	1519	118	73.4	43	414	458.6	501.6	21.2%	655
2017	2378	175	100.0	61	725	800.0	861.0	18.8%	1061
2018	3127	229	135.6	79	800	893.4	972.4	21.6%	1109
2019	3773	304	181.2	101	959	1081.8	1182.8	23.3%	1486
合计	14139	1129	644.8	363	3895	4379.2	4742.2	21.8%	5828

表7 百度2010～2019年经营业绩 单位：亿元

年份	营业收入	研究开发费用（1）	研究开发费用（2）	股票期权费用	税后利润（1）	税后利润（2）	税后利润（3）	调增利润占比	经营性净现金流量
2010	79	7	1.4	1	35	40.6	41.6	18.9%	47
2011	145	13	4.0	2	66	75.0	77.0	16.7%	82
2012	223	23	8.6	2	104	118.4	120.4	15.8%	120
2013	319	41	16.8	5	103	127.2	132.2	28.3%	138
2014	491	70	30.8	10	123	162.2	172.2	40.0%	179
2015	664	102	49.8	14	324	376.2	390.2	20.4%	198
2016	705	102	67.6	18	116	150.4	168.4	45.2%	223
2017	848	129	88.8	32	183	223.2	255.2	39.5%	328
2018	1022	158	112.2	47	226	271.8	318.8	41.1%	360
2019	1074	183	134.8	56	-23	25.2	81.2	—	285
合计	5570	828	514.8	187	1257	1570.2	1757.2	39.8%	1960

表 8　　苹果 2010 ~ 2019 年经营业绩　　单位：亿美元

年份	营业收入	研究开发费用（1）	研究开发费用（2）	股票期权费用	税后利润（1）	税后利润（2）	税后利润（3）	调增利润占比	经营性净现金流量
2010	652	18	3. 6	9	140	154. 4	163. 4	16. 7%	186
2011	1082	24	8. 4	12	259	274. 6	286. 6	10. 7%	395
2012	1565	34	15. 2	17	417	435. 8	452. 8	8. 6%	509
2013	1709	45	24. 2	23	370	390. 8	413. 8	11. 8%	537
2014	1828	60	36. 2	29	395	418. 8	447. 8	13. 4%	597
2015	2337	81	48. 8	36	534	566. 2	602. 2	12. 8%	813
2016	2156	100	64. 0	42	457	493. 0	535. 0	17. 1%	658
2017	2292	116	80. 4	48	484	519. 6	567. 6	17. 3%	642
2018	2656	142	99. 8	53	595	637. 2	690. 2	16. 0%	774
2019	2602	162	120. 0	61	553	595. 0	656. 0	18. 6%	694
合计	18879	782	500. 6	330	4204	4485. 4	4815. 4	14. 5%	5805

表 9　　亚马逊 2010 ~ 2019 年经营业绩　　单位：亿美元

年份	营业收入	研究开发费用（1）	研究开发费用（2）	股票期权费用	税后利润（1）	税后利润（2）	税后利润（3）	调增利润占比	经营性净现金流量
2010	342	17	3. 4	4	12	25. 6	29. 6	146. 7%	35
2011	481	29	9. 2	6	6	25. 8	31. 8	430. 0%	39
2012	611	46	18. 4	8	－1	26. 6	34. 6	—	42
2013	745	66	31. 6	11	3	37. 4	48. 4	1513. 3%	55
2014	890	93	50. 2	15	－2	40. 8	55. 8	—	68
2015	1070	125	71. 8	21	6	59. 2	80. 2	1236. 7%	119
2016	1360	161	98. 2	30	24	86. 8	116. 8	386. 7%	164
2017	1779	226	134. 2	42	30	121. 8	163. 8	446. 0%	184
2018	2329	288	178. 6	54	101	210. 4	264. 4	161. 8%	307
2019	2805	359	231. 8	69	116	243. 2	312. 2	169. 1%	385
合计	12412	1410	827. 4	260	295	877. 6	1137. 6	285. 6%	1398

表 10　　微软 2010～2019 年经营业绩　　单位：亿美元

年份	营业收入	研究开发费用（1）	研究开发费用（2）	股票期权费用	税后利润（1）	税后利润（2）	税后利润（3）	调增利润占比	经营性净现金流量
2010	625	87	17.4	19	188	257.6	276.6	47.1%	241
2011	699	90	35.4	22	232	286.6	308.6	33.0%	270
2012	737	98	55.0	22	170	213.0	235.0	38.2%	316
2013	778	104	75.8	24	219	247.2	271.2	23.8%	288
2014	868	114	98.6	24	221	236.4	260.4	17.8%	325
2015	936	120	105.2	26	122	136.8	162.8	33.4%	297
2016	853	120	111.2	27	168	176.8	203.8	21.3%	333
2017	966	130	117.6	33	255	267.4	300.4	17.8%	395
2018	1104	147	126.2	39	166	186.8	225.8	36.0%	439
2019	1258	169	137.2	47	392	423.8	470.8	20. 1%	522
合计	8824	1179	879.6	283	2133	2432.4	2715.4	27.3%	3426

表 11　　谷歌 2010～2019 年经营业绩　　单位：亿美元

年份	营业收入	研究开发费用（1）	研究开发费用（2）	股票期权费用	税后利润（1）	税后利润（2）	税后利润（3）	调增利润占比	经营性净现金流量
2010	293	38	7.6	14	85	115.4	129.4	52.2%	111
2011	329	52	18.0	20	97	131.0	151.0	55.7%	146
2012	502	68	31.6	27	107	143.4	170.4	59.3%	166
2013	555	71	45.8	33	129	154.2	187.2	45.1%	187
2014	660	98	65.4	43	141	173.6	216.6	53.6%	224
2015	750	123	82.4	52	163	203.6	255.6	56.8%	260
2016	903	139	99.8	67	195	234.2	301.2	54.5%	360
2017	1109	166	119.4	77	127	173.6	250.6	97.3%	371
2018	1368	214	148.0	94	307	373.0	467.0	52.1%	480
2019	1619	260	180.4	108	343	422.6	530.6	54.7%	545
合计	8088	1229	798.4	535	1694	2124.6	2659.6	57.0%	2850

表 12　　脸书 2010～2019 年经营业绩　　单位：亿美元

年份	营业收入	研究开发费用（1）	研究开发费用（2）	股票期权费用	税后利润（1）	税后利润（2）	税后利润（3）	调增利润占比	经营性净现金流量
2010	20	2	0.4	—	6	7.6	7.6	26.7%	7
2011	37	4	1.2	2	10	12.8	14.8	48.0%	15
2012	51	14	4.0	16	1	11.0	27.0	2600%	16
2013	79	14	6.8	9	15	22.2	31.2	108.0%	42
2014	125	27	12.2	18	29	43.8	61.8	113.1%	55
2015	179	48	21.4	30	37	63.6	93.6	153.0%	86
2016	276	59	32.4	32	102	128.6	160.6	57.5%	161
2017	407	78	45.2	37	159	191.8	228.8	43.9%	242
2018	558	103	63.0	42	221	261.0	303.0	37.1%	293
2019	707	136	84.8	48	185	236.2	284.2	53.6%	363
合计	2439	485	271.4	234	765	978.6	1212.6	58.5%	1280

在中国五大新经济企业中，京东的经营业绩被系统低估最为突出。将研发支出资本化且剔除股票期权费用后，京东过去十年由净亏损 122 亿元变成盈利 297.2 亿元。将研发支出资本化对华为的经营业绩影响最大，由此调增的利润高达 2174.2 亿元，占其过去十年对外报告税后利润的 63%。股票期权费用对阿里巴巴经营业绩的影响最严重，过去十年累计高达 1407 亿元，占其对外报告税后利润的 30.8%。

在美国五大新经济企业中，亚马逊的经营业绩被系统低估最为严重。为此，亚马逊在报表披露的顺序方面别出心裁，将现金流量表而不是利润表作为第一报表，因为严重失实的利润表不足以支撑其股票估值，而现金流量表却能够解释其股票估值的合理性。表 13 列示了亚马逊 2010～2019 年的股票市值和相关估值指标。从表 13 可以看出，调整前的市盈率不仅居高不下且大幅波动（其中 2012 年和 2014 年甚至因为亏损导致市盈率无法计算而中断），而市销率（股票市值对销售收入比率）、市现率（股票市值对经营性净现金流量比率）与调整了研发支出和股票期权会计处理后的市盈率相对稳定，这从一定程度上说明了新经济企业为何热衷于披露非公认会计原则的业绩指标（Non－GAAP Measures）。

表 13　亚马逊股票市值及相关估值指标　单位：亿美元

年份	股票市值	市销率	调整前市盈率	调整后市盈率	市现率
2010	812	2. 37	67. 67	27. 43	23. 20
2011	787	1. 64	131. 17	24. 75	20. 18
2012	1139	1. 86	—	33. 11	27. 12
2013	1830	2. 46	610. 00	37. 81	33. 27
2014	1443	1. 62	—	25. 86	21. 22
2015	3168	2. 96	528. 00	39. 50	26. 62
2016	3563	2. 62	148. 46	30. 51	21. 73
2017	5635	3. 17	187. 83	34. 40	30. 63
2018	7375	3. 17	73. 02	27. 89	24. 02
2019	9162	3. 27	78. 98	29. 35	23. 80

可见，研发支出和股票期权激励的费用化会计处理，系统低估了新经济企业的经营业绩，使新经济企业的估值指标大幅偏离合理区间，但剔除了这两项支出的不合理因素后，估值指标就回归合理区间。此外，中美十大新经济企业 2010 ~ 2019 年的经营性净现金流量均超过对外报告的税后利润，唯一的例外是京东 2010 年的经营性净现金流量略低于对外报告的税后利润。亚马逊市现率和市销率（销售收入是经营性现金流量的最主要来源）过去十年相对稳定，很可能说明资本市场更加看重现金流量指标，而不是易受会计处理影响且被系统低估的利润指标。

二、研发支出和股票期权费用化对财务状况如实反映的影响分析

股票期权激励应否进行费用化会计处理，存在巨大争议，背后牵涉激烈的利益博弈和政治游说（Coyne，2003）。现行会计准则要求将股票期权费用化的做法，与其说是专业主义的胜利，不如说是政治妥协的结果。美国前总统克林顿和小布什、美联储前主席格林斯潘以及不少国会议员等政治人物，都曾卷入股票期权会计处理的争辩中，格林斯潘赞同投资界的看法，主张将股票期权激励作为费用，而小布什总统则支持公司界的立场，反对将股票期权激励费用化，主张在计算每股盈利时将股票期权视为稀释股份。在此之前，克林顿总统试图调和投资界和企业界针锋相对的立场但无功而返（黄世

忠和陈建明，2002）。

从复式簿记的原理看，一项费用的增加必然导致资产的减少或负债的增加，最终导致净资产的减少。将股票期权费用化显然有悖于复式簿记原理。《股份支付》准则第五条规定：“授予后立即可行权的换取职工服务的以权益结算的股份支付，应当在授予日按照权益工具的公允价值计入相关成本或费用，相应增加资本公积。”第六条规定：“完成等待期内的服务或达到规定业绩条件才可行权的换取职工服务的以权益结算的股份支付，在等待期内的每个资产负债表日内，应当以对可行权权益工具数量的最佳估计为基础，按照权益工具授予日的公允价值，将当期取得的服务计入相关成本或费用和资本公积。”第九条规定：“在行权日，企业根据实际行权的权益工具数量，计算确定应转入实收资本或股本的金额，将其转入实收资本或股本。”按照上述规定，股票期权激励应确认为费用，但这种“特殊费用”却对净资产没有任何影响，因为会计处理分录的借方计入相关成本或费用在减少净资产的同时，被贷方增加的资本公积所抵销。既然将股票期权激励费用化并不会减少净资产，股票期权费用还是费用吗？从这个意义上说，反对将股票期权作为费用的观点不无道理。

鉴于股票期权费用化对净资产没有任何影响，以下仅分析改变研发支出费用化的做法，将其资本化，对中美十大新经济企业 2019 年年末财务状况的如实反映产生多大的影响。

查阅中美十大新经济企业 2010～2019 年的年报，可以发现与内部研发支出相关的无形资产均为零，表明它们都将研发支出费用化。倘若将研发支出资本化并分 5 年摊销，则 2016 年以前的研发支出均已全部摊销，对 2019 年末的资产总额和净资产没有影响，但 2016～2019 年（阿里巴巴为 2017～2020 会计年度）发生的研发支出存在未摊销的余额，其占 2019 年年末（阿里巴巴为 2020 年 3 月 31 日）的资产总额和净资产总额如表 14 所示。

从表 14 可以看出，研发支出费用化系统低估了中美十大新经济企业的财务状况。若将研发支出资本化并分 5 年摊销，中国五大新经济企业和美国五大新经济企业 2019 年年末的资产总额和净资产将分别增加 3896.8 亿元和 1807.4 亿美元，占资产总额的比例分别为 10.79% 和 14.35%，占净资产总额的比例分别为 19.78% 和 32.43%。在中国五大新经济企业中，华为的财务状况被低估的程度最为严重，资产总额和净资产分别被低估了 25.32% 和 73.57%。华为过去十年的研发支出高达 6003 亿元，形成了超过 8.5 万件的

表 14　　研发支出资本化对财务状况的影响*

		研发支出余额	资产总额	净资产总额	研发支出余额占资产总额比例	研发支出余额占净资产总额比例
中国	华为	2174.2	8586.6	2955.4	25.32%	73.57%
	京东	225.2	1830.2	1418.8	12.30%	15.87%
	阿里巴巴	710.0	13129.9	8705.5	5.41%	8.16%
	腾讯	474.2	9539.9	4888.2	4.97%	9.70%
	百度	313.2	3013.2	1728.2	10.39%	18.12%
合计		3896.8	36099.8	19696.1	10.79%	19.78%
美国	苹果	281.2	3385.2	904.9	8.31%	31.08%
	亚马逊	582.6	2252.5	620.6	25.86%	93.88%
	微软	299.4	2865.6	1023.3	10.45%	29.26%
	谷歌	430.6	2759.1	2014.4	15.61%	21.38%
	脸书	213.6	1333.8	1010.5	16.01%	21.14%
合计		1807.4	12596.2	5573.7	14.35%	32.43%

注：* 中国五大新经济企业货币单位为亿元，美国五大新经济企业货币单位为亿美元。

技术专利，奠定了其在电信设备制造和智能手机领域的领先地位，可谓价值连城，但华为 2019 年年末资产负债表上与研究开发相关的无形资产居然为零，如实反映焉在？而在美国五大新经济企业中，亚马逊的财务状况被低估的程度可谓触目惊心，资产总额和净资产被分别低估了 25.86% 和 93.88%。

三、提升新经济企业会计信息如实反映质量特征的相关政策建议

以上的分析表明，研发支出和股票期权的现行会计处理规定对新经济企业的经营业绩和财务状况造成了系统性低估，据此计算的净资产收益率等财务指标不准确且容易造成误导。对新经济企业进行财务分析，有必要充分考虑工业经济时代制定的会计准则的不合理性在新经济时代造成的系统性失真。

如果再考虑有助于新经济企业维持核心竞争力和提升价值创造力的大量关键性驱动因素（如智慧资本、数字资产、客户资源、品牌价值、行业地位、边际成本等）未在表内确认的事实，则新经济企业会计信息所应具有的

如实反映质量特征将进一步弱化，这是新经济时代财务会计面临的严峻挑战。

要将上述关键性驱动因素在表内确认，涉及大量的理论和技术问题，入表反映尚需时日，但改革和完善研发支出和股票期权的会计处理则相对简单可行。

在研发支出方面，一是承认研发支出的资本支出属性，除非新经济企业有确凿证据表明研发支出不可能带来未来经济利益，否则不应以稳健为理由，不分青红皂白地将所有研发支出费用化。二是废除将企业内部开发项目的支出区分为研究阶段支出和开发阶段支出的规定，因为研究阶段的支出与开发阶段的支出相辅相成，没有研究，何来开发？这两项支出并没有本质上的差异。三是放宽研发支出资本化的门槛，允许企业以组合法而不是单项法评估企业使用或出售研发活动所形成的无形资产在技术上的可行性，因为采用组合法评估的技术可行性远大于单项法。研发支出犹如风险资本投资，均面临着不确定性。对于风险资本投资而言，只要投资组合中的少数项目获得成功，其获得的回报就足以弥补其余项目的损失。研发投入具有相同的特点，理应允许新经济企业按照组合法评估技术可行性。从组合的角度看，新经济企业不断加大研发投入力度，表明整体上研发项目的回报大于风险，将研发支出资本化比费用化更加契合实际情况。四是鼓励新经济企业采用实物期权（Real Option）模型评估未完成研发项目的价值，并以附注的方式披露在研项目的内在价值。五是摈弃与研究开发相关的技术专利“厚此薄彼”的会计处理惯例，外部购买的技术专利，即使先进性不如企业内部研发的技术专利，创造未来经济利益同样存在不确定性，通常也可作为无形资产并分期摊销，而内部研发的技术专利即使先进性高于外部购买的技术专利，也往往因为创造未来经济利益存在不确定性而被排除在无形资产之外。

在股票期权方面，一是重启关于股票期权性质的讨论，澄清股票期权到底是成本费用，还是利润分配，或是类似于业主交易的激励安排。从对净资产和现金流量的影响看，企业赋予激励对象股票期权时，既不影响净资产，也不会导致现金流出，而当激励对象行权时，只会增加企业的净资产和现金流入。不论在哪种情况下，股票期权都不应作为成本费用，而应视为赋予激励对象参与未来利润分配和拥有其他剩余权益的选择权，或者视为企业为了解决代理问题、实现经营者与所有者之间的利益耦合，而由股东与激励对象达成的激励安排，这种激励安排最终由资本市场买单，具有广义上的业主交易属性，充其量只会稀释现有股东的股份，而不会增加企业的成本费用。笔者认为，新经济本质上是一种知识经济，知识员工是价值创造者，通过股票期权激励机制，让知识员工参与新经济企业的剩余权益分配，已然成为新常态。在新经济时代的背景下，重启关于股票期权性质的讨论，意义重大，有助于澄清对股票期权的认识。二是要求新经济企业同时披露包含和剔除股票期权费用的业绩指标，让投资者自行判断哪一个业绩指标能够如实反映新经济企业的经营业绩。大量TMT（电信、媒体、科技）行业的企业自愿披露非公认会计原则的业绩指标，均对与经营无关且没有现金流量的损益项目（包括股票期权）进行调整，说明资本市场并不完全认同股票期权具有成本费用属性的观点。考虑到新经济企业股票期权费用金额较大且占比较高（如前文表5所示，阿里巴巴2011～2020年的股票期权费用高达1407亿元，占其对外报告净利润的30.78%），双重业绩指标的披露似应由自愿披露改为强制披露。三是探索更加科学合理的股票期权估值方法，避免投资者被企业滥用公允价值所误导。现行准则要求按授予权益工具的公允价值将股票期权确认为成本或费用，但我国的市场并非有效的资本市场，股价波动性大，公允价值不公允屡见不鲜，股价与价值相互脱节司空见惯，生搬硬套Black－Scholes模型等估值方法确定股票期权的公允价值，不一定与我国资本市场实际情况相适应，有必要探索适合我国资本市场的更加科学合理的股票期权估值方法。

（原载于《财会月刊》2020年第21期）

参考文献：

COYNE M，2003. Histrory Repeating Itself：The Debate over Accounting for Stock Options. APUBEF Proceedings.

财政部，2020. 企业会计准则及应用指南［M］. 上海：立信会计出版社：74－79.

黄世忠，陈建明，2002. 美国财务舞弊症结探究［J］. 会计研究，10：8－16.

共享经济的业绩计量和会计问题

——基于 Airbnb 的案例分析和延伸思考

黄世忠

【摘要】 近年来，我国共享经济发展迅猛，规模迅速扩张，其业绩计量和会计问题成为学界的又一研究课题。共享经济最具代表性的形式当属共享出行和共享住宿。本文以 Airbnb 招股说明书披露的信息为基础，首先分析 Airbnb 在共享住宿领域里的商业模式创新，其次剖析 Airbnb 因商业模式创新而面临的业绩计量难题，最后探讨共享经济值得关注的特殊会计问题。

【关键词】 共享经济　共享住宿　商业模式创新　业绩计量　会计问题

没有一辆车却成为世界上最大的出租车公司，没有一间客房却成为世界上最大的酒店，这就是 Uber（优步）和 Airbnb（爱彼迎）等新经济企业创造的共享经济奇迹。共享经济是指利用互联网等现代信息技术，以使用权分享为主要特征，整合海量、分散化资源，满足多样化需求的经济活动总和。这是国家信息中心在《中国共享经济发展年度报告（2020）》中对共享经济的定义，该报告还指出，共享经济是信息革命发展到一定阶段后出现的新型经济形态，是整合各类资源、准确发现多样化需求、实现供需双方快速匹配的最优化资源配置方式，是信息社会发展趋势下强调以人为本和可持续发展、崇尚最佳体验与物尽其用的新的消费观和发展观。2019 年，我国共享经济规模高达 32828 亿元，共享经济参与人数约 8 亿人，其中服务提供者约 7800 万人。共享经济最具代表性的形式当属共享出行和共享住宿。

2020 年 11 月 16 日，全世界最大的共享住宿独角兽 Airbnb 发布了招股说明书，揭开了其商业模式创新的神秘面纱，披露了其成立以来取得的经营业绩。12 月 10 日，Airbnb 在纳斯达克上市，募集资金 35 亿美元。12 月 21 日，其市值高达 979 亿美元，超过连锁酒店巨头万豪（413 亿美元）和希尔顿（289 亿美元）的市值总和。本文通过分析 Airbnb 这个创新创业的典型案例，剖析其商业模式创新带来的业绩计量难题，并从中延伸思考共享经济值得关注的特殊会计问题。

一、Airbnb 的商业模式创新

Airbnb 的创新创业颇具传奇色彩。2007 年 10 月 10 日，国际设计大会在旧金山召开，酒店爆满，一房难求，正在为支付房租发愁的两位主修设计的学生 Brian Chesly 和 Joe Gebbia 如获至宝，立即开通了 AirBedandBreakfast. com 的网站，邀请订不到酒店客房的参会者入住他俩合租的公寓，承诺提供气垫床和简单早餐，希望赚取外快，缓解房租支付压力。三位设计师 Michael、Kat 和 Amol 应邀入住，成为世界上最早入住共享住宿的住客。三位陌生人受到 Brian 和 Joe 的热情接待，获得有别于酒店的绝佳住宿体验，使 Brian 和 Joe 受到极大鼓舞。2008 年，软件工程师 Nathan Blecharczyk 加盟，与 Brian 和 Joe 共同发起设立了 Airbnb。13 年来，Airbnb 始终秉持向旅游者和出差者提供独一无二（one - of - a - kind）住宿体验的价值主张，经过艰辛创业，现已发展成为全世界最大的共享住宿巨擘。截至 2020 年 9 月 30 日，来自 220 多个国家约 10 万个城市的 400 多个房东通过 Airbnb 平台提供了 740 多万间客房，累计接待了超过 8. 25 亿的住客，为房东创造了 1100 多亿美元的收入。通过资源整合，Airbnb 提供的客房数使传统酒店望尘莫及，如图 1 所示。

2019 年 Airbnb 的预订总值（Gross Booking Value，GBV）高达 380 亿美

元，超过万豪209.72亿美元的营业收入[①]，但若按实际确认的营业收入排名，Airbnb排在全球十大酒店的第四名，如图2所示。

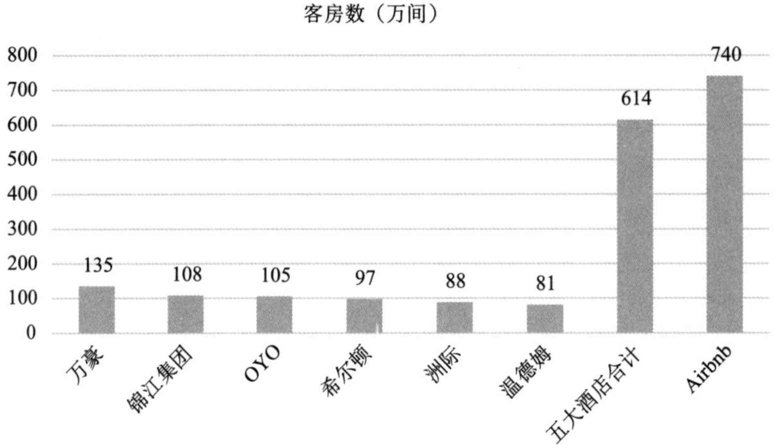

图1　世界五大酒店与Airbnb客房数对比

资料来源：*Hotels* 2019年度全球酒店集团325强和Airbnb招股说明书。

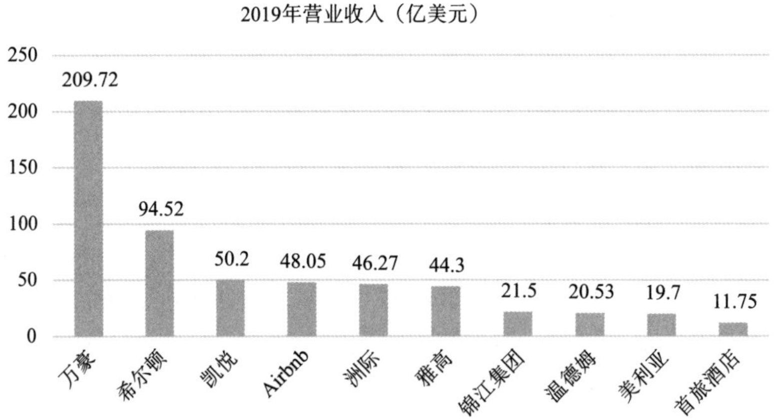

图2　全球十大酒店2019年营业收入排行

资料来源：南方财富网《2019年全球酒店业绩排行榜》和Airbnb招股说明书。

---

① 万豪酒店209.72亿美元的营业收入包括155.99亿美元的成本补偿收入（cost reimbursement revenue），同时在经营成本和费用中列示了166.39亿美元的成本补偿支出。所谓成本补偿收入，是指万豪酒店以整个集团的名义发生的品牌营销、市场推广、预订服务和保险费用等支出而应由其受托管理或特许经营的物业和酒店分摊的那部分支出。这部分支出据实报销，没有任何加成，将其同时列为收入和成本，有夸大万豪酒店营业收入之嫌。

经过实践探索，Airbnb 三位创始人认为依靠信息技术手段建立信任感和安全感是促成陌生人愿意共享住宿的关键所在，这也成为 Airbnb 的价值追求。这种矢志不渝的追求最终促使 Airbnb 选择了平台型的商业模式，使其成为高效匹配客房供给与入住需求的撮合者。数以百万计的房东通过这个共享住宿平台增加了收入，结交了朋友，数以亿计的住客借助这个平台节省了大量的住宿开支，享受了独特的住宿体验。通过信息科技平台为房东和住客赋能，使他们享受增值服务，是 Airbnb 平台广受青睐的原因。Airbnb 平台为房东提供的增值服务主要包括：策划品牌营销，提高客房入住率；提供设计方案，提升客房舒适性；调查住客背景，确保经营安全性；开发预订系统，提高管理便捷性；代表房东投保，降低财产保费率；办理租金结算，降低账款坏账率；反馈住客意见，提高服务满意度。Airbnb 平台向住客提供的增值服务主要包括：通过网络信息技术，协助住客便捷预订；开展房东背景调查，确保住客入住安全；提供形式多样房源，匹配住客个性化需求；开通住客评价功能，用好口碑溢出效应；提供费用结算服务，实现在线安全支付；搭建社区交友平台，密切房东住客交往。

Airbnb 利用信息科技整合了海量的闲置住宿资源，创新了酒店服务业的商业模式，颠覆了旅游和出差的住宿理念，在共享住宿领域里开了先河。图 3 以商业模式画布的方式描绘了 Airbnb 商业模式的九大构成要素。

<table>
<tr><td rowspan="2">8. 关键合作伙伴
(Key Partnerships)
400 多万户房东
旅游服务公司
第三方市场推广机构</td><td>7. 关键活动
(Key Activities)
全球品牌营销、设计装修咨询、住宿预订和支付结算、服务质量评价等</td><td rowspan="2">2. 价值主张
(Value Propositions)
提供独一无二的住宿体验</td><td>4. 客户关系
(Customer Relationships)
通过构建 Airbnb 社区交友平台，维护客户关系，提高客户黏性</td><td rowspan="2">1. 客户细分
(Customer Segments)
预算敏感型或追求独特住宿体验的旅游者和出差者；希望通过闲置客房增加收入、结交朋友的房东</td></tr>
<tr><td>6. 关键资源
(Key Resources)
Airbnb 信息平台
设计装修团队
在线支付系统</td><td>3. 获客渠道
(Channels)
Airbnb 预定平台
住客口碑相传</td></tr>
<tr><td colspan="3">9. 成本结构（Cost Structure）
预定和结算系统营运成本、房东和住客支持成本、线上体验项目开发成本、市场营销和品牌推广成本等</td><td colspan="2">5. 收入来源（Revenue Streams）
按预订毛收入一定比例向房东和住客收取服务费</td></tr>
</table>

图 3　Airbnb 的商业模式画布

资料来源：根据 Airbnb 招股说明书整理。

二、Airbnb 的业绩计量难题

企业管理层对经营业绩的评价标准与会计准则对经营业绩的计量规定往往存在差异，两者孰优孰劣？何者更能准确反映企业的实际经营业绩？解答这两个问题，对于提高财务信息的相关性意义重大。共享经济企业商业模式独特，业绩计量难题突出。就 Airbnb 而言，其业绩计量难题主要体现在以下三个方面。

（一）预订总值与营业收入，何者更能反映经营规模？

Airbnb 的预订总值由房东收入、向房东和住客收取的服务费以及代政府收取的税收等三个项目所组成，计算该指标时已经扣除住客当期取消或改变预订的相应收入。而营业收入是指，根据美国公认会计原则的规定，采用净额法确认的服务费收入。图 4 列示了 Airbnb 过去五年的预订总值和营业收入。

图 4　Airbnb 2015～2019 年的预订总值和营业收入

2015～2019 年，Airbnb 的预订总值为 1104 亿美元，而营业收入总额为 135.93 亿美元，仅占预订总值的 12.31%。Airbnb 的管理层认为，预订总值是营业收入的先导指标，比营业收入更能体现 Airbnb 的经营规模和市场竞争力。从商业模式的角度看，Airbnb 是匹配房东供给与住客需求的平台，对平台经营业绩的衡量，关键在于平台能够促成多少房东提供房源和吸引多少住客入住。商业模式的核心是为客户创造价值、向客户传递价值、在服务客户中为股东创造价值。商业模式首先考虑的是如何为客户创造价值，其次才考虑如何为股东创造价值，因为企业提供的产品或服务，如果对客户没有价值可言，企业将难以持续经营，为股东创造价值将成为无源之水。因此，从商业模式的角度，预订总值比营业收入更能反映 Airbnb 实际的经营规模和市场力量。同时披露预订总值和营业收入有助于投资者正确评估 Airbnb 管理层的市场开拓能力和所取得的实际成效，值得倡导推广。仅仅披露预订总值或仅仅披露营业收入，既可能误导投资者，也有悖于其商业模式。共享住宿如此，共享出行亦然。譬如，Uber 年报除披露营业收入外，也披露预订总值，2019 年其预订总额为 650 亿美元，远高于其 141.47 亿美元的营业收入。同时披露预订总值和营业收入，已经成为共享经济企业的共识和惯例。

（二）税后利润与 EBIDTA，何者更能反映经营业绩?

高科技企业和新经济企业在披露公认会计原则业绩指标（GAAP Measures）的同时，往往还披露非公认会计原则业绩指标（Non - GAAP Measures），Airbnb 也不例外。非公认会计原则业绩指标形式多样，不一而足，其中最常见当属调整后的 EBIDTA（扣除利息、折旧、税收和摊销前的盈利）。表 1 列示了 Airbnb 将税后利润调节为 EBIDTA 的过程。

表 1　　Airbnb 税后利润与 EBIDTA 调节表　　单位：千美元

年　份	2015	2016	2017	2018	2019
营业收入	191041	1655576	2561721	3651985	4805239
税后利润	（135446）	（147350）	（70046）	（16860）	（674339）
调整事项：					
所得税	4648	11003	10947	63893	262636
其他费用（收益）	3160	2630	（6564）	12361	（13906）
利息费用	7902	12254	16403	26143	9968
利息收入	（3961）	（11530）	（32012）	（66793）	（85902）
折旧与摊销	11481	23404	79342	82401	114162
股票期权费用	22791	33874	38357	53893	97547
住宿税准备净变动	（4553）	23038	23682	15587	36574
调整后的 EBIDTA	（93978）	（52677）	60019	170625	（253260）

从表 1 可以看出，调整事项主要包括两类，一是与经营活动不相关的项目，如所得税、利息收入与利息费用，其他费用和其他收益，二是不涉及现金流量的项目，如折旧与摊销、股票期权费用。剔除这两类调整事项后，Airbnb 过去五年中的 2017 年和 2018 年经营业绩由负转正，其余三年虽然仍为负数，但亏损幅度大幅下降。

Airbnb 之所以剔除上述调整项目，主要是基于这样的考虑：这些项目要么不涉及现金流量，要么发生时间难以预测，且其发生不是由企业核心经营业务所驱动，将其纳入经营业绩的计量，不仅导致企业不同时期的经营业绩缺乏可比性，而且也使其经营业绩难以与其他企业进行横向比较。

一方面，Airbnb 的管理层认为，调整后的 EBIDTA 有助于投资者和其他利益攸关方了解和评价 Airbnb 的真实经营成果，也有助于他们将 Airbnb 的经营成果进行纵向和横向比较，还有助于他们了解 Airbnb 的内部经营决策方法，因为经营费用控制、经营业绩评价、战略规划制订和年度预算编制都是以调整后的 EBIDTA 为基础的。

另一方面，Airbnb 也承认，将调整后的 EBIDTA 作为经营业绩指标也存在一些不足：(1) 该指标不包括利息收入、利息费用、其他收入和其他费用（如已实现和未实现的汇兑损益、投资损益和金融工具公允价值变动损益），不能反映 Airbnb 当年业绩的全貌；(2) 该指标将一些重复发生的非现金费用（如固定资产折旧和无形资产摊销）剔除，折旧和摊销虽然是非现金费用，但与之相关的资产需要在将来更新，该指标未能反映更新这些资产或追加资本性支出的全部现金需求；(3) 该指标剔除了股票期权费用，而股票期权是 Airbnb 既定的薪酬激励政策，在可预见的未来仍将继续发生；(4) 该指标未反映住宿税准备的变动情况，Airbnb 很可能会与房东一起承担代收代付住宿税的责任；(5) 该指标未反映重组费用（2015～2019 年未发生此类费用，2020 年第一至第三季度因受新冠肺炎疫情影响，发生了 13.69 亿美元的重组费用），即 Airbnb 因关闭部分业务或分支机构不得不提前终止员工雇佣协议、资产租赁协议、已签订合同而承担的赔付责任。

正因为存在上述缺陷，Airbnb 的管理层在招股说明书中提醒投资者，不能仅仅根据调整后的 EBIDTA 作为评价 Airbnb 经营业绩的基础，而应当与公认会计原则业绩指标结合使用。

必须指出的是，将税后利润调节为 EBIDTA 缺乏规范的做法，不同企业在披露这一业绩指标时，调整项目不尽相同，调整方法各异，企业之间的

EBIDTA 缺乏可比性。为此，不少投资者呼吁国际会计准则理事会（IASB）对此加以规范。令人欣慰的是，IASB 从善如流，其在 2019 年 12 月发布的《一般呈报和披露》（General Presentation and Disclosures）征求意见稿中主张对 EBIDTA 等管理业绩指标（Management Performance Measures）的计算和披露提出规范性要求，此举无疑将大幅提升非公认会计原则业绩指标的横向和纵向可比性。

（三）税后利润与现金流量，何者更能反映经营业绩?

除了调整后的 EBIDTA 外，Airbnb 还将自由现金流量（Free Cash Flow）作为另一个非公认会计原则业绩指标，如表 2 所示。

表 2　　Airbnb 自由现金流量调节表　　单位：千美元

年　份	2015	2016	2017	2018	2019
营业收入	191041	1655576	2561721	3651985	4805239
税后利润	（135446）	（147350）	（70046）	（16860）	（674339）
经营活动产生的净现金流量	（73422）	115024	251225	595557	222727
减：购置固定资产的现金流出	（50138）	（93894）	（100204）	（90624）	（125452）
自由现金流量	（123560）	21130	151021	504933	97275

从表 2 可以看出，Airbnb 的税后利润与现金流量存在较大的反差。尽管过去五年 Airbnb 的税后利润均为负数，但自 2016 年以来，其经营活动产生的净现金流量和自由现金流量均为正数。值得说明的是，Airbnb 代房东和住客持有的现金（主要是订金和押金，2019 年年末的余额为 31.45 亿美元）和应付房东和住客的款项（2019 年年末的余额为 31.45 亿美元）并不影响现金流量，因为这两个项目同时作为经营活动产生的现金流入和现金流出，而自由现金流量是在经营活动产生的净现金流量的基础上扣除购置固定资产的现金流出得出的。

Airbnb 的管理层认为，经营活动产生的净现金流量和自由现金流量有助于投资者和其他利益攸关方评估企业的持续经营能力，而自由现金流量不仅能够反映 Airbnb 向债权人还本付息和向投资者分派现金股利的能力，而且能够反映 Airbnb 的财务弹性（Financial Flexibility），即在逆境中保持生存发展或在顺境中把握市场机遇的能力。

虽然 Airbnb 的管理层没有说明在反映经营业绩方面税后利润与现金流量孰优孰劣，但用了不少篇幅披露这两个重要的现金流量指标，其用意不言自明。笔者认为，某一年度税后利润与现金流量之间的差异不足以说明何者更能反映经营业绩，但如果这两个指标连续五年或十年存在巨大反差，就足以说明税后利润不能反映企业真实的经营业绩，现金流量可能是反映经营业绩更好的替代指标。

企业即使长期亏损，但只要现金流量不干涸，也可以继续生存。反之，企业即使持续报告利润，但资金链条一旦断裂将难以为继。新经济企业尤其如此，京东就是典型例子。2010～2019 年，除了 2019 年实现 119 亿元税后利润外，其余九年京东都是亏损的，但其经营活动产生的现金流量除 2010 年和 2011 年入不敷出外，其余八年都是入大于出。过去十年，京东的税后利润为 -122 亿元，但经营活动产生的现金流量却高达 1156 亿元（黄世忠，2020）。可以说，京东 1300 多亿美元股票市值是由现金流量而不是税后利润支撑的。由此可见，在长跨度的时期内（如 10 年）现金流量大幅、连续超过税后利润，极有可能表明现金流量比税后利润更能反映企业真实的经营业绩。

三、Airbnb 的延伸问题思考

作为共享住宿的头部企业，Airbnb 所面临的经营业绩计量难题在共享经济领域颇具代表性。这是新经济时代出现的新问题，解决这些问题需要新思维，开拓新视野，亟待会计界群策群力，提出应对举措。同样地，以下基于对 Airbnb 招股说明书的分析延伸思考的其他会计问题，对于其他共享经济企业也具有启示意义。思考探索这些问题，有助于提高共享经济企业的财务信息披露质量，使财务报告更好地发挥决策有用、受托责任评价和经济利益分配的功能。

（一）共享经济是否需要新型的财务报表?

企业的财务报表通常分为个别财务报表和合并财务报表，前者以法律主体作为编制基础，后者以控制主体作为编制基础。类似 Airbnb 这样的共享经济企业，除了编制个别财务报表和合并财务报表外，是否需要编制能够反映整个利益集团可获取的财务资源和所取得的经营业绩的财务报表（以下简称利益攸关方报表)?

这里所说的利益攸关方报表，是指由共享经济生态圈中扮演关键角色的平台企业编制的涵盖其本身及其所服务企业（如 Airbnb 和提供房源的房东，但不包括住客）的汇总报表。利益攸关方利润表和利益攸关方现金流量表可视为介于微观报表与宏观报表之间的中观报表，旨在反映共享经济生态圈的经营成果和现金流量全貌。利益攸关方资产负债表旨在反映共享经济生态圈所能获取的财务资源和所承担的相关债务，目的是反映共享经济生态圈的服务潜力。

当然，利益攸关方报表只能作为辅助性报表，不宜也不可能作为主要财务报表。与合并财务报表不同，利益攸关方报表不是基于控制纽带，而是基于业务纽带编制的，其理论依据、信息需求、决策有用性、编制方法和呈报方式等，尚需进一步研究。笔者认为，编制和提供利益攸关方报表，契合共享经济企业的商业模式，有助于信息使用者了解整个共享经济链条的价值创造以及平台企业为之做出的贡献，评估共享经济参与方对平台企业的依存度以及平台企业的市场韧性和经济活力。

（二）共享经济是否需要拓展资产的定义?

符合报表要素定义是会计确认的重要标准之一。在所有报表要素中，资产这一要素居于最为核心的地位，因为负债可以视为负资产，净资产等于资产与负债之间的差额，收益增加资产或减少负债，费用减少资产或增加负债。可见，资产的定义对于会计确认至关重要。

旧经济时代对报表要素特别是资产的定义，到了新经济时代是否合理，需要重新审视。共享经济不以拥有（Own）或控制（Control）资源为目的，资源的可接触（Accessible）、可获取（Available）和可使用（Utilizable）才是关键所在。Uber 和滴滴既不拥有也不控制网约车和驾驶员，但却可随时接触、获取和使用这些资源为用户提供出行服务，为股东创造价值。Airbnb 在没有一间客房、一个服务员的情况下，发展成为世界上最大的酒店服务企业，靠的就是其资源整合能力。美团、饿了么在没有拥有或控制任何餐厅和服务员的情况下，发展成年营业额超过万亿元的餐饮外卖巨擘，同样说明了整合资源和分享资源的重要性一点不亚于拥有或控制资源。

以资源整合和资源分享为特征的共享经济，对旧经济时代提出的资产要素定义造成了一定的冲击。IASB 在 2018 年修订《财务报告概念框架》时，对资产定义做了重大修改：资产是主体由于过去事项而控制的现时经济资源，经济资源指有潜力产生经济利益的权利。从资产的最新定义可以看出，权利、控制和经济资源是资产定义的三大关键要素。新的资产定义不像过去那样强调经济利益的确定性，有利于新经济企业将经济利益不确定的权利确认为资产，这无疑是一大进步。美中不足的是，新的资产定义依然保留了“控制”，这无疑限制了新经济企业，特别是共享经济企业对资产的确认。

世界智慧资本/智慧资产行动组织（World Intellectual Capital/Asset Initiative，WICI）指出，智慧资本等无形资源之所以没有在会计上得到确认，与准则制定机构在定义资产时过分强调“拥有”或“控制”有关，并建议将这两个术语改为“可获取”或“可使用”。WICI 的看法不无道理，共享经济企业主要是通过可获取或可使用的有形和无形资源创造未来经济利益的，对资源的拥有或控制已经不再是资产的核心要义。鉴于此，笔者认为 IASB 最新资产定义中的“主体由于过去事项而控制的现时经济资源”，如果改为“主体由于过去事项而形成的现时经济资源”，更加符合新经济企业整合资源的实际情况。从这个意义上说，新经济给我们的一个启示是：报表要素的定义必须与时俱进，契合企业使用和整合资源方式的发展趋势（黄世忠等，2020）。

（三）共享经济是否需要独特的收入确认？

从事共享住宿和共享出行、以平台为商业模式的新经济企业，在收入确认中到底是采用总额法还是净额法，一直存有争议。新的收入准则要求，企业应当根据其在向客户转让商品前是否拥有对该商品的控制权，判断其在从事交易时扮演的角色是主要责任人（Principal）还是代理人（Agent）。转让前能够控制商品的，企业为主要责任人，应当按总额法确认收入。转让前不能控制商品的，企业为代理人，应当按预期有权收取的佣金或手续费确认收入，该金额应当按照已收取或应收取对价总额扣除应支付给其他相关方的价款后的净额，或者按照既定的佣金金额或比例等确定。企业向客户转让商品前能够控制该商品的情形包括：（1）企业自第三方取得商品或其他资产控制权后，再转让给客户；（2）企业能够主导第三方代表本企业向客户提供服务；（3）企业自第三方取得商品控制权后，通过提供重大的服务，将该商品与其他商品整合成某组合产出转让给客户。在具体判断向客户转让商品前是否拥有对该商品的控制权时，企业不应仅局限于合同的法律形式，而应当综合考虑所有相关事实和情况，包括：（1）企业承担向客户转让商品的主要责任；（2）企业在转让商品之前或之后承担了该商品的存货风险；（3）企业有权自主决定所交易商品的价格；（4）其他相关事实和情况。

按照新收入准则的规定，共享经济的平台企业如 Airbnb 和 Uber 均采用净额法确认收入，看似无可争议，但监管因素导致问题复杂化。对共享住宿和共享出行的严格监管，迫使平台企业承担许多额外的责任，模糊了平台企业所扮演的角色，致使平台企业不再扮演纯粹的代理人角色。譬如，通过 Airbnb 预订客房的住客，如果无法顺利入住或出现安全事故，承担赔偿责任的通常不是房东，而是 Airbnb。同样地，通过 Uber 或滴滴平台获取出行服务的乘客，因故无法顺利出行，或者出现重大安全事故的，承担主要赔偿责任的通常也不是司机，而是平台。此外，共享住宿和共享出行的价格决定权通常也掌握在平台手里，而不是房东或司机。最后，平台企业往往还负责账款结算，信用风险也由其承担，尽管准则不再将是否承担信用风险作为判断主要责任人和代理人的考虑因素，但从实质重于形式的角度看，承担信用风险无疑是主要责任人的重要特征之一。

基于此，共享经济的平台企业采用总额法确认收入也并非毫无理论依据。在收入准则未做进一步修改的情况下，共享经济的平台企业目前还只能采用净额法确认收入，但准则制定部门似应要求采用净额法的平台同时披露预订总值（GBV）或商品交易总值（GMV），便于投资者和其他利益攸关方将其经营规模与采用总额法确认的自营型企业进行横向对比。此外，强制要求披露 GBV 或 GMV 还有助于股票定价，因为很多新经济企业在上市前或上市后往往处于亏损状态，只能采用市销率法进行股票定价，披露 GBV 或 GMV 可以在一定程度上缓解采用净额法低估收入的问题。

（四）共享经济是否需要重新审视收益观？

共享经济等新经济企业之所以普遍披露非公认会计原则业绩指标，与准则制定部门秉承的收益观发生改变有关。公认会计原则业绩指标与非公认会计准则业绩指标既相互联系，又存在差异，前者是在税后利润的基础上，剔除与非经营因素（如投资损益、资产处置损益、企业重组损益等）和非现金流量因素（如股票期权费用、公允价值变动损益、折旧和摊销、资产减值等）得出的业绩计量。公认会计原则业绩指标与非公认原则准则业绩指标各有利弊，难分伯仲。公认会计原则业绩指标基于统一的标准，较为规范，横向可比性高，但与企业内部的业绩评价方法相去甚远。非公认会计原则业绩指标的优点是与企业内部对经营业绩的评价方法相契合，但缺乏统一标准，横向可比性低。非公认会计原则业绩指标的披露近年来日益普遍①，其原因在于按照公认会计准则编制的利润表主要基于总括收益观（All - inclusive Income View），日益偏离当期经营收益观（Current Operating Income View）。总括收益观主张采用广义的收益观，强调保持利润表与资产负债表之间的勾稽关系，凡是影响净资产变动的损益项目，不论其是否与当期经营有关，除非是业主投资和业主分派，否则均应计入利润表。其结果是，利润表充斥着大量与经营活动不相关的损益项目，从而降低了经营业绩的可预测性。当期经营收益观淡化利润表与资产负债表之间的勾稽关系，支持狭义的收益定义，强调收益仅为当期经营活动的结果，利润表不应反映与经营活动不相关的损益项目，这些项目应通过综合收益表反映，以确保利润表的“纯洁性”，提高经营业绩的可预测性。

Airbnb 等共享经济企业以及其他新经济企业，用了相当大的篇幅披露非公认会计原则业绩指标，表明投资者对此有强烈的信息需求，在一定程度上说明了公认会计原则正日益丧失权威性和相关性。回归当期经营收益观，或许是扭转这一不利局面的出路，值得斟酌。此外，随着公允价值计量日趋普遍，回归当期经营收益观，也可使利润表免受大量未实现的公允价值变动损益的“污染”，以提高利润表的经济利益分配功能和受托责任评价功能，因为未实现的公允价值变动损益既不能用于利润分配，也不受企业管理层的控制。

（原载于《财会月刊》2021 年第 1 期）

参考文献：

国家信息中心分享经济研究中心．中国共享经济发展报告（2020）[R/OL]．www. sic. gov. cn.

① 纽约注册会计师协会的调查报告显示，过去 20 年披露非公认会计原则业绩指标的美国上市公司比例从 59% 增至 96%（陈燚，2018）。

南方财富网，2020. 2019 年全球酒店业绩排行榜 . www. southmoney. com.

Airbnb，Prospectus. www. sec. gov.

Hotels，2020. 2019 年度全球酒店集团 325 强 . www. maigoo. com.

黄世忠，2020. 如实反映抑或失实反映——基于中美十大新经济企业十年的财务分析 [J]. 财会月刊 (21)：3 – 8.

IASB，2019. IFRS Standards Exposure Draft：General Presentation and Disclosures. www. ifrs. org.

黄世忠，叶丰滢，陈朝琳，李诗，蒋艳虹，2020. 新经济 新模式 新会计 [M]. 北京：中国财政经济出版社：124 – 125.

陈爕，2018. 折旧？升值？——从 GAAP/Non – GAAP 联想会计教育 . 国会大学堂 . www. nai. edu. cn.

游戏驿站现象的解析与启示

——基于行为金融的视角

黄世忠　李诗　于骁然

【摘要】2021 年 1 月的最后一个交易周，在游戏驿站这只股票上散户们一致买入，历史性地完胜做空机构，成为媒体报道的焦点。散户们的这种投资行为是否理性？是什么导致了该现象的产生呢？本文首先回顾游戏驿站现象的缘起和过程；其次介绍基于投资者情绪的行为金融学相关理论，指出社交媒体不仅快速高效地进行信息交互，而且导致投资者情绪的交叉感染；再次从过度自信、情感情绪、羊群行为、代表性偏差等行为金融学理论角度，诠释机构与散户在游戏驿站股价博弈中的非理性行为；最后总结本文的结论和启示。

【关键词】行为金融　过度自信　情感情绪　羊群行为　代表性偏差　社交媒体

一、游戏驿站的多空博弈

美国当地时间 2021 年 1 月 27 日，在科技含量、商业模式和经营业绩等方面均平淡无奇的游戏驿站（GameStop）在资本市场上引起广泛关注，无视基本面坚决做多的散户投资者与基于基本面大肆做空的机构投资者之间展开空前激烈的厮杀。当日，其股价大涨超 130%，上演了咄咄逼人的轧空行情，

"高大上"的机构投资者罕见遭受草根散户投资者的重创，习惯在资本市场上"割韭菜"的机构投资者沦为被收割者，"占领华尔街""散户起义""韭菜暴动""空头爆仓"等话题成为全球各大财经媒体争相报道的头条。

游戏驿站是美国一家拥有37年历史的老牌但有点过时的游戏产品零售商，主要以线下零售为主。受线上游戏及新冠肺炎疫情对实体门店的冲击，游戏驿站2018年以来连续亏损（如表1所示），其股价从2016年最高峰的28美元一路跌到2019年9月的3美元，如图1所示。

表1　游戏驿站的财务指标和门店数　单位：亿美元

年　份	2015	2016	2017	2018	2019	2020年第一至第三季度
营业收入	90.19	79.65	85.47	82.85	64.66	29.68
持续经营净利润	3.79	3.05	2.30	-7.95	-4.64	-2.95
资产总额	43.30	49.76	50.42	40.44	28.20	26.01
所有者权益	20.81	22.54	22.15	13.36	6.12	3.32
经营活动净现金流量	6.57	5.37	4.35	3.25	-4.15	-0.41
自由现金流量	4.84	3.95	3.76	2.31	-4.93	-0.74
门店数（个）	6227	6132	5947	5830	5509	5000

资料来源：Gamestop Corporation annual reports。

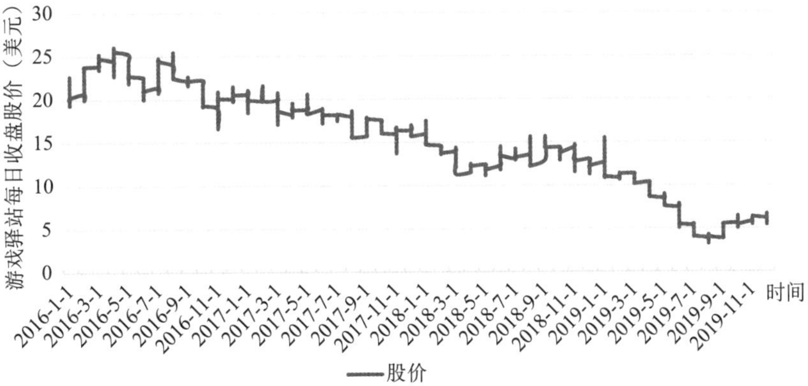

图1　游戏驿站股价

资料来源：Wind数据库。

2020年，游戏驿站的股价在10美元左右徘徊。在业绩下滑、转型乏力、疫情影响等多重利空背景下，以梅尔文（Melvin）资本为代表的做空机构以估值过高、市场份额逐步输给竞争对手等理由频繁做空游戏驿站。据 S3 Partners 统计，截至 2021 年 1 月 26 日，游戏驿站的空头仓位高达 55.1 亿美元，排名全美第 12 名。若以空头仓位占流动市值比测算，则远超空头仓位排名前十大公司（特斯拉、苹果、亚马逊、阿里巴巴、微软、脸书等），空头仓位为其流通市值的 140%。然而，由于疫情下的居家隔离令，打游戏变成热门的消遣方式，游戏行业的股票纷纷大涨，因此，游戏驿站依然受到了散户投资者的关注。

（一）新高管加入、新媒体鼓动激发了散户的多头情绪

散户的投资热情源于 2021 年 1 月 11 日，美国最大的宠物食品电商 Chewy 创始人 Ryan Cohen 和两名 Chewy 公司的前高管加入游戏驿站的董事会。Chewy 创立以来，经过短短的九年时间，市值就超过 400 亿美元，2014 年到 2019 年，其净销售额复合增长率更是高达 70%。Chewy 高管团队的加入使投资者重燃对游戏驿站的信心和希望，但也给做空机构带来了压力。美国时间 2021 年 1 月 19 日，华尔街知名空头香橼（Citron）公司以居高临下的口吻发表做空游戏驿站的评论，声称做多的散户将成为这场扑克游戏上当受骗的大输家，香橼和其他做空机构的傲慢激怒了人多势众的散户。在美国知名论坛 Reddit 的“下注华尔街”（Wall Street Bets，以下简称 WSB）板块上，在金融分析师 Keith Gill 的带领下，网友多次发布“做多动员令”，号召散户们抱团对抗空头，越来越多的 YOLO（You Only Live Once，直译为“你只活一次”）一代群起响应，通过 Reddit 等社交平台纷纷加入多头大军，由此拉开了散户投资者向做空机构投资者开战的序幕。2021 年 1 月 27 日，深受做空机构伤害但拥有众多粉丝的明星企业家马斯克（Elon Musk）发布推文，将 Gamestop 称为 Gamestonk（游戏猛烈开火），声称若游戏驿站股价涨到 1000 美元，他将把游戏驿站的标识印在火箭上，发射至太空。此举极大激发了散户的做多热情。游戏驿站近一个月来的累计涨幅超过 1700%，股价也从 2019 年 9 月的 3 美元一路拉升到 2021 年 1 月 27 日的 300 美元以上，一年涨幅达 100 倍。散户的抱团行动导致美国多家做空机构损失惨重，金融数据分析公司 Ortex 的数据显示，2021 年以来，游戏驿站的做空损失高达 197.5 亿美元，仅 1 月 29 日的损失就超过 78 亿美元，包括对冲基金梅尔文资本、香橼公司等在内的诸多空投机构都平仓了游戏驿站的空头头寸，或者不得不大幅买入游戏驿站以对冲做空损失头寸。

（二）多方围剿下，多空博弈日趋激烈

与此同时，抱团的散户也遭到了空方的围剿。美国时间 2021 年 1 月 27 日，WSB 服务器突然遭到 Discord 平台的封杀。1 月 28 日，被称为“散户大本营”的零佣金在线券商 Robinhood，关闭了游戏驿站的股票买卖，美国最大在线券商之一的盈透证券也限制了其股票和期权交易。在游戏规则突变的情况下，1 月 28 日美股开盘后，游戏驿站的股价一度暴跌 24%，但随后迅猛拉升，期间多次触发熔断，盘中最高价触及 483 美元/股，涨幅高达 40%，接着又快速跳水，多空博弈白热化，一个交易日内该股共经历了 17 次熔断。截至当日收盘，游戏驿站大跌超 44%，但 1 月 29 日又大涨超 67%，收于 325 美元/股。

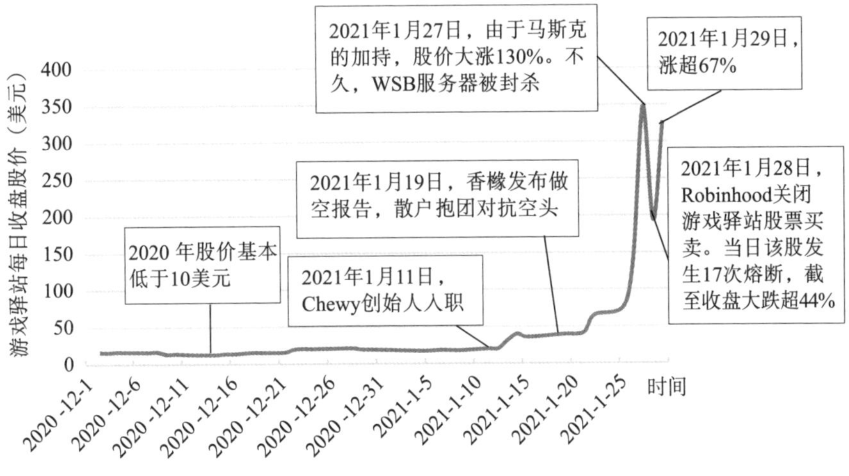

图 2　游戏驿站股价走势和大事记

资料来源：Wind 数据库。

如图 2 所示，在空头持续不断对游戏驿站发起攻击的同时，1 月伊始，散户也开始“报团取暖”，让游戏驿站的股价屡创新高。游戏驿站的暴涨展现了散户与投资机构的博弈，演绎了散户凝心聚力血拼做空机构使其难以招架的激动人心的故事。美国散户与华尔街大鳄的多空对决还在继续，未曾停歇，波及的范围有扩大之势。

传统的金融理论难以对游戏驿站现象作出合理的解释，唯有诉诸行为金融理论才能对这一历史罕见的资本市场异象加以诠释。

二、行为金融的主要观点

最早的行为金融可以追溯到一百多年前，凯恩斯和希克斯（Keynes and Hicks，1936）是最早强调心理预期在投资决策中作用的经济学家。20 世纪 60 年代至 80 年代中期是行为金融学高速发展的阶段，特沃斯基和卡尼曼（Tversky and Kahneman，1974）总结出“认知偏差”的现象，并提出“期望理论”。20 世纪 80 年代中期至今，金融市场的频发异象受到普遍关注，行为金融得以与实践紧密结合，取得突破性进展。

传统的金融学以有效市场假说和理性预期为主要特征，并在金融领域一直占据着统治地位。但大量的实证研究和观察结果表明，人们并不总是以理性态度进行决策，在现实中存在诸多认知偏差，这些偏差不可避免地影响着投资行为和资产定价，使得股票的价值与价格逐渐背离（何大安，2015）。罗伯特·席勒（Shiller，1981）从 1870～2010 年美国股票市场基础价值与交易价格的比较中发现，基础价值与交易价格重合的时间屈指可数，这样的现象无法从传统金融学中获得完美解释。行为金融学有别于传统金融学，它是以心理学为基础对人们实际决策进行行为研究，诸多传统金融学无法合理论证的市场异象都能在其中得到解释，逐渐发展成为金融学研究中的一个重要分支。

行为金融学认为人类与生俱来存在各种影响投资决策的认知与心理偏差，而当市场多数参与者具有该偏差时，将对证券价格产生系统性影响，使价格偏离价值基本面，导致资产错误定价。下文将着重分析与游戏驿站现象直接相关的有限理性、过度自信、情感情绪、羊群行为与代表性偏差。

（一）有限理性（Bounded Rationality）

与传统金融的理性投资者假设不同，行为金融认为个体投资者的理性受到自身知识水平和认知能力的限制。有限理性假设意味着投资者在决策时不可能做到完全理性，也不一定追求最优化，而是以自认为掌握了足够信息所能取得的满意结果或自认为难以取得更好的结果为目标，即满足了自我要求。有限理性源自投资者不可能以符合成本效益原则的方式获取充分信息，且投资者因为禀赋和认知等原因对信息处理的能力也是有限度的。追涨杀跌、处置效应（Disposition effect，即赚钱的股票很快就卖掉，而亏钱的股票则长期持有）等行为，都是投资者有限理性的典型写照。

（二）过度自信（Over Confidence）

过度自信指投资者自以为是，盲目乐观，自己感觉知道的往往多于实际知道的。过度自信源自投资者认为他们比别人拥有更多信息获取渠道、更高超的信息处理能力。知识幻觉偏差（Illusion of knowledge bias）和自我归因偏差（Self - attribution bias）是过度自信最常见的表现形式。知识幻觉偏差是指投资者高估自己的知识水平（包括拥有、获取和处理信息的能力），从而导致过度的预测自信（Prediction over confidence，即投资者预测时设定的置信区间太小）和确定性自信（Certainty over confidence，即投资者对事件结果的预测概率太高）。自我归因偏差指投资者将投资获利的原因归功于自己的聪明才智而将投资损失的原因归咎于他人或运气不好的行为，这是一种典型的揽功诿过心理。过度自信是很多机构投资者以及明星交易员和分析师的通病。

（三）情感情绪（Feeling & Sentiment）

情感情绪是指投资者决策时感情用事的心理倾向，导致直觉冲动碾压冷静分析（Hirshleifer，2014）。情感情绪主要表现为投资者只买卖自己熟悉的股票，导致投资组合不够分散。我们常说的“嫉妒羡慕恨”，就是情感情绪的典型写照。嫉妒或羡慕他人取得良好的投资回报，都可能导致次优的投资决策，嫉恨机构投资者就可能促使散户投资者抱团取暖，采取趋同的投资决策。

（四）羊群行为（Herd Behavior）

羊群行为也称从众心理，指的是人们采用同样的思维活动、进行类似的行为，心理上依赖于和多数人一样，以减少采取行动的成本，获得尽可能大的收益；在资本市场中特指市场参与者盲目跟风的一种群体心理现象。由于股票市场的虚拟性、交易的便捷性以及股票市场的不稳定性，市场的投资者们难以在投资判断决策中保持理性（曹芳郅，2020）。尤其对个人投资者来说，由于自身欠缺专业知识和素养，缺乏正确适当的投资计划和投资理念，加之获取的信息有限，其投资行为往往具有随机性，也容易受到鼓动和吹捧，导致盲从。

（五）代表性偏差（Representativeness Bias）

代表性偏差由诺贝尔奖得主卡尼曼教授提出，指人类在对事件做出判断时，过度关注于这个事件的某个特征，而忽略了这个事件发生的大环境概率和样本大小。例如，当一家公司连续3年盈利，便想当然以为这是一家好公司，优质基金经理管理的所有基金都是好基金等，这些认知都是因为片面地接受了其中的代表性信息就做出判断，而忽视了对其他信息的综合考量。

三、游戏驿站现象的行为金融解释

（一）基于有限理性理论的解释

传统金融学认为在有效市场假说下，投资者是理性的，他们能对股票做出合理的价值评估，股票价格是公司历史、当前、内幕信息的综合反映。在此假说下，由于职业、时间、专业、资源等原因，机构往往掌握了一家企业最全面的信息，能就基本面进行买卖。因此，我们看到机构以游戏驿站的线下运营模式已无法适应新时代的线上运营、近年财务指标每况愈下、连续亏损（如表2所示）为由，频繁做空该股。但若以游戏驿站的每股净资产测算，2018年和2019年公司每股净资产分别为13.10美元和9.51美元，在此背景下，对冲基金仍将该股做空至每股3美元，分别不足其2018年和2019年每股净资产的23%和32%，难道机构投资者就理性吗？此外，最高峰时机构投资者做空游戏驿站的比例竟然接近140%，这种赌徒式的投机，说明即便是“高大上”的机构也非完全理性，而是有限理性，甚至是非理性。

表2　游戏驿站主要财务指标（2015年至2020年第三季度）　单位：美元

年份	基本每股收益	每股净资产	每股营业收入	每股留存收益	每股现金流量净额	每股经营活动产生的现金流量净额	每股息税前利润	每股企业自由现金流量
2015	3.80	20.15	90.65	21.00	−1.55	6.36	6.28	5.12
2016	3.42	22.32	85.23	22.79	2.17	5.32	5.53	4.18
2017	0.34	21.86	91.06	21.52	1.93	4.29	1.35	2.14
2018	−6.59	13.10	81.23	13.36	7.56	3.19	−6.83	4.26

续表

年份	基本每股收益	每股净资产	每股营业收入	每股留存收益	每股现金流量净额	每股经营活动产生的现金流量净额	每股息税前利润	每股企业自由现金流量
2019	-5.38	9.51	100.56	10.73	-17.53	-6.45	-6.04	-3.44
2020年第三季度	-4.56	5.10	45.52	6.05	1.37	-0.63	-3.91	-3.96

资料来源：Wind数据库。

况且，机构永远是对的吗？在机构投资者大肆看空和做空游戏驿站时，游戏驿站的逼空行情不断上演，这显然是机构投资者始料未及的。激怒人多势众的散户投资者，最终引火烧身，既不明智，也不理性。华尔街的机构投资者藐视和忽视散户投资者的非理性行为，并非在游戏驿站才存在。以特斯拉为例，美国许多对冲基金自2016年开始，以特斯拉Model X上市交付延期、公司高层接连离职、裁员、连续亏损、账面现金剧减等为由，极度看衰并做空该公司。就在此时，千禧一代的年轻散户投资者义无反顾成为特斯拉的忠实拥趸。美国最大的在线券商嘉信理财的调查结果显示，特斯拉是40岁以下的散户投资者所持股票资产中占比最大的股票。博弈的结果是，特斯拉从2013年的每股7.5美元涨至2020年的每股969美元，仅2019年与2020年，空头在特斯拉的亏损就达到500亿美元。机构投资者的有限理性由此可见一斑。

当然，在游戏驿站事件中，散户投资者良莠不齐，既有保持有限理性、见好就收的投资者，也有以"打爆"做空机构为使命、鼓吹"要么发财、要么穷死""全部押上（All in）、只买不卖，永远持有"的投机者。在散户群体中，大部分人对游戏驿站以实体门店为商业模式难以适应游戏网上化趋势、转型困难重重，疫情对门店业务产生灾难性影响，近年来营业收入、税后利润、现金流量急剧恶化（见表1和表2）选择无视。基本面对他们的投资决策可有可无，他们从不扪心自问：一路狂飙的股价靠什么支撑？当最大的傻瓜不再出现时，这场击鼓传花游戏留下的一地鸡毛最后如何收拾？

（二）基于过度自信理论的解释

做空机构在游戏驿站的过度自信表现为：其一，高估了他们在资本市场上的统治地位和话语权，习惯对散户投资者藐视和说教，对收割散户习以为常。如前所述，正是香橼公司居高临下的说教和威胁，反而凝集了散户的人心，鼓舞了他们的斗志；其二，高估了他们的资金实力，低估了散户们汇涓涓细流而成大海的磅礴力量，结果遭到散户们的集体痛击而损失惨重；其三，高估了他们的交易策略，忽略了高手在人间的道理，散户群体中也不乏谙熟做空机制的高人，正是这些高人指点散户们利用做空机构超大比例做空，在股价上涨时为了避免爆仓不得不回补股票的软肋，使梅尔文资本等空头走投无路；其四，高估了他们获取信息、分析信息的能力，殊不知，自媒体时代，Reddit 论坛和 WSB 的 600 多万散户收集信息、分析信息和利用信息的能力丝毫不亚于做空机构。

另一方面，游戏驿站的散户群体同样存在过度自信行为。一是过度相信散户们众志成城，低估了处置效应揭示出的获利了结、落袋为安的投资心理，2021 年 1 月 28 日游戏网站股价从最高价 483 美元/股跌落至 112.25 美元/股，彰显出散户群体并非铁板一块；二是低估了做空机构的实力，做空机构并不会轻易放弃博弈，Ortex 的数据显示，截至 1 月底，做空游戏驿站的空头头寸规模仍然高达 112 亿美元，仅次于特斯拉和苹果。1 月份的最后一个交易周，即使在散户继续大肆做多的情况下，机构做空游戏驿站的股票数仍高达 5783 万股，超过总股本的 85%；三是低估了美国证监会（SEC）维护资本市场秩序的决心，1 月 28 日 Robinhood 之所以关闭游戏驿站的股票买卖，就是迫于 SEC 要求其大幅提高保证金的无奈之举；四是低估了相关机构改变多空博弈游戏规则的可能性，关闭游戏驿站的股票买卖以及 WSB 服务器遭封杀，无不说明多空博弈规则不总是公平公开，虽然 Robinhood 在 1 月 29 日又恢复了游戏驿站的股票买卖，但对买入严加限制，而对卖出则毫无限制。凡此种种，均说明散户群体的过度自信及其潜藏的风险。

（三）基于情感情绪理论的解释

做空机构和做多散户的感情用事在游戏驿站故事中暴露无遗。本应是纯经济范畴的多空博弈，在情感情绪的作用下已然上纲上线为精英集团与草根阶层的斗争。散户群体自认为代表正义的力量，呼吁大家奋起反抗华尔街精英集团的傲慢和偏见，改变机构投资者肆无忌惮以“割韭菜”的方式压榨散户投资者的局面。而做空机构则傲慢地将做多的散户视为无知无畏的乌合之众，并预言他们将亏得倾家荡产。

情感情绪在游戏驿站博弈中的其他表现包括：（1）散户群体将做多游戏

驿站股票视为捍卫儿时美好记忆的行动，YOLO 一代孩童时最期盼的是家长排着长队从游戏驿站买回游戏机作为圣诞或生日礼物，因此，他们把买入游戏驿站股票看作以实际行动拯救该公司免于倒闭的义举，据以留住儿时记忆，唤起乡愁。在股票投资中注入情感因素，这是 WSB 板块领头人的高明之处，反响热烈，呼应者众，吸引了越来越多的散户加持；（2）社交媒体加剧了赚钱效应的传播速度和感染效果，助长了散户们做多游戏驿站股票的热情，酿成了逼空行情。游戏驿站的领头人之一、主修会计专业的 Keith Gill 不断在 WSB 上晒成绩单，他只投入 5 万美元就在 1 月 16 日获利 1012.88 万美元，至今累计从游戏驿站股票上获利 4797.33 万美元，《华尔街日报》对他长达 7 小时的网上采访直播，更是将赚钱效应渲染得如火如荼。此外，加入游戏驿站董事会并被散户们寄予厚望的 Ryan Cohen 更是狂赚了 29 亿美元，进一步激发了广大散户做多游戏驿站股票的空前热情。

（四）基于羊群行为理论的解释

游戏驿站演绎的离奇故事再次印证了古斯塔夫·勒庞的先见之明。在《乌合之众：群体心理学》一书中，勒庞指出，个体一旦加入群体，智商就严重下降。为了获取群体的认同，个体愿意抛弃是非，用智商去换取那份倍感安全的归属感。个体一旦成为群体，其所作所为就不会再承担责任，这时每个人就会暴露出不受约束的一面。群体追求和相信的从来不是什么真相和理性，而是盲从、残忍、偏执和狂热，只会诉诸简单和极端的感情用事。勒庞一百多年前的真知灼见，不断被资本市场的异象所印证，在这次游戏驿站事件中更是表现得淋漓尽致。

一群在 WSB 论坛上的年轻人抱团取暖，丧失原本独立的理性，取而代之的是群体的无知疯狂，抱着“要么发财，要么穷死”的信念，喊着永不出售、死不投降的誓言，将缺乏业绩支撑、没有成长性的游戏驿站股价疯狂推高。这些暴涨暴跌的行为背后或许只有一个合理的解释，那就是：别人都在买，我怎么能够不买？别人都在发财，我怎么能不参与？但从众的只有散户吗？截至 2021 年 1 月 26 日，游戏驿站的空头头寸占其流通市值的 140%，机构是如何“借”到超过流通市值 100% 以外的那 40% 的股票用以做空呢？这难道就是理性的投资行为吗？这难道不是因为别的基金都在卖，我也要卖吗？当然，就连我们写这篇文章，也是羊群效应的结果，大家都在写游戏驿站，我们怎么能置身其外？

羊群行为极具危害性，容易引发系统性风险。在正常的资本市场里，投资者独立判断，有看多的，也有看空的，多空力量相互抵消，不易导致股价大起大落。而当羊群效应出现时，投资者的看法和行动趋于高度一致，导致多空力量失衡，极易诱发股价大涨大跌，若缺乏疏导，就会形成堰塞湖，从而引发系统性金融风险。

（五）基于代表性偏差理论的解释

代表性偏差在游戏驿站事件上的表现主要包括三个方面。一是散户投资者认为 Ryan Cohen 等明星企业家具有化腐朽为神奇的力量，他们的加盟将使游戏驿站起死回生，复制 Chewy 的神话；二是散户投资者坚信做多的散户在特斯拉股票多空博弈中完胜做空的机构，这一历史将会在游戏驿站博弈中重现，而无视特斯拉通过新能源和新技术重新定义汽车行业的革命性创新与游戏驿站商业模式陈旧、技术含量低下、未来成长存疑的天壤之别；三是资本市场上众多的散户投资者认为游戏驿站的股价上涨将外溢至其他股票，结果形成了蔚为壮观的游戏驿站板块效应。据 CNBC 的报道（Li，2021），在 2021 年 1 月 25 日至 29 日的交易周内，美国航空最高涨幅 20%、AMC 院线最高涨幅 400%、黑莓最高涨幅 100%、诺基亚最高涨幅 80%、Koss 公司最高涨幅更是达到 3000%。这些公司的共同特征是深受疫情影响，深陷经营困境，但一周内股价涨幅达到匪夷所思的水平，足以说明代表性偏差有多严重。

四、结论与启示

新技术、新模式的广泛普及，社交媒体的普遍应用，使散户们不再满足于“用脚投票”，不再亦步亦趋地跟随“机构头羊”。自媒体时代使每个人都渴望成为“英雄”，主宰人生的个体通过论坛发帖表达自己的见解，便有可能召集一大批“粉丝”，抱团行动。而人性的贪婪和狂热、资金的聚集和扎堆，创造了可与机构投资者相抗衡的投资新生力量。接下去，是“领头羊”的退出导致高位进货的“羊群”面临巨额亏损，还是另一个特斯拉的故事以空头的惨败告终，尚不得而知。但可以肯定的是，这样的故事以后还会上演，被割的“韭菜”不再一定是中小投资者。

游戏驿站现象至少在以下三个方面给予我们启示，值得我们深刻反思。

启示1：辩证看待股票市场的信号作用

股票市场到底是不是经济的晴雨表，这个“世纪之谜”相继在全球各个国家出现。瑞士信贷研究院（2020）对全球43个市场从1997年到2017年的年化回报率进行统计（见图3）后发现：大部分国家，特别是新兴市场国家，股票市场回报率和经济增长率（表征为人均GDP增速）不相关。中国就是一个特别典型的例子，经济增速最快，但对应了最低的股票回报率。同样地，美国2020年深受疫情影响，GDP增速为-3.5%，但道琼斯指数却从2020年初的21917点上涨至2020年末的30410点，上涨了38.7%！究其原因，在于美国政府为了应对疫情放松银根，大幅增加货币供应。从这个意义上说，股票市场不是国民经济的晴雨表，而是货币供应的晴雨表。

宏观如此，微观亦然。在游戏驿站事件中，尽管该公司2018年以来经营业绩不断恶化，但其股价仍逆势飙涨，根本原因是资金扎堆炒作。根据CNBC的报道，总市值并不大的游戏驿站，其股票交易量在2021年1月的最后一个交易周特别活跃，1月25日甚至超过标普500任何一只股票的交易量。

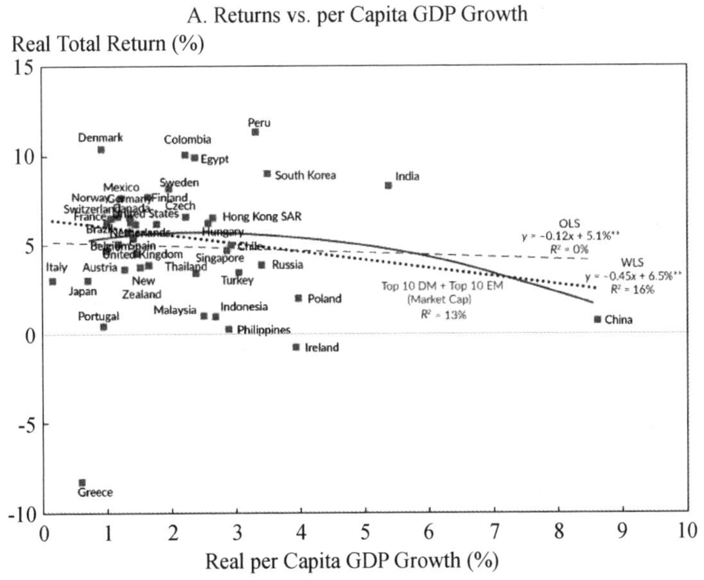

图3 各国股票市场年化回报率与人均GDP增速（1997~2017年）

资料来源：瑞士信贷研究院，2020年。

伴随着游戏驿站股价一路高歌猛进，WSB 的用户情绪越发高涨，游戏驿站一度成为论坛中讨论最热烈的股票之一，讨论人数超过 190 万。Reddit 论坛里每次狂热的“动员”，都能“一呼百应”，迅速集结起大量用户，散户们“一拥而上”，甚至造成 Robinhood 等热门交易网站在 27 日出现了宕机。投资者过度的情绪波动似乎方可解释游戏驿站股价短期的、一日高达 17 次熔断的剧烈震荡，正如图 4 所展示的，投资者情绪助推了市场的暴涨暴跌，从这个意义上说，股票市场更像是投资情绪的晴雨表。

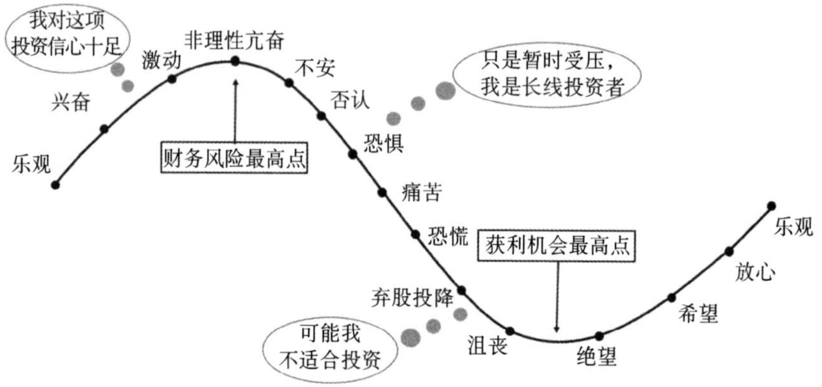

图 4　投资者情绪循环图

资料来源：笔者根据行为金融相关理论（Statman，2014）绘制。

启示 2：重新审视金融理论的前提假设

20 世纪 60 年代形成并发展的有效资本市场假说（EMH）和资本资产定价模型（CAPM）是金融理论的重大创新，奠定了金融学的理论基石。尽管 EMH 和 CAPM 被金融学界奉为圭臬，其发明者也因此获得诺贝尔奖，围绕这两方面所做的实证研究更是汗牛充栋，但资本市场频繁出现的异象表明 EMH 和 CAPM 并不完美，实证研究的结果令人难以信服。究其原因，关键在于这两大金融理论的前提假设不尽合理。

实际上，2013 年诺贝尔奖同时授予 Eugene Fama 和 Robert Shiller 给金融界造成很大困惑，因为他们两人对资本市场是否有效存在迥然相反的看法。Shiller 认为资本市场经常是非理性的，因而可以被击败，即少数投资者可以获取高于市场平均水平的回报，而 Fama 则认为资本市场是有效的，试图击败市场从而获得高于平均回报的尝试终将失败。巴菲特现象以及前述的 Gill

和 Cohen 在游戏驿站以及众多散户做多特斯拉股票获得的超额回报，表明 Shiller 的观点显然比 Fama 的观点更加接近资本市场的现实。

资本市场是否有效，资本资产定价模型是否合理，尽管见仁见智，但资本市场不断出现的异象和少数投资者持续击败市场获取超额回报，说明有必要重新审视这两大金融理论的前提假设。传统金融学认为投资者是理性的，而行为金融学则表明投资者是正常人，只具有有限理性，有时甚至非理性近乎疯狂，机构投资者和散户投资围绕游戏驿站的博弈就是例证。此外，传统金融学通常假定投资者的行为不受群体影响，而行为金融学则认为个体投资者的投资行为深受群体影响，羊群效应经常发生。因为前提假设不同，传统金融学和行为金融学对于资本市场是否有效、信息披露是否至关重要、股价变动由什么因素决定等重大问题的看法，理所当然存在差异。传统金融学认为资本市场是有效的，信息披露是资本市场有效运行的基石，股价变动由基本面所决定，而行为金融学则认为资本市场不一定有效，信息披露并非资本市场有效运行的前提条件，心理预期对股价变动的影响甚于基本面。

可见，利用行为金融的研究成果，重新审视 EMH 和 CAPM 的前提假设，有助于丰富和发展金融学理论。但也应认识到，行为金融学尚处于发展阶段，尚未形成完整和完善的理论体系。行为金融不可能也不应替代传统金融，它们之间不是相互排斥、互不相容的关系，而是互为补充、相得益彰的关系。

启示 3：加深理解财务报告的服务对象

EMH 不仅对金融学的理论发展意义重大，而且对会计学中的财务报告理论影响深远。财务报告概念框架认为财务信息的充分披露可以促进资本市场有效运行，提高资源配置效率。满足投资者、债权人等使用者做出投资信贷决策、评价受托责任的信息需求，是财务报告孜孜以求的目标，财务信息质量特征以及确认、计量和报告原则，都是围绕财务报告的这一核心目标提出的。

可见，了解财务报告的服务对象，是有效构建财务报告概念框架的前置条件。这就需要有效辨识和清晰界定财务报告的服务对象，了解他们的决策模式、信息需求以及他们获取、理解、分析和利用财务信息的能力。尽管会计准则制定机构在了解财务报告服务对象方面做了艰辛探索，也取得了较大成效，但不可否认的是，会计准则制定机构对财务信息使用者的决策模式、信息处理方式和信息处理能力的了解还十分有限。这方面的不足至少潜藏两大风险：财务信息的供给不是不足，就是超载；定量的结构性财务信息供给有余，定性的非结构性非财务信息供给不足。其结果是财务报告难以真正提供相关和如实表述的财务信息，或多或少制约了财务报告目标的实现。

充分利用行为金融学的研究成果，是会计界加深理解财务报告服务对象的他山之石。行为金融学或许有助于解决诸如充分披露与相关披露孰优孰劣，财务信息的标准化（旨在提高可比性）与差异化（凸显商业模式和价值创造的个性化信息）孰重孰轻等问题。此外，行为金融学的研究表明，投资者的行为特征如有限理性、过度自信、情感情绪、群体行为和代表性偏差等，可能会降低财务信息在投资信息决策中的功效，有效利用这些领域的研究成果，将可提高财务信息的有用性。

（原载于《财会月刊》2021 年第 5 期）

参考文献：

J M KEYNES, J R HICKS, 1936. La Teoría de la Ocupación de Mr. Keynes: "The General Theory of Employment, Interest and Money", 3 (12): 514 - 534.

AMOS TVERSKY, DANIEL KAHNEMAN, 1974. Judgment under Uncertainty: Heuristics and Biases, 185 (4157): 1124 - 1131.

何大安，2005. 理性选择向非理性选择转化的行为分析［J］. 经济研究（8）：73 - 83.

SHILLER, ROBERT, 1981. The Use of Volatility Measures in Assessing Market Efficiency [J]. Journal of Finance, 36: 291 - 304.

DAVID HIRSHLEIFER, 2014. Behavioral Finance [OL/R]. www. mpra. ub. uni - muenchen. de/59028.

曹芳郅，2020. 我国股票市场羊群效应分析与建议［J］. 环渤海经济瞭望（11）：166 - 168.

YU LI, 2021. Gamestop, Reddit and Robinhood: A full recap of the historic retail trading mania on Wall Street. www. cnbc. com.

瑞士信贷研究院，2020. 2020 年全球投资回报年鉴［M］.

MEIR STATMAN, 2014. Behavioral Finance: Finance with normal people. Borsa Instanbul Review. www. sciencedirect. com.

物超所值抑或物有所值？

——特斯拉股票市值合理性分析

黄世忠

【摘要】特斯拉的股价是否被高估，一直是资本市场争议不断的热门话题。本文首先对比分析特斯拉与传统汽车公司的经营业绩，指出特斯拉估值与业绩的巨大反差，其次分析特斯拉估值高企的原因，指出特斯拉的股票市值蕴含着资本市场对科学技术进步、商业模式创新和企业家创新精神的独特溢价，最后剖析特斯拉在环保意识日益增强的时代背景下所面临的机遇与风险，指出应当从动态的时间维度看待特斯拉的估值。本文认为，对特斯拉是物超所值还是物有所值的判断，取决于估值的参照体系和时间维度。本文指出，环保革命势必增厚特斯拉的估值基础，在特斯拉这类“新物种”面前，旧的估值体系疲态毕露，估值体系亟待变革和重构，以适应新经济、新技术、新模式、新业态蓬勃发展的新形势。

【关键词】股票市值　经营业绩　估值体系　科学技术进步　商业模式创新

特斯拉股票市值居高不下，到底是物超所值还是物有所值？这虽然不是哲学之问，但却见仁见智，莫衷一是。有的观点认为特斯拉被高估的股票市值是资本市场喜新厌旧、过度炒作、透支未来的结果，有的观点则认为特斯拉的股票市值看似高估，实则不然，是资本市场高瞻远瞩、合理预期、激励创新的结果。从技术属性上看，基于新能源和自动驾驶的特斯拉显然有别于基于旧能源和人工驾驶的传统车企。从商业模式上看，“软（件）硬（件）兼施”的特斯拉不同于“重硬轻软”的传统车企。如果说传统的汽车是化石燃料时代横行霸道的旧物种，那么，特斯拉无疑将成为电气动力时代畅通无阻的新物种。旧物种与新物种的分裂，旧估值与新估值的矛盾，导致了对特斯拉股票市值迥异的看法和对立的观点，形成了泾渭分明的守旧派和开明派。看空特斯拉的，谓之守旧派，面对能源革命、技术革命和环保革命，满腹狐疑，裹足不前，嘲讽抵制；看多特斯拉的，谓之开明派，面对能源革命、技术革命和环保革命，满怀信心，砥砺前行，主动拥抱。可以说，对特斯拉股票市值针锋相对的观点，蕴含着新经济企业如何选取估值参照系的迥异抉择，折射出留恋过去与追求未来的不同心态。

一、估值与业绩的反差

2020 年是人类面临疫情严峻挑战的一年，也是资本市场异象频出的一年。比特币和特斯拉堪称资本市场异象的典型代表①。2020 年比特币的价格从年初的 7199.8 美元升至年末的 28949.4 美元，涨幅高达 302%。相比之下，特斯拉的股价更是有过之而无不及，股价从年初的 86.50 美元飙升至年末的 705.67 美元，涨幅高达 716%。

2020 年年末，特斯拉的股票市值高达 6774 亿美元，接近于全球十大传统车企 7086 亿美元的股票市值总和，如图 1 所示，但其经营业绩和财务实力与传统车企相形见绌。特斯拉 2020 年的汽车销售量只有 49.95 万辆，与丰田（952 万辆）、大众（930 万辆）、通用（683 万辆）、现代（635 万辆）、上汽（560 万辆）、本田（500 万辆）、福特（450 万辆）、戴姆勒（284 万辆）和宝马（232 万辆）完全不在同一量级上，仅高于法拉利（9119 辆）。与 2009 年进行破产重组的通用汽车公司相比，特斯拉的经营业绩也逊色不少，如图 2 所示。

---

① 游戏驿站也是资本市场异象的另一个典型写照，但其疯狂主要发生在 2021 年，股价从 1 月 2 日的 17.25 美元飙升至 1 月 28 日最高的 483 美元，一个月之内最高涨幅居然达到难以置信的 2700%。

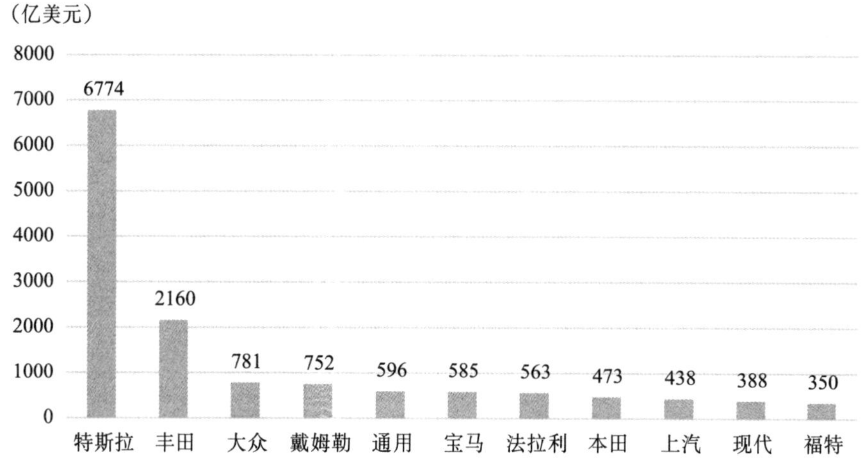

图 1　特斯拉与十大传统车企股票市值比较

资料来源：同花顺和英为财情。

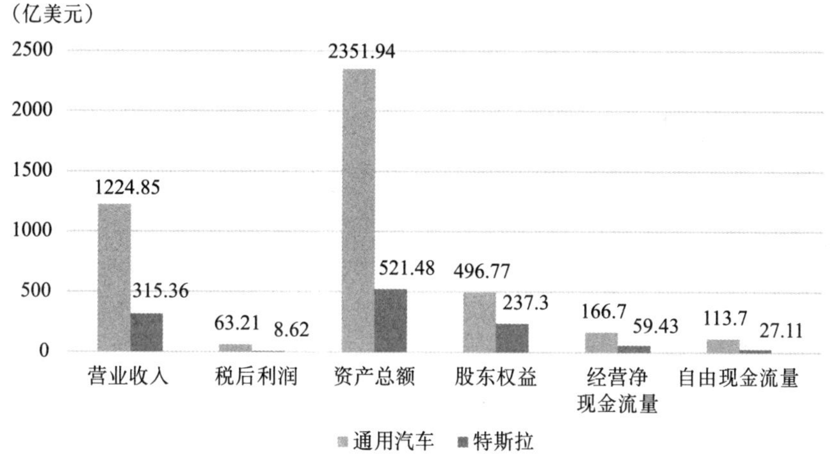

图 2　特斯拉与通用汽车 2020 年经营业绩比较

资料来源：特斯拉和通用汽车年报。

横向比较不足以反映特斯拉的经营业绩，必须辅以纵向比较。从表 1 可以得出，特斯拉自 2010 年在纳斯达克上市以来，其营业收入的年均复合增长率高达 75%，与处于成熟期的传统车企增长乏力形成鲜明对比。

表 1　特斯拉上市以来经营业绩　　单位：亿美元

年 度	营业收入	税后利润	经营活动现金净流量	自由现金流量
2010	1. 17	-1. 54	-1. 27	-1. 67

续表

年 度	营业收入	税后利润	经营活动现金净流量	自由现金流量
2011	2.04	-2.54	-1.28	-3.12
2012	4.13	-3.96	-2.67	-5.05
2013	20.14	-0.74	2.65	0.01
2014	31.98	-2.94	-0.57	-10.27
2015	40.46	-8.89	-5.24	-21.59
2016	70.00	-7.73	-1.24	-15.63
2017	117.59	-22.41	-0.61	-41.41
2018	214.61	-10.63	20.98	-2.21
2019	245.78	-7.75	24.05	9.73
2020	315.36	8.62	59.43	27.11

资料来源：特斯拉年报。

虽然特斯拉在2020年扭亏为盈，但其盈利能力与传统车企相比还存在较大差距。2019年和2020年，特斯拉的经营活动现金净流量和自由现金流量均为正值且增幅较大，但现金流量的规模仍逊色于通用汽车。

股票市值与经营业绩的巨大反差，引发了资本市场关于特斯拉是物超所值抑或物有所值的激烈争论，孰对孰错尚无定论。笔者认为，特斯拉的股票市值是否被高估，关键在于如何看待特斯拉的行业属性并选择与之相适应的估值体系。此外，估值时间维度的选择也会影响对特斯拉估值合理性的判断。

二、特斯拉独特的溢价

特斯拉的股票市值之所以居高不下，在很大程度上是资本市场对特斯拉在科学技术进步、商业模式创新和企业家创新精神方面的正向激励，其中包含着三个独特的溢价。

（一）特斯拉的股票市值蕴含着科学技术进步的溢价

特斯拉是汽车公司还是科技公司？这个问题的答案与特斯拉是物超所值抑或物有所值的答案密不可分。如果将特斯拉认定为汽车公司，则物超所值的答案昭然若揭，如果将特斯拉认定为科技公司，则物有所值的答案显而易见。这与蚂蚁集团到底是金融公司还是科技公司的窘境如出一辙。可见，科学技术进步和商业模式创新模糊了行业属性在新经济时代并非个案，而行业属性的界定恰恰是对上市公司进行估值不可或缺的重要因素。

2003 年诞生于硅谷的特斯拉，显然具有科技公司的行业属性。首先，从设计理念上看，特斯拉是以互联网思维设计、生产和销售汽车的。特斯拉这种革命性的理念将重新定义汽车的概念，汽车将不再是李书福所说的“四个轮子加上几个沙发的铁壳子”，而将变成“会移动的电脑终端”，假以时日，汽车将不再是单纯的交通工具，而将蜕变为集自动驾驶、自动召唤、自动泊车、自动维护、自动升级、数据传感、资讯获取等功能于一体、能够带来极致驾驶体验和多媒体享受的强大信息平台。这种革命性的设计理念将彻底颠覆汽车行业，全面改写 1895 年以来的汽车发展史。从某种意义上说，特斯拉的电动车是伊隆·马斯克（Elon Musk）将信息科技全方位导入汽车行业的尝试，极大拓展了信息科技的应用场景，其创新意义丝毫不亚于史蒂夫·乔布斯（Steve Jobs）将手机由单纯的通信工具改造为信息平台的意义。其次，从技术层面上看，特斯拉实现了从发动机和变速箱到传动系统和冷却系统的工程再造，具有自主知识产权的“三电”（电池、电机和电控）系统在工程构造上不同于传统的燃油车，大幅优化了汽车的技术路线。这种独特的工程技术创新，传承了天才发明家尼古拉·特斯拉（Nikola Tesla）超越现状、追求卓越的创新基因①，推动了人类的科技进步。从能源角度看，特斯拉生产的电动车有可能终结燃油车一百多年的历史，为防止气候变化这一关乎人类生存环境和可持续发展的重大问题指明了路径和方向。如果说电动车是环保革命的产物，那么，特斯拉无疑是环保革命积极的推动者和忠诚的实践者。

有一种观点认为，不论特斯拉如何创新，它本质上还是一家汽车公司，估值不应大幅偏离对传统车企的估值体系。这种观点所犯错误与过去资本市场上对苹果公司的错误看法如出一辙，十几年前也有不少人认为苹果手机再怎么创新，本质上还是一家手机公司，现在继续持有这种观点将贻笑大方。众所周知，正是技术创新和技术含量，造就苹果公司的股票市值全球第一的

---

① 2003 年 7 月 1 日，马丁·艾伯哈德（Martin Eberhard）和马克·塔彭宁（Marc Tarpenning）将创立的公司命名为特斯拉汽车公司，以纪念尼古拉·特斯拉这位发明家对人类做出的杰出贡献。尼古拉·特斯拉是美籍塞尔维亚发明家、物理学家、机械工程师和电气工程师，交流电系统、X 射线研究、无线能量传输、无线电、人造闪电等都是他的发明杰作，改变了人类科技发展史。

地位，这是资本市场是对高科技公司的正向激励，投资者愿意为此支付技术创新和技术进步溢价。或许是从苹果公司的估值逻辑得到了有益启示，投资者才会选择以科技公司的估值体系而不是传统车企的估值体系对特斯拉进行估值，以免错失历史性的投资机遇。

（二）特斯拉的股票市值蕴含着商业模式创新的溢价

资本市场不仅愿意为科学技术进步付出溢价，而且也愿意为商业模式创新提供激励。科学技术进步与商业模式创新相辅相成，相互强化，相得益彰，科学技术进步为商业模式创新提供技术支撑，商业模式创新反过来又为科学技术进步提供应用场景。对于能够将两者有机结合起来的上市公司，资本市场在估值上从不吝啬。苹果公司和亚马逊公司如此，特斯拉公司也不例外。

特斯拉不仅在科学技术进步上颠覆了汽车行业，而且在商业模式创新上让传统车企望尘莫及，自叹弗如。特斯拉的商业模式创新主要体现在五个方面：（1）引导市场需求而不甘于满足市场需求，通过设计和生产全新的自动驾驶电动车，创造了原本不存在的市场空间，实现了克莱顿·克里斯滕森（Clayton Christensen）提出的新市场颠覆。这个颠覆性的市场创新，顺应了环保革命，满足了有环保意识的中高收入客户群体的需求，具有不可估量的市场空间；（2）构建了“硬件+软件+服务”一体化的商业模式，以汽车硬件为载体，搭载营销各种软件和增值服务，明显有别于传统车企过度依赖于硬件前端销售的盈利模式。特斯拉的软件业务包括全自动驾驶（FSD）软件、软件商城以及订阅式服务软件等，旨在实现多元变现。特斯拉的增值服务主要包括共享出行服务，旨在利用智能驾驶的技术优势，大幅降低人工成本，提供“机器人出租车”（Robotaxi）服务，重塑共享出行方式。特斯拉的战略构想是，在五年至十年的扩张期内，急剧扩大硬件产能，到了成熟期后，再向软件生态和服务供应商转型，实现软件和服务收入大举超过硬件收入的终极目标；（3）实行定制化的制造模式，抛弃传统车企所秉承的库存化制造模式，不仅大幅提升了存货周转速度，而且通过预收账款①的方式降低

① 在特斯拉的财务报表中反映为客户定金（Custom Deposits）。特斯拉最新的年报显示，2020年12月31日客户定金余额为7.52亿美元。虽然这个余额目前还不大，但考虑到特斯拉2020年仅销售了49.95万辆电动车，如果未来五年至十年销售量增加至500万~1000万辆的能级，客户定金必定水涨船高，金额惊人。

流动资金占用；（4）采用“线下体验＋网络直销”的创新营销模式，摈弃了传统车企死守不放的经销商或4S店的落后营销模式，节省了大量的渠道建设费用。此外，特斯拉十分注重“口碑＋网红”的市场推广模式，不仅利用社会名流进行“口碑营销”，提升特斯拉电动车的美誉度和影响力，而且利用伊隆·马斯克这个自带流量的超级网红代言带货，节省了大量的市场推广费用；（5）通过云服务技术和服务中心相结合的方式，提供远程自诊式维护服务，或预约实地维护服务，既降低了担保和售后服务费用，又提高了客户的车辆使用效率。

资本市场对特斯拉的商业模式创新反应热烈，将特斯拉与传统车企区分开来，投资者从特斯拉的商业模式创新中似乎看到了苹果公司和亚马逊公司十几年前的身影，因此他们愿意赋予特斯拉额外的商业模式创新溢价。

（三）特斯拉的股票市值蕴含着企业家创新精神的溢价

但凡做过风险投资的专业人士都认可这样的一种观点：资本市场上的价值投资，在一定程度上既是对企业家的信任投票，更是对企业家创新精神和创新毅力的投资。这在特斯拉尤其明显。虽然伊隆·马斯克并不是特斯拉的创始人，他直至2004年才加盟特斯拉并成为大股东，但谁也不能否认，正是他的远见卓识确立了特斯拉的宏伟愿景，正是他的创新创造精神塑造了特斯拉的文化底蕴。毋庸置疑，特斯拉的股票市值蕴含着对伊隆·马斯克这位天才明星企业家的溢价，犹如史蒂夫·乔布斯之于苹果公司的溢价。

伊隆·马斯克既是一位富有开拓创新精神的企业家，也是一位善于利用新媒体的网红企业家。作为一位网红企业家，伊隆·马斯克谙熟新媒体之道，通过记者访谈、新闻发布、投资者说明会等方式，将其号召力和影响力发挥得淋漓尽致，成为特斯拉创新创造的形象大使和代言人，极大提升了公司的品牌价值和产品吸引力。电动汽车、太空火箭、移民火星、星链计划、超级高铁和脑机接口，堪称伊隆·马斯克致孜孜以求的六大梦工程，每一项工程都是惊世骇俗，“生于地球，葬于火星”的豪迈气概，“将人类改造为跨星球物种”等宏大叙事，加上伊隆·马斯克极富感染力和煽动性的言语风格，吸足了自媒体的眼球，为特斯拉的形象宣传和品牌营销增色不少。由此可见，伊隆·马斯克已然成为特斯拉最大的无形资源和智慧资本，虽然这些无形资源和智慧资本没有在特斯拉的财务报表上得到反映，但资本市场在估值时已经将这些表外资产纳入其中。

三、机遇与风险的权衡

众所周知，买卖股票是一种前瞻性的投资活动，本质上是对上市公司未来机遇与风险的权衡与抉择。特斯拉是物超所值还是物有所值，除了考虑上述三大溢价因素外，还必须展望和评估特斯拉在未来十年至二十年的机遇与风险。

（一）特斯拉拥有天时地利人和的发展机遇

天时。气候变化是全球性问题，关乎人类的生存发展。为了应对气候变化，确保经济社会的可持续发展，全球范围内的环保革命如火如荼，世界各国纷纷制定碳达峰和碳中和的远景规划、环保政策和行动方案，高碳排放产业受到严格限制，低碳排放或零碳排放产业备受青睐和鼓励，碳税开征、碳排放权交易等制度安排相继出台。环保运动极大缩短了燃油车的生命周期，加速传统车企衰退进程，燃油车已成为夕阳产业，而电动车产业却生机勃发，迎来了发展的黄金期，成为投资者普遍看好的朝阳产业。

作为全球领先的 ZEV（零排放车辆）生产商，特斯拉已经成为环保运动的最大受益者之一，通过出售碳排放权获得了不菲的收入（在财务报表附注中披露为 Revenue from Automotive Regulatory Credits，即汽车监管积分收入），如图 3 所示。

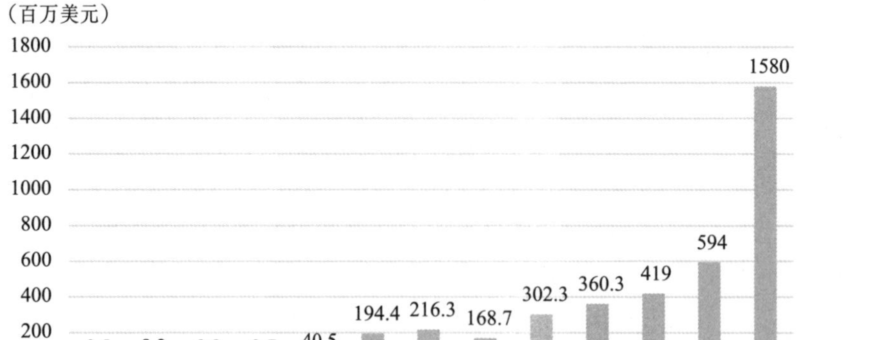

图 3　特斯拉历年出售汽车监管积分取得的收入

资料来源：特斯拉年报。

地利。以新材料、新能源、大数据、云计算、物联网、5G 技术和人工智能为代表的科学技术进步汹涌澎湃，为汽车行业的更新换代和转型升级提供了强有力的技术支撑。借助科学技术进步的赋能，人工驾驶的燃油车升级为全自动驾驶（FSD）的电动车将逐步从梦想变成现实。特斯拉以互联网思维设计和生产的可升级为全自动驾驶的电动车，正是得益于新能源和信息科技领域的研究成果。

人和。经过潜移默化的宣传教育，环保理念开始深入人心，绿色出行和低碳生活逐渐成为时尚和自觉，这无疑将极大增强对特斯拉零排放车辆的市场需求。目前，特斯拉在客户细分上主要锁定有环保理念的中高收入群体，随着环保理念的进一步普及，这部分客户群体将呈大幅扩大之势。此外，以伊隆·马斯克为核心的特斯拉管理团队极具创新精神，富含创造基因，契合百年未有之大变局的时代背景，有利于特斯拉在变局中开先局，下好先手棋。

以上的天时、地利、人和，共同构成了特斯拉前所未有的发展机遇。根据国信证券的预测，2025 年特斯拉汽车硬件业务、软件业务、出行服务、保险服务、充电业务和能源业务收入合计将超过 1200 亿美元（梁超和周俊宏，2021）。更乐观的财务分析师甚至认为，按 35% 的年均增长率（远低于上市以来 75% 的年均复合增长率），2030 年特斯拉的电动车销量将超过 1000 万辆，营业收入和税后利润将分别达到 2500 亿美元和 125 亿美元，软件业务收入和税后利润将分别达到 1000 亿美元和 200 亿美元，其他业务如机器人出租车服务收入、太阳能业务收入、电池业务收入以及特许权收入也将大幅增长，股票市值突破 1 万亿美元将是大概率事件（Uherek，2020）。

简言之，天时、地利、人和给特斯拉带来了难得的发展机遇，增厚了其估值基础。资本市场因为特斯拉具有广阔的发展前景赋予其更高的溢价，对传统车企暗淡的发展前景予以折价，合乎逻辑。

（二）特斯拉面临着技术迭代、竞争加剧和高管变动的风险

技术迭代风险。颠覆性技术（Disruptive Technologies）带来的新产品、新市场和新消费供给方式往往造成现有公司的消亡（Christensen，1997）。克莱顿·克里斯滕森提出的颠覆性技术带来的技术迭代风险，是高科技公司面临的共性风险，特斯拉也不例外。在信息技术方面，2015 年英特尔公司在纪念摩尔定律发明 50 周年时指出，摩尔定律依然成立，至少可再延续十年

（黄世忠等，2020）。如果英特尔公司的判断准确，特斯拉用于全自动驾驶的信息技术在未来10~20年不可避免地将发生无数次的迭代。能否紧跟信息技术进步的步伐，决定着其最大卖点之一的全自动驾驶能否顺利实现。在电池技术方面，特斯拉同样面临技术迭代风险。2020年9月，特斯拉在“电池日”活动中发布了一款体积更小、性能更高、成本更低、续航时间更长的无极耳电池，反响热烈，但电池技术更新换代日新月异，所用材料和技术路径更是千差万别。虽然特斯拉在电池技术领域目前处于领先地位，但并不显著，存在着被竞争对手的颠覆性技术超越的可能性。

竞争加剧风险。特斯拉所处的行业强敌环伺，竞争激烈。得益于先发优势，特斯拉的电动车全球领先，但这种霸主地位岌岌可危，既有其他新能源车企的步步紧逼，也有传统旧能源车企的虎视眈眈。面对严苛的环保新政，丰田和大众等传统车企不会坐以待毙，一定会倾尽全力，利用其在经验、管理、客户、渠道、资金等方面的比较优势，通过后发优势，抢夺新能源汽车市场，蚕食特斯拉的市场份额。此外，苹果、谷歌、华为等科技巨擘极有可能利用其技术优势进入智能汽车市场。可以预见，未来10~20年的新能源汽车市场竞争将日趋白热化，特斯拉的销量能否顺利达到千万辆能级，既取决于其自身的努力和成效，也取决于其竞争对手，特别是传统车企巨头进军新能源汽车市场的节奏和力度。

高管变动风险。稳定的高素质管理团队和技术团队是企业保持核心竞争力和提升价值创造力的关键。2018年10月，迫于美国证监会（SEC）的压力，伊隆·马斯克被迫辞去董事长的职务，现仅任首席执行官和首席架构官，这说明特斯拉存在着高管变动风险。伊隆·马斯克作为大股东（2021年2月发布的年报显示其持股比例为20.8%）在特斯拉的公司治理和经营决策中举足轻重，但其个性张扬，态度强势，不排除将来与监管部门或内部高管继续发生冲突的可能性①。如果因监管或内部原因导致伊隆·马斯克被迫离职，对特斯拉的影响将是灾难性的，特斯拉的股票市值溢价将大打折扣。

基于对上述风险因素的考虑，看空者认为特斯拉当下的股票市值严重透支未来，被高估的股价面临调整，有观点甚至认为特斯拉股价三年之内存在腰斩的可能（徐远，2020）。

---

① 作为一个公众人物，伊隆·马斯克最近频繁对比特币和游戏驿站等资本市场热点问题发表看法，引起了监管部门的关注，存在着再次被约谈或处罚的可能性。此外，伊隆·马斯克与高管团队相处得并不融洽，特斯拉的两位联合创始人就是迫于他的压力而离职的。

综上所述，特斯拉是物超所值还是物有所值，取决于估值的参照体系和时间维度。如果参照传统车企的估值体系，特斯拉显然物超所值，而如果参照科技企业的估值体系，特斯拉则物有所值。如果选择静态的时间维度，不考虑换环保革命和汽车行业的发展趋势，特斯拉看似物超所值，而如果选择动态的时间维度，充分考虑环保革命对汽车行业的深远影响和特斯拉的比较优势，最有可能得出的结论是特斯拉物有所值。

旧经济时代普遍采用的市场法（如市盈率法、市销率法、市净率法等）和折现法（如净收益折现法、股利折现法、自由现金流量折现法等）等估值体系，到了新经济时代的不适症日益显现。在科学技术加速迭代，商业模式创新日新月异的时代背景下，估值体系亟待变革和重构，以适应新经济、新技术、新模式、新业态蓬勃发展的新形势。新的估值体系既要考虑财务变量，也必须将非财务变量如行业地位、智慧资本、知识产权、应变能力、高管素质、环保政策等纳入其中。唯有与时俱进，不断演进，估值作为一门学科，才能永葆其旺盛的生命力，才能为投资者和债权人提供有益的决策参考。

（原载于《财会月刊》2021 年第 7 期）

参考文献：

梁超，周俊宏，2021. 特斯拉业务架构、商业模式与估值深度研究报告［OL/R］. https：//mps. weixin. qq. com/s/b_CnAPNhmKCzgZilfXvRja.

R UHEREK，2020. Tesla Valuation：High Level Thesis ［OL/R］. https：//remo. org/2020/07/29/tesla－valuation/.

C CHRISTENSEN，1997. The Innovator's Dilemma：When New Technologies Cause Great Firm to Fail ［M］. Harvard Business School Press：60－69.

黄世忠，叶丰滢，陈朝琳，李诗，蒋艳虹，2020. 新经济 新模式 新会计［M］. 北京：中国财政经济出版社.

徐远，2020. 特斯拉三步曲——叙事，泡沫，破灭 ［OL/R］. https：//www. sohu. com/a/441370867－120868905.

滴滴与优步的业绩评价困境

黄世忠

【摘要】作为中美两国最大的网约车平台，滴滴和优步的业绩孰优孰劣？这个看似简单的问题背后潜藏着诸多可比性问题。本文以滴滴和优步2018～2020年财务报告为基础，首先介绍这两大网约车平台的经营业绩和财务业绩，其次分析商业模式和监管环境差异导致它们采用迥异的收入确认方法，最后指出收入确认差异对滴滴和优步业绩评价带来的困难和挑战。本文的分析表明，经营业绩指标因披露口径缺乏规范，难以直接进行横向比较，而财务业绩指标深受收入确认方法的干扰，导致可比性问题十分突出，不考虑收入确认方法差异的影响直接进行横向对比，将形成误导性结论。此外，现行会计准则对研发支出和股票期权的不合理规定，导致这两家网约车平台的财务业绩被严重低估，非公认会计原则的业绩指标比公认会计原则的业绩指标更能反映滴滴和优步的真实盈利能力。

【关键词】经营业绩　财务业绩　商业模式　监管环境　收入确认　总额法　净额法

在经历了2018年顺风车安全事件和2020年新冠肺炎疫情的严峻考验后，滴滴终于在2021年6月10日向美国证监会（SEC）提交了招股说明书，正式开启了其在美国上市的一波三折的艰辛旅程。招股说明书的披露，在揭开滴滴神秘面纱的同时，也让投资者产生了将其与两年前上市的优步

（Uber）进行对比的需求。作为中美两国提供出行服务的最大网约车平台，滴滴和优步的业绩孰优孰劣？这是投资者迫切希望了解的问题。本文的分析表明，这个问题的答案并非直截了当。在貌似简单明了的经营指标和财务指标背后，存在着因商业模式和监管环境差异导致的诸多可比性问题。此外，会计准则对研发支出和股票期权激励支出的不合理规定，以及对非公认会计原则业绩指标缺乏规范，也将对滴滴和优步财务业绩的正确评价产生重大影响。

一、经营和财务业绩的比较

滴滴和优步均将业绩指标区分为经营业绩和财务业绩两类，前者主要包括活跃用户、活跃司机、订单量和交易总值（Gross Transaction Value，简称GTV）或订单总值（Gross Booking Value，简称 GBV）和平台收入，后者则主要由营业收入、营业毛利、税后利润、毛利率和销售利润率所组成。表 1 列示了滴滴和优步 2018 ~2020 年的经营业绩和财务业绩指标。

表 1　　滴滴与优步经营业绩和财务业绩指标

单位：亿人，亿元，亿美元

项　目	滴滴				优步		
	2018 年	2019 年	2020 年	2020 年	2018 年	2019 年	2020 年
经营业绩指标：							
活跃用户*	n. a	4. 29	4. 93	4. 93	0. 91	1. 11	0. 93
活跃司机	n. a	n. a	0. 15	0. 15	0. 04	n. a	n. a
订单量	87. 89	86. 69	77. 50	77. 50	52. 20	69. 04	50. 25
交易（订单）总值	2123. 78	2253. 23	2145. 85	$327. 52	$497. 99	$650. 01	$578. 97
平台收入	187. 46	241. 92	346. 59	$52. 90	$104. 16	$128. 39	$110. 04
财务业绩指标：							
营业收入	1352. 88	1547. 86	1417. 36	$216. 33	$104. 33	$130. 00	$111. 39
营业毛利**	74. 47	151. 22	159. 12	$24. 29	$52. 21	$64. 67	$54. 10
营业毛利率	5. 50%	9. 77%	11. 23%	11. 23%	50. 04%	49. 75%	48. 57%
税后利润	-149. 79	-97. 33	-106. 08	- $16. 19	$9. 87	- $85. 12	- $67. 88
销售利润率	-11. 07%	-6. 29%	-7. 48%	-7. 48%	9. 46%	-65. 48%	-60. 94%

注：*滴滴和优步的活跃用户因统计口径差异而缺乏可比性，前者为年度活跃用户，后者为月度活跃用户。但招股说明书显示，滴滴 2021 年第一季度的月活跃用户为 1. 5 亿。

**滴滴和优步的营业成本披露口径不尽相同，前者包括折旧和摊销，而后者则不包括。为了提高可比性，在计算营业毛利时已经将优步单独列示的折旧和摊销调整至营业成本中。

在经营业绩指标方面，滴滴的活跃用户（2021 年第一季度月活跃用户为 1.5 亿）、活跃司机（优步的招股说明书显示，截至 2018 年年底，其活跃司机为 390 万人，2019 年和 2020 年年报未披露活跃司机指标，这可能与美英等国要求优步将活跃司机视为雇员并提供相应福利保障的法律诉讼有关）和订单量远大于优步。从这三个指标看，滴滴在招股说明书中声称其是世界最大的网约车平台并无不妥。但如果从交易（订单）总值和平台收入（GTV 或 GBV 减去司机分成所得）的角度看，滴滴在经营规模方面与优步尚有不小差距，因此优步在其 2019 年发布的招股说明书中同样声称其是世界领先的最大网约车平台。此外，滴滴的国际化程度也逊色于优步。虽然滴滴在 15 个国家的 4000 多个城市提供网约车服务，但 2020 年其交易（订单）总值中只有不到 12% 来自中国之外；而优步的网约车服务覆盖了 70 多个国家，其 2020 年来自美国之外的交易（订单）总值占比超过 40%。值得一提的是，让网约车司机以灵活就业的方式获取收入，是网约车平台履行社会责任的一大标志。招股说明书显示，2018 年 1 月 1 日至 2021 年 3 月 31 日，滴滴为网约车司机提供了约 6000 亿元的收益分成，而优步 2015 ~ 2018 年为网约车司机提供的收益分成也高达 782 亿美元。

在财务业绩指标方面，除了税后利润和营业毛利外，滴滴和优步的其余业绩指标因受收入确认方法差异的影响缺乏可比性，将这两大网约车平台的营业收入、毛利率和销售利润率直接对比将产生严重的误导。

二、总额法和净额法的选择

滴滴和优步的业务结构十分相似，前者将业务分为出行服务、车服网络和送货服务等三大业务板块，后者将业务分为个人出行、外卖服务和货运服务等三大业务板块，但滴滴 2020 年来自出行服务的营业收入占比高达 95.94%，而优步出行服务收入仅占全部营业收入的 54.66%。表面上看，滴滴和优步在出行服务方面的商业模式雷同，均通过网约车平台为乘客和司机提供交易撮合服务，但由于监管环境的差异，两者的商业模式已然异化。根据我国对网约车平台的监管规定，滴滴对网约车服务负最大和最终责任，网约车司机代表网约车平台向乘客提供出行服务，因此司机和乘客均成为滴滴的客户。而根据国外的监管规定，网约车司机不需要也无权代表网约车平台向乘客提供出行服务，而是自行提供出行服务，网约车平台对乘客的责任远小于我国的相关规定。在这种监管环境下，优步和力夫特（Lyft）等网约车平台的客户通常只包括司机，而不包括乘客。

监管环境造成的商业模式异化，导致滴滴和优步采用的收入确认方法存在重大差别。招股说明书显示，滴滴对国内出行服务的收入确认采用总额法，而对国外出行服务的收入确认则以净额法为基础。2018～2020年，国内出行服务收入占滴滴全部出行服务收入的比例超过97%。这部分收入之所以采用总额法确认，是基于我国网约车监管环境的特殊考虑，主要包括：（1）在我国提供网约车出行服务，网约车平台必须获得政府监管部门颁发的营业执照并对出行服务负全责；（2）相关监管法规要求持有营业执照的网约车平台必须确保司机和车辆符合监管规定，包括对司机的背景调查和车辆性能的检查等。基于上述监管规定，滴滴认为其在国内提供出行服务中扮演主要责任人（Principal）而不是代理人（Agent）的角色，且有能力对出行服务进行控制。具体理由包括五个方面：（1）滴滴有权要求登记在册的网约车司机根据其与滴滴签订的服务协议代表滴滴向乘客提供出行服务；（2）根据双方签订的服务协议，网约车司机代表滴滴提供出行服务时有义务遵守滴滴制定的服务标准和实施规则；（3）滴滴根据其制定的服务标准定期对网约车司机进行评价；（4）滴滴有义务按照我国的相关监管规定履行对乘客的出行服务承诺；（5）滴滴享有制定出行服务价格的斟酌权。此外，滴滴还负责账款结算，信用风险也由其承担。尽管会计准则不再将是否承担信用风险作为判断主要责任人或代理人的考虑因素，但从实质重于形式的角度看，承担信用风险无疑是主要责任人的重要特征之一（黄世忠，2021）。

相比之下，国外对网约车平台的监管不如我国严厉，因此滴滴对在国外提供的出行服务采用净额法确认收入。其主要理由是，根据国外大部分国家的规定，乘客可免费使用滴滴的网约车平台且滴滴不承担对乘客的履约义务（Performance Obligation）。在这样的监管环境下，网约车司机通常是滴滴的客户，而乘客则不是。由于不能控制出行服务，滴滴仅仅扮演代理人而不是主要责任人的角色。具体理由包括：（1）滴滴不能控制网约车司机向乘客提供的出行服务；（2）滴滴无权要求网约车司机代表滴滴提供出行服务；（3）滴滴并不将自己的服务与网约车司机的服务进行整合后再转让给乘客；（4）网约车司机有义务按照其与乘客达成的服务协议履行对乘客的出行服务承诺。

同样地，优步在其2020年年报中也对其采用净额法确认出行和送货服务收入进行了解释。对于绝大部分的出行和送货服务，优步仅扮演向网约车司机和商家将其服务成功提供给最终用户（乘客或顾客）的角色。基于以下原因，优步得出其并不控制出行和送货服务的结论：（1）优步并不向网约车司机和商家预先购买或预先控制服务、商品再将其转让给最终用户；（2）优步不要求网约车司机和商家代表优步提供出行和送货服务；（3）优步不将其自身的服务与网约车司机和商家提供的服务、商品进行整合再转让给最终用户；（4）优步并不承担与提供出行和送货服务相关的存货风险；（5）优步协助网约车司机和商家对出行和送货服务进行定价，但后者保留与最终用户达成交易价格的斟酌权。

上述分析表明，能否控制商品和服务是区分主要责任人和代理人的重要标志，而这显然与企业提供商品和服务的商业模式有关。共享经济平台（如Airbnb、Uber 和滴滴等）主要以赚取服务费、推介费、管理费等形式获取收益作为商业模式，通常扮演代理人的角色，理应采用净额法确认收入。但滴滴案例表明，不同国家对共享经济平台采用差异化的监管政策，监管法规完全有可能强制要求这些平台承担本不该由它们承担的责任，导致它们所扮演的角色由代理人蜕变为主要责任人。在这种监管环境下，共享经济平台采用总额法确认收入符合《客户合同收入》准则，笔者对滴滴按总额法确认国内出行服务收入的做法并无异议。

三、业绩评价的困难与挑战

尽管从会计准则的角度看，滴滴对国内出行服务采用总额法确认收入没有不妥之处，但从财务业绩评价的角度看，却滋生了非常严重的可比性问题。众所周知，财务业绩评价离不开同行业的横向比较，而横向比较的前提是可比性。在表 1 列示的 5 个财务业绩指标中，只有税后利润和营业毛利具有可比性，而营业收入、营业毛利率和销售利润率等指标，由于滴滴和优步采用不同的收入确认方法，致使可比性荡然无存。2020 年滴滴按总额法确认的国内出行收入高达 1336.45 亿元，占全年营业收入的比例高达 94.29%，而优步几乎所有的收入均采用净额法确认。在收入确认方法存在重大差异的情况下，将滴滴和优步的营业收入、营业毛利率和销售利润率直接对比，将得出相互矛盾的结论。

在经营规模方面，滴滴 2020 年 216.33 亿美元的营业收入比优步的

111.39 亿美元营业收入高出近一倍，但若将计入营业成本的网约车司机分成收益剔除，则其平台收入只有 52.9 亿美元，还不及优步 110.04 亿美元的一半。经营规模孰大孰小一目了然，滴滴和优步的营业收入没有可比性可言，而平台收入则具有很强的可比性。换言之，若采用净额法而不是总额法，滴滴 2020 年的营业收入将减少约 75%，而这正是滴滴与网约车司机的分成比例。

在盈利能力方面，滴滴 2020 年的营业毛利为 24.29 亿美元，只相当于优步 54.10 亿美元营业毛利的 45%，但其 11.23% 的毛利率只相当于优步 48.57% 毛利率的 23%。为何滴滴和优步的毛利率差距明显大于营业毛利的差距？到底是盈利能力所致，还是收入确认基础差异使然？答案显然是后者。倘若滴滴与优步一样采用净额法确认收入，则其毛利率将增至 45.92%，与优步旗鼓相当。此外，滴滴 2020 年的销售利润率为 -7.48%，明显优于优步 -60.94% 的销售利润率。综合地看，滴滴的盈利能力并不逊色于优步。

财务业绩的评价除了受收入确认方法差异的干扰外，还受到研发投入强度和股票期权激励力度的影响。从研发投入强度看，2018 ~2020 年滴滴的研发支出占营业收入的比例分别为 3.24%、3.45% 和 4.46%，而优步同期比例分别为 14.43%、37.2% 和 19.80%。表面上看，滴滴的研发投入强度与优步相去甚远，但若剔除收入确认方法差异的影响，即滴滴也按净额法确认收入，则其过去三年研发投入强度分别为 23.35%、22.10% 和 18.23%，三年平均 21.23%，与优步过去三年 23.82% 的平均研发投入强度相差无几。招股说明书显示，截至 2020 年 12 月 31 日，滴滴的员工总数为 15914 人，其中从事研究开发的员工高达 7110 人，占比 44.68%，研发投入强度可见一斑。从股票期权激励强度看，2018 ~2020 年滴滴股票期权激励支出占营业收入的比例分别为 1.24%、2.03% 和 2.41%，低于优步的 1.63%、35.36% 和 7.42%，但若剔除收入确认方法的影响，滴滴过去三年股票期权激励力度的平均比例为 10.58%，略低于优步的 14.80%。从业绩计量角度看，现行会计准则对研发支出和股票期权激励支出的不合理规定，均导致滴滴和优步过去三年的财务业绩被系统性严重低估。表 2 列示了滴滴和优步过去三年研发支出和股票期权激励支出与经营利润的对比，若将研发支出资本化而非费用化并剔除不具成本费用性质的股票期权激励支出，这两大网约车平台的经营利润将大为改善。

表 2　滴滴、优步研发支出和股票期权激励支出与经营利润的对比

单位：亿元，亿美元

项　目	滴滴			优步		
	2018 年	2019 年	2020 年	2018 年	2019 年	2020 年
研发支出	43.77	53.47	63.17	$15.05	$48.36	$22.05
股票期权激励支出	16.78	31.40	34.13	$1.72	$45.96	$8.27
合　计	60.55	84.87	97.30	$16.77	$94.32	$30.32
经营利润	-124.43	-80.13	-137.88	-$30.33	-$85.96	-$48.63

为了克服现行会计准则不合理规定导致的业绩失真问题，滴滴和优步与其他新经济企业一样均披露了非公认会计准则的业绩指标（Non－GAAA Measures），其中滴滴披露的非公认会计原则业绩指标为 EBITA（扣除利息、税收和摊销前的盈利），如表 3 所示，而优步则选择将 EBITDA（扣除利息、税收、折旧和摊销前的盈利）作为非公认会计原则业绩指标，如表 4 所示。

表 3　滴滴非公认会计原则业绩指标调节表

单位：亿元

项　目	2018 年	2019 年	2020 年	2021 年第一季度
净利润（净损失）	(149.79)	(97.33)	(106.08)	54.83
减：利息收入	(14.58)	(13.61)	(12.29)	(1.87)
加：利息费用	0.44	0.70	1.36	0.61
减：投资收益（损失）净额	8.17	4.76	(28.33)	(123.61)
加：按成本法核算的权益投资减值	25.41	14.51	10.22	—
加：按权益法核算的投资损失	7.68	9.79	10.58	0.45
减：其他收益（损失）净额	3.37	4.53	(10.31)	3.84
减：所得税优惠	(5.13)	(3.48)	(3.03)	(0.79)
经营损失	(124.43)	(80.13)	(137.88)	(66.54)
加：股票期权激励支出	16.78	31.40	34.13	6.97
加：无形资产摊销	21.18	21.09	19.94	4.92
调整后的 EBITA	(86.47)	(27.64)	(83.81)	(54.65)
其中：国内出行 EBITA	(2.74)	38.44	39.60	36.18
国际出行 EBITA	(24.28)	(31.52)	(35.34)	(10.05)
其他业务 EBITA	(59.45)	(34.56)	(88.07)	(80.78)

表 4　　优步非公认会计原则业绩指标调节表　　单位：亿美元

项　目	2018 年	2019 年	2020 年
归属于优步的净利润（净损失）	9.97	(85.06)	(67.68)
加（减）：			
归属于非控制权益的净利润（净损失）	(0.10)	(0.06)	(0.20)
所得税费用（优惠）	2.83	0.45	(1.92)
按权益法核算确认的投资损失	0.42	0.34	0.34
利息费用	6.48	5.59	4.58
其他净收益（净损失）	(49.93)	(7.22)	16.25
折旧与摊销	4.26	4.72	5.75
股票期权激励支出	1.72	45.96	8.27
法律、税收和监管准备变动及和解	3.40	3.53	(0.35)
司机优秀行为奖励	—	2.99	—
新股发行时的股票期权工薪税	—	0.86	—
商誉和资产减值损失和资产出售损失	2.37	0.08	3.17
并购、融资和剥离相关费用	0.15	—	0.86
与使用权资产相关的加速租赁成本	—	—	1.02
新冠疫情应对行动支出	—	—	1.06
租赁安排净利得	(0.04)	—	(0.05)
重组和相关费用	—	0.57	3.62
调整后的 EBITDA	(18.47)	(27.25)	(25.28)

从表 3 和表 4 可以看出：（1）滴滴和优步将公认会计原则业绩指标调节为非公认会计原则业绩指标的调整项目主要涉及非经营性项目和非现金流量项目；（2）由于缺乏统一规范，滴滴和优步的具体调整项目不尽相同，在一定程度上降低了可比性；（3）与公认会计原则下的净利润相比，调整后的 EBITA 或 EBITDA 使滴滴和优步的经营业绩大幅改善，特别是滴滴国内出行业务调整后的 EBITA 从 2019 年起由负转正，2021 年第一季度的 EBITA 高达 36.18 亿元，已经相当接近于 2019 年的 38.44 亿元 EBITA 和 2020 年的 39.60 亿元 EBITA。这被视为滴滴扭亏为盈的好兆头，因此被一些财务分析师大肆渲染，有可能成为滴滴高估值（约 1000 亿美元）的一大卖点。

综上所述，由于滴滴和优步的经营业绩指标和财务业绩指标均缺乏可比性，这两大网约车平台的业绩孰优孰劣难有定论。这既有经营业绩指标缺乏规范的原因，也有两大网约车平台因所处监管环境存在重大差异而导致商业模式异化的缘故，最终迫使滴滴采用有别于优步的收入确认基础。总额法和净额法作为两种不同的收入确认基础，对财务业绩的计量和评价会产生巨大的差异性影响，投资者切莫将按不同收入确认基础计量的财务业绩等量齐观，否则将被严重误导。会计准则制定机构和证券监管部门有必要督促相关上市公司模拟分析和充分披露采用不同收入确认方法对财务业绩指标的影响。此外，新经济企业十分注重研究开发和股票期权激励，这两方面的支出金额不菲，占营业收入的比例不小，有必要重新评估现行会计准则对研发支出和股票期权激励的规定是否会导致新经济企业的经营业绩被系统性低估（黄世忠，2020）。最后，鉴于新经济企业披露非公认会计原则的业绩指标日益普遍，会计准则制定机构有必要对调整口径和调整项目加以规范，以免非公认会计原则业绩指标成为少数上市公司报喜不报忧的避风港。

（原载于《财会月刊》2021 年第 13 期）

参考文献：

黄世忠，2021. 共享经济的业绩计量和会计问题——基于 Airbnb 的案例分析和延伸思考［J］. 财会月刊（1）：1 –6.

黄世忠，2020. 如实反映抑或失实反映——基于中美十大新经济企业十年的财务分析［J］. 财会月刊（21）：1 –6.

滴滴招股说明书 . https：www. sec. gov/Archives/edgar.

Uber，2021. Annual report. https：//sec. gov/Archives/edgar.

附录1
编好人生的第二张资产负债表

——在厦门国家会计学院2018届研究生毕业生典礼上的讲话

黄世忠

尊敬的各位老师、各位家长，亲爱的同学们，大家好！

热烈欢迎各位家长前来参加毕业庆典活动，与我们共同见证同学们的成长成才，此时此刻，家长们的心情想必比同学们还激动。衷心祝贺同学们学成毕业，69位同学获得会计硕士专业学位（MPAcc），20位同学获得税务硕士专业学位（MT），这是你们人生中的荣耀时刻，可喜可贺。特别要祝贺10位在职攻读MPAcc的同学，你们在繁重工作之余，顺利完成学业，实属不易。学院的老师和员工为同学们顺利毕业付出辛劳，我们铭记于心，感恩感激。遗憾的是，一位同学因为身体原因休学，不能与你们一道毕业，希望这位同学早日康复，完成学业，圆其硕士梦。

台湾政治大学原校长郑丁旺教授一直是我十分敬仰的学者，郑校长经常来学院授课，对我帮助良多，与我亦师亦友，前不久接受教务处采访时，郑校长指出："人的一生有两张资产负债表，一张用于衡量物质财富，一张用于衡量精神财富。衡量物质财富的资产负债表中，资产减去负债剩余的属于你自己的权益，代表着你将多少社会财富据为己有；而衡量精神财富的资产负债表中，负债就是你获得多少的帮助，承载了多少情义，资产则是你给予他人多少帮助，付出了多少情义，资产减去负债，留下的是你对社会的净贡献。”对此，我深以为然，完全赞同。受郑校长的启发，今天，在你们学成毕业即将走向社会这一重要人生节点，我想与同学们谈谈如何编好人生的第二张资产负债表，与大家共勉。

人生的第二张资产负债表，从我们出生的那一天就开始编制，周而复始，涵盖了我们的一生。人生的第二张资产负债表，其核算基础可以是不对称的，资产（给予他人的帮助和情义）的核算以权责发生制为基础，不求一时一事，但求持之以恒，负债（接受他人的帮助和情义）是以收付实现制为基础的，哪怕是滴水之恩，也应涌泉相报，只争朝夕，事不宜迟。人生的第二张资产负债表淡化分期假设，既有时点性，又有时期性。按照希克斯爵士（Sir John Richard Hicks）的观点，剔除业主交易的影响，期末净资产减去期初净资产等于利润。可见，人生的第二张资产负债表也是人生的第二张利润表，它反映的是我们一生对社会的净贡献。不同的是，这张报表并不遵循配比原则，只强调对社会的付出，不强调向社会的索取。这张报表也不讲究重要性原则，给予或接受他人的帮助和情义，不论大小，均应反映，予以列报。

在人生的第二张资产负债表上，资产和负债对应三个层面的关系：微观层面是与家人之间的相互关系，中观层面是与同学、同事、朋友和单位之间的相互关系，宏观层面是与国家和社会的相互关系。在人生的第二张资产负债表里，爱心和奉献是最重要的资产，贪婪和索取是最重大的负债。爱心大于贪婪，奉献大于索取，这才是我们理应追求的人生价值。对国家对社会的贡献，既要有家国情怀，志存高远，又要从小事着手，从小处做起。人人都有一颗公德之心，遵守公序良俗，维护社会秩序，节约资源，保护环境，这是我们每个人应当对社会做出的力所能及的贡献；人人都有颗关爱之心，关心爱护他人，关注弱势群体，帮扶贫困家庭，也是对社会无私的贡献；人人都有颗恻隐之心，对遭受灾难和病痛的群体，表示同情，伸以援手，谁能说这不是对社会的贡献。人人都有颗爱家之心，孝敬父母，夫妻恩爱，子女孝顺，家庭和睦，就是对社会和谐的贡献。人人都有颗协作之心，团结互助，虚心谦让，和睦相处，营造其乐融融的工作氛围，就是对所在单位的贡献。在人生的负债端方面，我们一生的负债，既包括父母的养育之恩，教师的启蒙教育，同事朋友的支持鼓励，也包括党和政府开创太平盛世为我们提供的良好环境，当然也包括大自然赋予我们的青山绿水。特别需要说明的是，在社会分工的环境下，工作没有贵贱之分，没有工人农民和解放军的付出，没有农民工和清洁工的辛劳，哪来我们的生活品质与和平安宁，他们的付出，就是我们的负债。当然，作为国家会计学院的师生，我们还有一项十分特殊的负债，我们都有义务牢记朱镕基总理的教诲，以实际行动践行“诚信为本，操守为重，坚持准则，不做假账”的校训。

同学们或许会说，人生的第二张资产负债表无法用货币计量，你们说的完全正确。只有物质财富才能用货币计量，精神财富是不能用货币计量的。良知和责任心才是人生第二张资产负债表的最好计量单位。同学们，在学校里，你们学会了货币计量，走进社会，希望你们学会用心计量，用爱心做人，靠责任心做事。同学们，在学校里，你们学会了计算，走进社会，希望你们不要学会算计，精于算计，有损奉献精神，会阻碍你们对社会的奉献和付出。同学们，在学校里，你们学会了成本效益分析，走进社会，希望你们切记，成本效益原则，只可以用于经营管理，绝不可用于为人处世，只可以用于衡量物质财富的创造，绝不可用于评判精神财富的创造。

人生的第二张资产负债表给我们很多启示，这里我想谈两点启示。第一点启示是要学会做“无用之事”。即做对自己无用，但对家人、朋友和社会有用的事。按照人生第二张资产负债表的原理，我们要多做损己利人的事，唯有如此，我们的净权益（对社会的净贡献）才能越做越大，而不应做损人利己的事，否则我们的净权益就会越做越小，甚至资不抵债，遭遇人格破产。庄子说，无用之用，方为大用。意思是，有人自认为在做有用的事，却收效甚微；有人看似在做“无用”之功，却流芳后世，引为大用。学历、财富、职位这些外在的标签或许是评价一个人是否成功的标准，而高尚的情操、无私的奉献、不懈的追求，才是一个人生而为人的价值所在。遥想研制“两弹一星”的科学家们，他们放弃国外优越的生活条件，以身许国，隐姓埋名，在茫茫无际的戈壁荒原，在人烟稀少的深山峡谷，风餐露宿，不辞辛劳，用惊人的毅力和勇气，在攀登科学高峰征程中创造了人间奇迹，这种无私奉献、攻坚克难、奋发图强才是真正的民族之魂和时代精神。他们于己无用，甚至牺牲自我和小家，成全大我和国家，他们是国之脊梁，民族之幸，他们才是名副其实的国家精神造就者。

第二点体会是要学会读“无用之书”，陶冶道德情操，祛除功利气息。相信同学们专业的书看过不少，读有用之书，求得生存的技能和安身的本事。然而，我们来到这个世界上，仅仅是为了生存吗？生存之上还有诗和远方。那么，“诗”是什么？我想，文学、历史对于我们财会和财税学子来说就是“诗”，就是“无用之书”，可以让我们领略古人“先天下之忧而忧，后天下之乐而乐”的政治抱负，“苟利国家生死以，岂因祸福避趋之”的报国情怀，“富贵不能淫，贫贱不能移，威武不能屈”的浩然正气，“人生自古谁无死，留取丹心照汗青”的献身精神。这些代表着中国数千年积淀的文化元素，应该内化成为一种修养和修炼，成为我们人生资产负债表上最宝贵的精神财富和力量源泉，成为相伴一生、受益一生的无用之用，帮助我们把握人生道理、领悟人生真谛、体会人生价值、实践人生追求。

同学们，今天以前，相信你们大部分人的第二张资产负债表的净权益是负的，但是，今天以后，你们学有所成，走向社会，开始投入为国家和民族的振兴、为亲人和他人的幸福而奋斗的伟大事业中去，这是你们人生的转折，角色的转换，相信在这样的转变中，你们的净权益很快就会由负转正。我确信，假以时日，你们每个人都会交出一份无比亮丽的资产负债表。我坚信，历史这位最权威、最公正的鉴证者，一定会为你们这张资产负债表签发无保留的审计意见，证明你们的一生对社会的奉献远大于向社会的索取。

谢谢大家！

附录 2
编好人生的第二张利润表

——在厦门国家会计学院 2019 届研究生毕业典礼上的讲话

黄世忠

尊敬的各位老师、各位家长、亲爱的同学们，大家好！

很高兴在凤凰花开的季节，与各位老师、各位家长一起参加同学们的毕业典礼，共同见证同学们的重要成长经历。毕业典礼是一个很有仪式感的庆典，我们之所以举行隆重的毕业庆典活动，一是要庆贺同学们通过两年艰辛的学习取得丰硕成果，顺利毕业，二是借此机会叮嘱同学们走出校门踏入社会应秉承什么样的人生观、价值观和世界观。

在毕业典礼上讲话，是个很烧脑的活，你想到的话题，其他人早已讲过，你没有想到的话题，其他人可能也都讲过了，而且讲得比你好。去年在 2018 届研究生毕业典礼上，我从资产负债表的角度诠释人生，受路径依赖的影响，今天我决定从利润表的角度，与同学们谈谈人生感悟，与大家共勉。按照这个套路，明年的毕业典礼我要讲什么，大家想必都清楚了。

人生的第二张利润表，与人生的第二张资产负债表相互衔接，一脉相承，用于反映每个人在一定时期内对社会的奉献和向社会的索取。人生第二张利润表在不同时期的叠加，从社会的角度映射出我们人生经历的高度和厚重。

编好人生的第二张利润表，应当秉承资产负债观，摈弃收入费用观。从资产负债观的角度看，收入是资产的增加或负债的减少，费用是资产的减少或负债的增加。去年在阐述人生的第二张资产负债表时，我把资产定义为对社会的奉献，把负债定义为向社会的索取。因此，在人生的第二张利润表中，收入是对社会奉献的增加或向社会索取的减少，费用是向社会索取的增加或对社会奉献的减少。可见，人生第二张利润表的收入和费用，其含义与会计利润表上的含义迥然不同。我们获得的金钱、地位和荣誉，不应视作人生利润表的收入，而应看成我们向社会的索取或社会对我们的馈赠，理应计入人生利润表的费用。唯有从这个角度理解，我们才会常怀感恩之心，才不会凡事理所当然，自我膨胀。同样地，我们为单位、为家庭、为朋友付出的辛劳、汗水和心血，不是人生利润表的费用，而是我们对社会的奉献，应当计入人生利润表的收入。唯有从这个角度理解，我们才会真正领悟担当的含义和爱心的力量，才不会凡事怨天尤人，牢骚满腹。

编好人生的第二张利润表，应当树立正确的权利观和责任观。与会计不同，行使人生的权利是负债和费用，履行人生的责任才是资产和收入。唯有从这个角度理解，我们才不会把自己的权利视为理所当然，才不会把自己的责任高高挂起。谨慎行使社会权利，积极履行社会义务，是编好人生第二张利润表应当遵循的审慎性原则。最新的收入准则名称为《源自客户合同的收入》，套用其原理，人生第二张利润表上的收入可以视作《源自社会契约的收入》。这份社会契约体现了个体对社会的权利和责任，社会权利的行使，社会责任的履行，厘定了我们人生的内涵和外延。按照新收入准则“五步法”的要求，编好人生的第二张利润表，最重要的是要准确识别我们与社会签订的契约蕴含了哪些权利和义务。从 18 岁起，我们作为公民就享有《中华人民共和国宪法》规定的基本权利和义务，但我们与社会所签订的契约所蕴含的权利和义务远比宪法规定的宽泛得多，比如接受他人帮助的权利和善尽环境保护的责任等等。编制人生的第二张利润表，收入应当在履行对社会的责任时确认，费用应当在行使社会权利时确认。必须说明的是，编制人生的利润表时，收入确认不需要考虑对价的可收回性，对价从来就不应是确认人生收入的考虑因素，因为社会责任的履行如果不是强制的，就是自发的，是责无旁贷的。哪怕对价为零甚至负数，也必须义无反顾地履行。在人生的利润表上，只有行使的权利大于履行的责任，才需要确认亏损合同。

编好人生的第二张利润表，应当关注研究开发支出的会计处理问题。研究开发支出包括提升服务社会能力、陶冶人生情操、培养向善从善等方面的投入，形成的是一颗责任心和爱心，因此，无须作费用化处理，而应当资本化为一项既不需要摊销，也无须计提减值准备的无形资产，因为责任心和爱心是永远不会贬值的恒产。同学们，你们从小学到硕士研究生学习期间接受家庭和政府的财务资助，父母和老师为你们的教育和成长付出的心血，应当借记“无形资产”，贷记“对社会的责任”。毕业之后当你们履行对社会的责任、对家庭和社会做出奉献时，应当借记“对社会的责任”，贷记“人生收入”。从这些会计分录可以看出，教育投入的商业模式是十分高尚的，家庭、老师和政府为你们获得良好教育呕心沥血，殚精竭虑，不求自身的财务回报，期望换取的是你们对社会责任的履行，是你们对社会的奉献，是你们的成长成才。

编好人生的第二张利润表，还应当注重对营业外收支的分析。营业外收入是超越自己的义务对社会的额外奉献，如义务献血、慈善捐赠、关心弱者、见义勇为、环境保护等。营业外支出是超越自己的权利向社会的额外索取，如挥霍无度、浪费资源、贪污受贿、德不配位、沽名钓誉等。人生第二张利润表上的营业外收支，折射出的是情怀的大小，是境界的高低。

人生的第二张利润表给我们很多的启示，在此，我主要谈两点启示，希望对同学们的未来人生历程有所帮助。

第一点启示：抛弃配比原则，树立豁达的人生观。豁达的人生观要求我们抛弃配比原则，唯有如此，才不会困于斤斤计较、患得患失的庸俗人生，才会实现从市井人生向高尚人生的升华。豁达之人不会为一时一事斤斤计较，不会为鸡毛蒜皮纠缠不清，不会为个人得失郁郁寡欢。豁达之人宠辱不惊，坦然面对人生挫折，进退自如，对人生的苦涩不咀嚼，不回味。同学们想必都知道苏轼吃面条的故事。大文豪苏轼，博学才高，在诗词、散文、书法、书画、烹饪等方面取得的成就，令世人仰之弥高，但他生性豪放，为人率真，在北宋党争中屡屡上书直谏，既得罪了变法派，也得罪了护法派，数度被贬谪南疆，“问汝平生功业，黄州惠州儋州”，记载的就是他被贬官发配的经历。在被发配至海南途中，苏轼与被贬谪南下梧州的弟弟苏辙相见，兄弟二人相叙并在路边小摊上吃面条，面条粗粝涩口，苏辙慢慢咀嚼，难以下口，唉声叹气，苏轼却狼吞虎咽地吃完面条。望着弟弟许久，苏轼说：你何必去咀嚼它呢？同学们，苏轼吃面条的故事，蕴含着不咀嚼痛苦的深奥人生哲理，值得你们细细揣摩。踏入社会后，你们在事业和家庭方面，会有令人惊艳的高光时刻，但有时也会陷入挫折和磨难的低潮时期。希望你们在人生高光时刻不要沾沾自喜，得意忘形，在人生低潮时期不要一蹶不振，自暴自弃，而应谨记苏轼吃面条的故事，多吞咽几碗粗粝苦涩的面条，像苏轼那样展现出傲视苦难、超越痛苦的人生态度，用乐观主义和豁达精神，把坎坷人生过得洒脱淡然，随缘自适。《赤壁赋》和《赤壁怀古》等词作和诗作，就是苏轼在“乌台诗案”后被贬谪至黄州时创作的，宦场沉浮、仕途坎坷、政敌迫害，不仅没有击倒苏轼，反而成全他留下旷世经典，这种旷达洒脱的人生态度与其流芳百世的诗词作品一样伟大。我们常说，艰难困苦，玉汝于成，不经风雨怎能见彩虹，人生磨难不见得都是坏事，关键在于以何种人生观去面对。狭隘之人，面对挫折，反复咀嚼，裹足不前，被苦难吞噬，甘于沉沦，甚至堕落。豁达之人，笑看挫折，直面苦难，不甘沉沦，往往将看似惨淡的人生经营得熠熠生辉。苏格拉底曾说“未经考验的人生不值得活下去”，对于豁达之人，这句话可谓至理名言。

第二点启示：淡化期间假设，树立正确的业绩观。正确的业绩观要求我们淡化会计分期假设，唯有如此，才不会滋生短期行为，才可树立守正笃实，久久为功，淡泊名利、默默奉献的良好心态。同学们，你们刚踏入社会，服务社会、奉献社会的能力还处于不断积蓄和逐步提升过程中，社会和家人为你们付出的，远大于你们给予社会和家人的。如果过分看重会计分期假设，你们会痛苦地发现，你们人生的第二张利润表在相当长时期内都是入不敷出的。只有跳出会计分期假设的思维习惯，才能树立可持续性的长远业绩观，真正做到“功成不必在我，功成必定有我”的有机统一。习近平总书记在最近的一系列重要论述中，经常提到“功成不必在我，功成必定有我”，鼓励领导干部要树立正确的政绩观，既要有无私奉献的境界，又要有勇于担当的精神。习近平总书记这句饱含哲理的名言，同样适用于即将踏入社会的各位同学。只要同学们拥有“功成不必在我”的精神境界，只要同学们发扬“功成必定有我”的历史担当，只求出力，不求载誉，高调做事，低调做人，又何必在乎你们人生的第二张利润表短期内是否入不敷出。只要你们有一颗持之以恒奉献社会的热心，从善向善，淡泊名利，埋头苦干，锲而不舍，驰而不息，你们的努力将不会白费，正所谓“朝乾夕惕，功不唐捐”。“功不唐捐”来自佛典，大意是说，世界上没有公德是白做的，没有努力是白费的。我坚信，只要同学们常怀感恩之心，乐于无私奉献，你们就一定可以编出一张让祖国满意、为社会认可、令家人朋友羡慕的人生利润表，让人生的第二张利润表记载和诠释你们乐于奉献、羞于索取的奋斗历程和精彩人生。

最后，热烈祝贺同学们顺利毕业，恭贺 117 位同学获得会计硕士学位，恭贺 19 名同学获得税务硕士专业学位！期盼同学们编好人生的第二张利润表和资产负债表，实现灵魂的升华！同学们，毕业之后，踏入社会，你们会有很多变化，唯一不变的是你们永远是厦门国家会计学院的学生，唯一不变的是学院对你们的惦念。常回家看看，母校的大门永远向你们敞开。

谢谢大家！

附录 3
税收的人生启示

——在厦门国家会计学院 2020 届税务专业研究生毕业典礼上的讲话

黄世忠

尊敬的各位老师、各位家长、亲爱的同学们，大家好！

在全球性新冠肺炎疫情大暴发之后，能够与各位老师、各位家长一起参加同学们的毕业典礼，心怀感恩、感激之情。感谢同学们在疫情期间的坚持和努力，按时完成毕业论文！感谢老师们在疫情期间的坚守和指导，精心修改同学们的毕业论文！感谢家长们在疫情期间的呵护和照顾，为同学们的顺利毕业创造条件！更要感谢白衣天使在疫情期间的无私奉献和勇于牺牲，用汗水和生命为同学们铸造了远离病毒的环境！疫情让我们领悟了生命的脆弱和人生的不易，使我们在顺境中懂得知足和珍惜，让我们在逆境中学会坚强和抗争。

今年毕业的都是税务方向的同学，因此，我想结合对税收学的一些思考，谈谈税收的三点人生启示，权当毕业前与同学们的最后一次研讨。

如何处理好道与术、取与予、得与失的辩证关系，是税收学的三个核心问题。税收如此，人生亦然。

同学们学了两年的税收，应当十分清楚税收知识可分为道与术两大类。税收学中的道是税收思想、税收理念和税收原则。税收学中的术是税收策略、税收方法和税收工具。从古至今，我国的税制和税法充满着对道与术的艰辛探索。诸子百家侧重于税收之道的思考。孔子的“为政以德”思想，要求以德治民，爱惜民力，反对苛政，主张“敛从其薄”，认为“薄税敛则民富”，百姓富足应当成为国家制定税收政策的出发点。孟子继承和弘扬了孔子的税收思想，提出了“什一而税，王者之政”和“制民之产”的理念，阐明了恒产与恒心、民生富足与政权稳固之间的辩证关系。管仲的“相地衰征”思想，体现了纳税多寡与纳税能力相匹配的税收公平原则。荀子倡导“上下俱富”的理念，主张税收政策应当统筹兼顾国富与民富，秉承“等赋养民”和“节用裕民”的原则，体现着藏富于民的税收思想。另一方面，先秦诸子也存在诸如韩非子“欲富尔家，先富尔国”等法家思想，秦朝因徭役赋税太重而灭亡，与其推行韩非子的主张不无关系。董仲舒吸取秦朝人亡政息的教训，反对商鞅等法家倡导的重税政策，主张“薄税赋、省徭役，以宽民力”，提出“不与民争业、不与民争利”的原则。隋唐之后，对税收之术的探索成为主流。唐朝杨炎用“两税制”取代“租庸调”，北宋王安石的方田均税法、明朝张居正的一条鞭法、清朝雍正的“摊丁入地、火耗归公、官绅一体纳粮当差”等改革，虽然也涉及税收之道，但更多聚焦于税收之术。新中国成立后，“取之于民，用之于民”的民生思想贯穿于国家税收政策之中。1994年税改提出了“统一税法、公平税负、简化税制、合理分权”的基本原则，以及近年来大规模实施的减税降费政策，无不彰显着执政为民、善政富民的税收思想和价值追求。2006年，我国废除了实行2600多年的农业税，更是闪耀着公平正义这一税收之道的思想光辉。

同学们，过去两年你们学了不少税收之术，毕业之后希望你们更多地揣摩税收之道。思考道与术的问题，不仅有利于你们提升专业水准，而且有助于你们树立正确的人生观、价值观和世界观，避免迷失方向。道聚焦于“我是谁？我从哪里来？我要去哪里？”等哲学之问，关乎人生观。术侧重于“如何做？如何做得更好？如何做得最好？”等方法手段，关乎谋生术。道为术之本，术为道之途；道是思想者，术是实践者。唯有弄清道与术的问题，才能做到正心、明道、优术、践行。正心要求同学们要有大爱之心。既要有关爱家人和朋友之心，也要有热爱人民和祖国之心；既要有爱护自然和环境之心，也要有爱好科学和追求真理之心。正心还要求同学们心存善念，善言善语，与人为善，积德行善，因为“天道无亲，常与善人”。明道要求同学们提升道德修养，提升认知能力，领悟事物本质，尊重客观规律，做到顺势而为。优术要求同学们术业有专攻，信守专业主义，彰显专业水准，精益求精，技能过人，匠心独具，讲究策略，注重方法，以专业的方式做好专业的事。践行要求同学们学以致用，知行合一，谨记“空谈误国，实干兴邦”，切莫夸夸其谈，虚耗韶华。

取与予是税收学的一大难题。在资源稀缺的条件下，取与予看似矛盾，实则兼容。赋予时空条件，取与予可互为转换，当下的予，是未来的取，正所谓“意欲取之，必先予之”。拉佛曲线（Laffer Curve）雄辩地说明了税赋收入与税率之间的关系，当税率在临界区间内，提高税率能够增加政府的税赋收入，而一旦超过临界区间，提高税率将抑制经济增长，从而减少政府的税赋收入。税收学中的取与予，不仅关系到税收的多与寡，而且影响到资源配置的效率与效果，因此税收中性原则主张国家征税应尽量避免对市场的资源配置效率产生不当影响，千方百计减少效率损失，想方设法提升配置效率。

税收中的取与予对人生具有重要的启示意义。人生何尝不是取与予的抉择和权衡？“取”就是向社会和环境的索取，“予”就是对社会和环境的奉献。对社会和环境的过度索取，热衷于奢华的物质追求和高碳排放的生活方式，必遭社会的唾弃和环境的报应，最终是品行毁损，身心疲惫，人生充满负商誉。反之，甘于奉献社会，热心保护环境，必受社会的敬重和环境的回报，最终是品行升华，身心俱佳，人生洋溢正商誉。予取予求，贪得无厌，精于算计，遭人唾弃，难以震古烁今；甘于奉献，不求回报，抱朴守拙，受人爱戴，方能行稳致远。此外，读书人应秉持“达则兼济天下”的理想和抱负，发达时别忘了回馈社会，因为造就你发达的，固然有你的努力和天分，也有社会为你提供的机会和平台，离不开众人给予你的帮助和呵护。知恩图报，取予有节，才能德配其位，顺天应人。

得与失是税收学中的另一大难题。所得与所失的界定是所得税的核心问题，营业所得与投资利得，营业支出与资本支出，其划分标准并不总是那么明晰。得与失是个相对的概念。从时间维度看，一个纳税期间的失，可能形成另一个纳税期间的得。这个纳税期间得到，下一个纳税期间可能失去，得失无常，是得是失？从空间维度看，一个纳税主体的所得，可能是另一个主体的所失。反之亦然。当纳税主体与经济主体相互背离时，有得有失，得失相抵，何来得失？正因为得与失可随时空转换，所得税法对所得与所失的认定纷繁复杂，堪称天书，晦涩难懂。众所周知，人生在世，唯有死亡和纳税不可避免，众所不知的是，纳税比死亡更加复杂和烦人。

得失的相对论对于人生同样具有启示意义。得失是人生常态，没有得失，何来人生？人生没有绝对的得，也没有绝对的失。当你以为得到时，你可能正在失去更加宝贵的东西，所以才有为名所累、为财所累之说。一个人功成名就后，可能从此失去自由、健康、亲情和友情。同样地，当你以为失去时，你可能正在得到更有价值的东西，正所谓失之东隅，收之桑榆。可见，人生路上得亦是失，失亦是得，得中有失，失中有得。因此，同学们不要纠结于一时的得失，无须在得失之间徘徊挣扎。唯有保持得之坦然、失之泰然的洒脱，方能安之若素，甘之如饴，收获幸福。看待得失时，请同学们谨记苏东坡的教诲：天下者，得之艰难，则失之不易；得之既易，则失之亦然。

中国十大名画之一《富春山居图》的作者黄公望的一生，生动地诠释了得失的辩证关系。黄公望在官场上郁郁不得志，45 岁才在浙西廉防司当了一名书吏，不久受其上司贪污案牵连而锒铛入狱。50 岁出狱后，朋友给他提供一个官职，黄公望断然拒绝，从此开启了云游四方、拜师学画的道士生涯。79 岁隐居浙江富春山，80 岁开始心无旁骛绘制《富春山居图》，84 岁完成了这幅旷世名画，在把这幅呕心沥血的名画赠予无用师弟后不久，他就含笑而逝。黄公望失去了加官晋爵的机会，但却换来了无拘无束、闲情逸致的自由，最终成就了他元代首屈一指大画家的地位。与黄公望同时代的显赫高官，早已被湮没在漫漫的历史黄沙中，而黄公望则通过《富春山居图》流芳百世！可以说，正是官场上的失，换来了黄公望在绘画上的得。从这个意义上说，黄公望与苏东坡都是同路人。众所周知，苏东坡仕途坎坷，然而越是逆境，越能展现他乐观豁达的天性，越能激发他诗词创作的热情，从而为后人留下不朽的文学佳作和宝贵的精神财富。他们的传奇经历告诉我们，只要豁达洒脱，甘于奉献，不计得失，又身怀才智，勤于耕耘，知足常乐，人生就没有不可逾越的挫折。

以上是我思考税收学的三点体会，与同学们共勉，希望同学们在人生道路上处理好道与术、取与予、得与失的关系，祝愿同学们拥有一个充实且幸福的人生。

最后，热烈祝贺同学们顺利毕业，衷心祝愿同学们前程似锦！你们即将开启人生的新篇章，追逐你们的梦想，追求你们的幸福，母校祝福你们圆梦，母校祝愿你们幸福！

谢谢大家！

附录 4
编好人生的第二张现金流量表

——在厦门国家会计学院 2021 届研究生毕业典礼上的讲话

黄世忠

尊敬的各位老师、各位家长、亲爱的同学们，大家好！

又是凤凰花开季，正值同学毕业时。此时此刻，我和各位老师、各位家长、各位同学一样激动，我最想表达的首先是祝贺和感谢。祝贺同学们学有所成，完成了从学士向硕士的转型升级！祝贺同学们顺利毕业，实现了从校园生活向社会生活的身份转变！感谢各位家长为了同学们的成长成才含辛茹苦，倾情呵护！感谢各位老师传道授业解惑，为党育人，为国育才！感谢研究生处各位同事一如既往用心用情组织策划了充满仪式感的毕业典礼！

在 2018 届、2019 届和 2020 届的研究生毕业典礼上，我分别以《编好人生的第二张资产负债表》和《编好人生的第二张利润表》以及《税收的人生启示》为题，与你们的学长们分享了人生感悟。今年我要讲的题目，想必大家已经猜到了。没错，就是《编好人生的第二张现金流量表》。

人生的第二张报表不同于人生的第一张报表。人生的第一张报表是世俗的，人生的第二张报表是精神的。人生的第一张资产负债表反映个体的富足程度，衬托的是面子问题，人生的第二张资产负债表彰显个体对社会的担当与责任，映射出人生的宽度美；人生的第一张利润表反映个体的赚钱能力，衬托的是里子问题，人生的第二张利润表记载个体对社会的奉献与索取，映射出人生的高度美；人生的第一张现金流量表反映个体的财务自由，衬托的是日子问题，人生的第二张现金流量表记述个体对社会的服务与付出，映射出人生的厚度美。

编好人生的第二张现金流量表，必须抑制经济动物的自私冲动，倡导公民社会的奉献意识。在《经济动物》一书中，塞缪尔・鲍尔斯指出，虽然我们在制定公共政策和法律体系时普遍假设人类都是利己和超道德的，但善治既需要激励与惩罚，也需要伦理与道德，更需要公民社会意识。古希腊先哲亚里士多德在《政治学》中，将公民社会定义为自由和平等的公民在一个合法界定的法律体系下结成的伦理——政治共同体。公民社会要求每个公民处理好私域与公域的关系，这里的私域主要指公民有追求幸福生活的权利，公域主要指公民有善尽社会责任的义务。从公民社会的角度看，个体服务社会、奉献社会付出的爱心和心血，就是人生第二张现金流量表中的现金及现金等价物。人生的第二张现金流量表反映个体服务社会、奉献社会的总流入与总流出。个体服务社会、奉献社会的付出与回报，就是人生第二张现金流量表中经营活动产生的现金流量净额；个体提升服务社会、奉献社会能力的投入与产出，就是人生第二张现金流量表中投资活动产生的现金流量净额；个体筹措服务社会、奉献社会所需资源的成本与效益，就是人生第二张现金流量表中筹资活动产生的现金流量净额。

同学们，“内卷”和“躺平”成为当下很流行的网络用语，发人深思。但最近读了《特蕾莎修女传》，深感在增量资源有限、存量资源衰减的激烈竞争环境下，除了“内卷”和“躺平”之外还有一种更好的选项。特蕾莎修女终其一生，用慈悲和爱心很好地诠释了人生第二张现金流量表的丰富内涵，折射出博爱和奉献的人性光辉。特蕾莎修女1910年出生于前南斯拉夫的科索沃，1929年远赴印度，在加尔各答贫民窟收留弃婴、救治病人、陪伴垂死者、帮助穷苦人。一生以微笑和爱心，服务和救助无数贫穷中最贫困、孤苦中最可怜、患病中最悲惨的最底层、最弱势群体，在她人生第二张现金流量表的经营活动中形成了呕心沥血的“现金流出”。特蕾莎修女一生获奖无数，是数十年来最没有争议的诺贝尔和平奖获得者，她备受高官政要景仰，深受底层民众爱戴，交战双方因她而停火，全世界因她去世而哀伤，3位女王和3位总统在内的400多名政要和数十万普通民众参加了印度政府为她举行的国葬，媒体连篇累牍报道她的嘉言懿行，都是社会对她倾心帮助穷人、倾情关爱病人的最佳褒奖，这是她人生第二张现金流量表最令人羡慕的经营活动“现金流入”。特蕾莎从 12 岁当修女起就立志于服务穷人，19 岁进入修道院，34 岁升任修道院院长，在 22 年的岁月中安贫乐道，苦修宗教教义、语言文化、医护知识等，竭尽全力提升服务穷人和病人的能力，这是她为了编好人生的第二张现金流量表而艰辛付出的投资活动“现金流出”。她一生在全世界 127 个国家建立 600 多个救助穷人和病人的机构，使数百万孤寡老人、流浪儿童、麻风病人、艾滋病患者、穷困潦倒者在绝望挣扎中感受到人世间的一丝丝爱心和温暖，这是她人生第二张现金流量表中最引以为傲的投资活动“现金流入”。特蕾莎修女一生节俭，在世时的唯一家具就是床铺和书桌，唯一的电器是电话和电灯，去世时全部个人财产就是一双拖鞋和三件粗布纱丽，但她全世界奔走呼号，一生中筹措了 4 亿多美元的善款，甚至不惜拍卖诺贝尔奖章，说服主办方取消诺贝尔晚宴，将节省的费用连同诺贝尔奖金悉数用于救助穷人和病人，使其人生第二张现金流量表中充盈着最具成本效益的筹资活动“现金流量”。

同学们，特蕾莎修女以及其他众多先贤扶贫济困、无私奉献的感人事迹为我们诠释了人生第二张现金流量表的真谛，让我们深受启迪。囿于时间限制，下面我谈三点体会，与大家共勉。

体会 1：奉献社会、服务人民才是最成功的人生。

人生的最大成就，不应以金钱和地位衡量，而是一生中你善待过多少人，帮助过多少人，有多少人怀念你，有多少人感恩你，有多少人铭记你，有多少人传颂你。生意的账簿，记录收入与支出，二者相减就是盈利。人生的账簿，记录施爱与被爱，二者相加便是成就。把世俗层面的报表编得光彩夺目，充其量只能说明你把世俗人生经营得很成功，但还不足以证明你把精神人生过得灿烂辉煌。唯有把精神层面的报表编得熠熠生辉，才能实现从经济动物向社会公民的升华。只顾及人生的第一张现金流量表，将所有心思和精力全部放在追逐名利、贪图享受上，充其量只是经济动物，还没有进化到社会学意义上的公民，尚未真正领悟到“公民”二字所蕴含的权利与义务、奉献与索取、施爱与被爱的深刻含义。“很多人都想要追求卓越，但很少人知道卓越就是爱。”特蕾莎修女的这一箴言告诉我们，用爱心奉献社会、用爱心服务人民，才是追求卓越之道，才是成功人生的最高境界。

体会 2：慈心为民，善举济世才是最富足的人生。

从辩证的角度看，贫穷和富足是相对的，在不同时空环境下可以相互转

换。特蕾莎修女在世俗世界里是最贫穷的，但在精神世界里却是最富足的，她用慈悲点燃的博爱之光，照亮了加尔各答充满病痛、贫穷和苦难的阴暗角落，使印度的王公贵族和富豪商贾黯然失色，她救助穷人的善举赢得世人的景仰，更是令达官贵人和社会名流自叹弗如！同样地，被毛主席誉为“华侨旗帜民族光辉”的陈嘉庚先生算不上最富有的企业家，身后留下的财富屈指可数，但他倾资兴学，宁可卖大厦也要办厦大，一生创办了 118 所学院，泽被学子，在莘莘学子心目中，他永远是最富足的校主！林巧稚大夫将毕生精力奉献于妇产科医术，接生了包括袁隆平在内的 5 万多个婴儿，用精湛的医术和高尚的医德谱写了一曲曲最动听的生命赞歌，为了妇幼事业她终生未嫁，虽无子女却被誉为“万婴之母”！可见，人生的富足不是你积累了多少财富，而是你一生中奉献社会、服务人民付出了多少爱心和心血。

体会 3：相互尊重、平等相待才是最真诚的人生。

扶贫济困是人类文明的标志之一，但扶贫济困应当建立在相互尊重、平等相待的基础上。服务穷人等弱势群体不应给人一种居高临下的施舍感，否则就会伤害他们所剩无几的尊严。特蕾莎修女以怜悯和慈悲之情，默默地关注和帮助穷人和病人，使他们感受到尊重、关怀和仁爱。诺贝尔奖评选委员会给她的颁奖词写道：“她的事业的一个特征就是对个体的尊重，最孤独的人、最悲惨的人、濒临死亡的人，都从她的手中接受到了不含施舍意味的同情，接受了建立在对人的尊重之上的同情。”特蕾莎修女既没有高深的哲理，也没有丰富的资源救济穷人，但她每天不断为穷苦大众付出时间、精力、爱心和同情，用诚恳、服务和行动，尝试医治自私、贪婪、享受、冷漠、残暴、剥削等人类最重要病源，让贫富悬殊和纷扰不断的世界看到了通往公平正义和互助互爱的希望之光。同学们，慈善不是富人的专利，金钱也不是济困的唯一药方。“所谓饥饿，不仅仅是缺少食物，更是缺少爱；所谓衣不蔽体，不仅仅是没有衣物，更是没有了为人的尊严；所谓无家可归，不仅仅是没有住所，更是因为被遗忘。”“物质的缺乏较容易解决，但今天多的是心灵贫乏和寂寞孤独的人。所以，你们应该去找这些心灵贫乏者中的贫乏者，哪怕只是给他们一个微笑，一个握手，一句安慰的话，甚至一个拥抱，都能填满他们空虚的心灵。”特蕾莎修女的忠告振聋发聩，在全力解决物质世界贫困问题的同时，我们还应当充分关注精神世界的贫困问题，用关爱之心来暖化精神世界的冷漠，用互助互爱来化解精神世界的隔阂。唯有如此，我们才

能拥有一个充满和谐和真诚的人生。

同学们，你们即将踏入社会，扬帆起航，开启人生旅程，希望你们以特蕾莎修女、陈嘉庚先生和林巧稚大夫等先贤为榜样，谨记“穷则独善其身，达则兼济天下”的教诲，奉献社会，服务人民，编好人生的第二张现金流量表。愿你们乘风破浪，历尽千帆，归来仍是少年！

谢谢大家！